비트코인, 이더리움 그리고
최후의 승자

비트코인, 이더리움 그리고
최후의 승자
디지털 자산 시대, 거대한 부의 기회 '디파이'
—— BEYOND BITCOIN ——

스티븐 보이키 시들리 · 사이먼 딩글 지음 | 이진원 옮김

더퀘스트

기존의 현실과 싸워서는 상황을 바꿀 수 없다.
무언가를 바꾸려면 기존 모델을 쓸모없게 하는 새로운 모델을 세워라.

—

리처드 버크민스터 풀러 Richard Buckminster Fuller **, 미국 건축가**

"혁신적인 디파이^{DeFi} 기술을 풍부하고, 명료하고, 분명하게 설명한 책이다."

— 데이비드 스펜스$^{David Spence}$, 페이팔^{PayPal} 호주법인 전 회장

"돈에 관심이 있는 사람이라면 누구나 디파이를 이해하려고 할 것이며, 그것이 금융기관에 주는 의미도 알고자 할 것이다. 이 책을 추천하는 이유가 바로 그것이다. 디파이에 대한 모든 것이 생동감 있고, 깊이 있고, 명료하게 설명돼 있다."

— 마이클 조단$^{Michael Jordaan}$, 퍼스트 내셔널 뱅크$^{First National Bank}$의 전 CEO이자 뱅크 제로$^{Bank Zero}$의 공동 설립자

"미래로 나아가기 위해 과거를 되돌아보며, 암호화폐 세계의 진화와 발전과 미래를 설명하는 거장의 강의가 담긴 책이다. 암호화폐에 대한 깊이 있는 지식을 쌓고자 하는 사람이라면 반드시 읽어봐야 할 필독서다."

— 헤르만 싱$^{Herman Singh}$, 케이프타운대학교 대학원 부교수

"금융 분야에서 일어난 위대한 혁신과 그것이 주는 신호를 위트와 통찰을 곁들여 설명한, 눈을 뗄 수 없을 만큼 흥미로운 책!"

— 레이 하틀리$^{Ray Hartley}$, 브렌서스트 재단$^{The Brenthurst Foundation}$ 조사국장

암호화폐와 관련된
주요 사건들의 연표

2008

비트코인 탄생
'나카모토 사토시,
백서 발행하다'

2009

네트워크에서
비트코인 첫 거래

2010

실제 화폐 가치로
비트코인 거래
(피자 두 판 거래)

2012

비탈릭 부테린,
〈비트코인 매거진〉
공동 창간

2017

체인링크 출시

넥서스뮤추얼 출시

'드래곤' 크립토키티
17만 달러에 판매

미 증권거래위원회,
먼치 ICO 관련
소송 제기

2018

메이커다오,
MKR 거버넌스 토큰
출시

컴파운드,
VC 펀딩을 통해
출시

유니스왑 V1 출시

신테틱스 출시

NFT 프로토콜
ERC-721 출시

텔레그램 메시지에
'디파이'라는
단어 등장

2019

페이스북,
리브라 프로젝트
발표

2020

'디파이의 여름'으로
불리던 시기
(여러 프로젝트
시작)

컴파운드의
COMP 토큰 출시

아이언 출시
(나중에 '연'으로
개명)

2013

비탈릭 부테린,
이더리움 백서
발행

사토시 잠적

최초의 ICO
'마스터코인'

2014

테더 스테이블코인
등장

메이커다오와
다이 스테이블코인
등장

2015

이더리움 출시

2016

다오 해킹

2021

비플, NFT
디지털 예술품을
6,900만 달러에
판매

일론 머스크,
도지코인에 대해
트윗

앤드리슨 호로비츠,
21억 달러 규모
암호화폐 펀드 출시

와이오밍주,
암호화폐법 제정

코인베이스 IPO

세계경제포럼,
백서 발표

중국, 비트코인
채굴 금지

암호화폐 가격
50% 폭락 및
에너지 우려 제기

엘살바도르,
비트코인
법정통화로 인정

미국, 인프라 법안에
암호화폐 관련 조항
삽입

폴리,
6억 8,100만 달러
해킹 피해

2024

미국 증권거래위원회SEC가
비트코인 현물 상장지수펀드ETF의
상장 및 거래를 승인
(편집자)

한국 독자들에게

─────────
─────────

암호화폐 업계에서는 일주일이라는 시간이 1년과 같이 느껴질 수도 있고, 혹은 평생처럼 느껴질 수도 있다. 그만큼 변화가 빠르고 그 폭의 등락도 심하며 언제 새로운 무언가가 등장할지 모른다. 즉 기술 혁신, 규제, 탈중앙화, 자금 조달, 대중의 인식, 버그, 범죄자들의 끊임없는 위협 등이 곳곳에 퍼져있으며 이것들의 변화 속도가 매우 빠르다. 따라서 특정 어느 시점을 잡고 암호화폐 산업을 한눈에 파악하기란 불가능하지는 않더라도 여하간 힘든 일이다.

이에 우리 저자들은 이 책의 집필을 시작할 때부터 이미 아무리 최신의 내용을 담아도 최종 원고를 출판사에 제출한 지 불과 며칠 만에 책 내용이 구닥다리가 될 수도 있음을 알고 있었다. 출간 일정상 최종 원고 제출 후 곧바로 책이 나올 수는 없는 법이니 어쩔 수 없는 일이다.

하지만 이런 시차를 극복할 방법이 있었다. 바로 암호화폐와 디파이의 주요 테마, 발전 상황 등을 최대한 긴 호흡으로 바라보는 것이었다.

이를 위해 역사적 관점과 업계의 주요 사건에 대한 철저한 분석을 최우선 과제로 꼽았다. 그리고 암호화폐 발전의 흐름 속에서 금세 잊혀질 수 있는 프로젝트, 인물, 뉴스에 지나치게 많은 시간을 소비하지 않도록 세심하게 작업했다. 다만 다양한 프로젝트, 인물, 뉴스 등은 혁신을 보여주기 위해 몇 가지들을 인용했다.

《비트코인, 이더리움 그리고 최후의 승자》의 한국어판 출간을 앞두고 우리는 다시금 내용을 읽어봤는데 여전히 최신의 내용을 담고 있는 것 같아 마음이 놓인다. 스테이블코인, 대출과 차입 애플리케이션, 이자 농사, 탈중앙화 거래소, 합의 알고리즘, 심지어 이 책에서 다룬 선구자와 혁신가들까지 탈중앙화 금융의 주요 핵심 동력들은 굳건히 자리를 지키고 있다. 물론 눈에 띄는 신규 진입자가 있고 새로운 실험이 거의 매일 시작되고 있다. 게다가 낡고도 점점 더 불안정해지는 금융 시스템의 감독자와 관리자로서 특권적 지위를 잃을 위기에 처한 규제 기관과 기관들 사이에서 팽팽한 논쟁도 계속되고 있다.

이처럼 탈중앙화 금융은 멈추지 않고 끊임없이 움직이고 있다. 또한 블록체인은 금융, 화폐, 은행업, 결제 등 다양한 분야에 적용되고 있으며, 그것이 생성하는 가치 덕분에 새로운 날개를 달고 성장하고 있다. 이 책의 원부제인 '탈중앙화 금융과 은행의 종말Decentralised Finance and the End of Banks'이란 은행 산업이 새로 주목받는 경쟁자의 출현으로 순식간에 붕괴될 것이라는 뜻은 결코 아니다. 하지만 현재의 은행이 경쟁력을 유지하기 위해서는 완전히 새롭게 환골탈태해야 한다는 것은 과거나 지금이나 변함없다.

사실 이러한 변화는 전 세계적으로 가속화되고 있다. 현재 주요 글로벌 은행은 수백 명의 인력을 충원하여 여러 가지 블록체인 프로젝트를 진행 중이다. 또한 블록체인이 가진 다양한 효율성을 십분 활용하기 위해 방대한 서비스 제공 방식을 재설계하고 있다. JP모건체이스^{JP} $^{Morgan\ Chase}$, 소시에테제네랄$^{Société\ General}$, 산탄데르^{Santandar}, UBS 등 기존의 보수적인 거대 은행들은 이에 대한 실험을 끝낸 지 오래됐다. 엄밀히 말해 그들은 껍질을 벗고 새로운 것을 찾고 있다.

그리고 2024년 1월 11일, 미국 증권거래위원회가 마침내 11개의 비트코인 현물 상장지수펀드를 승인했다. 이는 업계 전체에 합법성을 부여한 매우 의미 있는 움직임으로 볼 수 있다.

이런 가운데 변하지 않는 금융은 살아남지 못할 것이다. 디파이가 제시하는 가치 제안은 거부하기 힘들 만큼 매력적이다. 그리고 사고의 대전환을 통해 예전의 구태의연한 모습에서 완전히 벗어난 금융 기관이 지금처럼 앞으로도 계속 등장할 것이다.

탈중앙화 금융은 더 이상 통제할 수 없는 어린아이가 아니다. 물론 여전히 그런 모습의 흔적이 남아 있긴 하지만 큰 그림으로 봤을 때는 계속해서 성장 중이다. 그리고 새로운 세상의 미래를 주도적으로 이끌어갈 주역으로 자리를 잡아가고 있다.

2024년 2월
스티븐 보이키 시들러, 사이먼 딩글

———————

———————

세계 금융 시스템과 그것이 지탱하는 수많은 산업을 재정립하고 재정비하겠다고 호언장담한다면, 아마도 많은 사람들로부터 의심의 눈초리를 받을 테고 비웃음을 살 것이다. 그러나 규모는 작아도 폭발적인 영향을 미치는 놀라운 경제 혁신, 무수한 기술과 상거래 관련 분야에서 급증하는 혁명, 그리고 전 세계 금융기관들의 발뒤꿈치를 덥석 무는 날카로운 이빨을 가진 늑대 같은 존재의 출현 등을 보면 알 수 있듯이 이미 그런 선언에 걸맞은 변화가 일어나고 있다.

이런 변화를 우리는 '탈중앙 금융Decentralized Finance', 줄여서 디파이DeFi라고 본다. 디파이, 깜찍하면서도 귀에 착착 붙는 별칭 아닌가?

새로운 기술이 등장하면 여기저기서 그 잠재력을 예측하고자 한다. 새 기술이 얼마나 파괴적·혁신적일지 짐작할 수 있는 가장 현명한 방법은 그 기술에 부정적 영향을 받을 것으로 보이는 이들이 어떻게 반응하는지를 살펴보는 것이다. 그리고 우리 저자들은 디파이에 대한 반응을 살펴보았다.

세계적인 투자은행 JP모건체이스의 CEO 제이미 다이먼Jamie Dimon은 2021년 4월 연례 주주 서한에서 '그림자 은행shadow bank'을 언급했다. 제도권 은행에 속하지 않아 제대로 규제받지 않는 다른 은행의 금융 신기술이 "엄청난 경쟁 위협"을 불러왔다고 경고하면서 "신속히 대응해야 한다"라고 강조했다. 뱅크오브아메리카Bank of America 역시 "디파이로 인해 금융기관의 중개를 거치지 않고 금융 거래가 이뤄진다면" 어떻게 방어해야 할지를 고민 중이라고 공개적으로 밝혔다. 네덜란드의 다국적 기업인 ING는 디파이를 1990년대의 클라우드 컴퓨팅과 비교했다. 클라우드 컴퓨팅은 당시에는 흥미로운 혁신 중 하나라고 보았지만 지금은 전 세계 인터넷의 기본적인 전개 메커니즘으로 자리 잡았다는 점에서다. 그리고 가장 눈에 띄는 사실은, 현재 80여 개국의 중앙은행들이 디파이에 대응하고자 디지털 화폐 프로젝트를 추진하고 있다는 점이다. 은행에서부터 증권거래소·보험회사·대형 투자사에 이르기까지, 뉴욕에서부터 런던·모스크바·베이징에 이르기까지, 실리콘밸리의 거대 기술 기업에서부터 워싱턴 정계에 이르기까지 모두가 디파이에 대해 비슷한 우려와 불안의 목소리를 접하면서 방어를 강화하고 있다. 사실상 디파이가 일부 집단 외에는 거의 알려지지 않았음에도 말이다. 이는 바로 미래를 내다보는 사람들이 디파이에 주목하고 있다는 의미다.

이제 겨우 몇 년밖에 되지 않은 이 새로운 금융 기술의 특징과 전망은 다음과 같다.

- 디파이로 인해 엄청난 부가 창조되기도 하고 사라지기도 할 것이다. 따라서 고루한 유명 금융기관들은 고통에 떨면서 환골탈태해야 할 것이다.
- 디파이는 무려 수조 달러 규모로 성장한 비트코인을 비교적 평범해 보이게 할 것이다.
- 디파이는 전체 산업까지는 아니더라도 업력과 기술은 물론이고 본받을 만한 우량 기업들을 파괴하고 쫓아낼 것이다.
- 디파이는 우리의 삶을 더 쉽고, 공정하게 만들며 각종 비용을 아끼며 살 수 있게 해줄 것이다.
- 디파이는 은행 계좌, 신용카드, 직불카드, 대출, 보험증권, 변호사를 접해봤던 지구상 모든 사람에게 영향을 미칠 것이다. 나아가 투자자, 예술가, 트레이더, 그리고 국가와 민간 관료들의 타성과 부조리에서 벗어나 전 세계를 상대로 거래하고 싶어 하는 사람들에게도 마찬가지다.
- 디파이는 신뢰라는 엔진의 톱니바퀴를 재정비해줄 것이다.

우리는 이 책에서 디파이에 대한 세상의 관심이 점점 더 커질 수밖에 없음을 보여주겠다.

CONTENTS

CHAPTER 1

디파이가
몰려온다

남아프리카공화국 요하네스버그에 사는 아만은 네덜란드에서 유학 중인 딸에게 다가오는 주말에 쓸 수 있게 용돈을 보내줄 생각이다. 75달러 정도를 보내주면 될 것 같다고 생각한 그는 암스테르담에 있는 딸의 은행 계좌로 송금하기 위해 자신의 주거래 은행 웹사이트를 방문했다. 하지만 이내 난관에 부닥쳤다. 딸에게 용돈을 보내는 일을 난해하고 불가사의한 작업처럼 만들려고 준비된 듯한 여러 양식과 질문을 헤쳐나가야 했기 때문이다.

아만은 시스템이 송금에 규제 코드를 부여하려고 시도하는 시점에 급기야 송금을 포기하고 말았다. 그는 사이트에 10분 동안 머물렀지만, 송금이 승인되어 송금 수수료가 얼마인지 알게 되는 지점까지 도달하지 못했다. 만약 그 지점까지 갔다면 수수료가 그가 보내려고 했던 돈의 15%가 넘는다는 사실을 알게 됐을 것이다.

이제 아만은 휴대전화에 깔린 메타마스크Metamask라는 암호화폐 지갑 앱을 열었다. 그리고 75달러 상당의 이더리움Ethereum이라는 암호화폐를 딸의 암호화폐 지갑으로 보냈다. 딸의 암호화폐 지갑에는 딸이 지난주 암스테르담에서 노트북으로 다운로드해놓은 마이이더월렛 MyEtherWallet이라는 앱을 통해 접속했다. 아만이 송금하는 데까지 걸린 시간은 15초에 불과했고, 딸은 5분 뒤 돈을 받았다. 송금 수수료는 은행 수수료와 비교하면 깜짝 놀랄 만큼 적었다.

아만은 메타마스크에서 송금할 때 서류 같은 걸 작성하지 않았다. 신분증조차 필요 없었다. 수천 대에 달하는 익명의anonymous 컴퓨터가 지켜보긴 했지만, 송금은 아버지와 딸 누구의 거래transaction(트랜잭션)로도 인식되지 않았다. 은행 송금과 달리 남아공과 네덜란드 정부는 부녀를 이 거래의 당사자로 규정하지 않았기 때문이다. 부녀가 그렇게 규정해주길 원했더라도 말이다. 송금은 아버지와 딸 사이에 벌어진 사적인 일이었으며 아주 간단하고, 빠르고, 저렴하게 이루어졌다.

당신에게도 이 시나리오가 낯설지 않을 것이다. 디파이가 등장하기 전부터 이런 일이 계속돼왔기 때문이다. 수백만 명이 매일 이 시나리오에 나온 대로 거래하고 있다. 겨우 돈을 이체할 뿐인 소소한 이야기처럼 보이지만, 여기에는 중요한 문제가 숨겨져 있다.

바로 신뢰의 문제다. 딸에게 돈을 보내고 싶었던 아만에게는 두 가지 선택지가 있었다. '중개자man-in-the-middle'를 거치는 것과 거치지 않는 것이다. 위 사례에서 '중개자'는 아만의 주거래 은행이었다. 그런데 아만이 은행을 거치고자 했을 때의 경험은 실망스러웠고, 그는 확인하지 못했지만 은행의 수수료는 고리대금 수준이었다.

아만이 딸에게 돈을 보내려고 쓴 두 번째 방법에는 중개자가 없었다. 직원을 둔 기관이나 작성해야 할 양식도 없었다. 거래를 시작한 아만이나 그의 딸에게 관심이 없는 코드 몇 줄만 확인하면 끝이었다. 송금을 성사시킨 컴퓨팅 자원의 비용을 충당하는 차원에서 거래 수수료가 부과되긴 했지만, 은행 수수료보다 훨씬 적었다.

디파이를 이야기하려면 비트코인과 암호화폐로까지 거슬러 올라가야 한다. 비트코인은 2008년에 하나의 아이디어 차원으로 등장했다가 2009년에 출시됐다. 이후 많은 암호화폐가 등장했는데, 비트코인은 이들의 공통된 조상이다. 비트코인 자체는 규모와 총가치 면에서 여전히 가장 강력한 영향력을 행사하지만, 영향력은 점차 감소하고 있다(이와 관련한 전문지식이 부족한 사람들을 위해서 암호화폐와 블록체인이 다양한 지점에서 실제로 어떻게 작동하는지를 뒤에서 자세히 설명한다). 비트코인의 수많은 자손 중 일부는 역사 속으로 사라졌고, 일부는 살아남아 위세를 떨쳤다. 살아남은 그 일부는 마치 미생물 배양기 속에서 진화한 것처럼, 10여 년 만에 완전체로 거듭난 듯한 모습이다. 시간이 갈수록 외부 충격에 적응하고 더 단단해지는 일명 '안티프래질antifragile' 상태가 됐다.

진화 계보 중 하나는 2018년에 처음 등장한, 묶어서 '디파이'로 불리는 여러 프로젝트와 앱 제품군을 낳았다. 2018년 8월 3일 텔레그램에서 이 분야 초기 혁신자들이 함께 나눈 대화 화면을 캡처한 스크린샷이 유명하다. 초기 혁신자 중에는 dYdX, 0x, 셋 프로토콜Set Protocol, 다르마Dharma라고 불리는 프로젝트에 참여한 사람들도 있다. 채팅방에는 블레이크Blake와 브렌던Brendan이라는 이름 외에도 셋 프로토콜 출신의 펠릭스 펭Felix Feng과 같은 이름들도 있었다. 펭은 우리 저자들에게 채팅 이야기를 들려주고 스크린샷을 공유해준 사람이다. 그들의 새로운 열정을 보여주는 이름들이 빈번히 회자됐는데 예컨대 개방형 금융 프로토콜Open Financial Protocols, OFP, 탈중앙 금융 개발자Decentralised Finance Developers, DFD, 오픈 래티스Open Lattice, 오픈 호라이즌Open Horizon 등이다. 그리고 그다음에 등장한 이름이 디파이다. 블레이크는 "마음에 드는 이름이다. '반항하다'를 뜻하는 Defy와 발음이 같은데, 디파이의 정신이 바로 반항이다"라고 말했다.

우리는 이 책에서 디파이를 중점적으로 다루려고 한다. 디파이는 무엇이고, 여전히 진화하고 있지만 잘못 이해되고 있는 디파이의 진정한 의미는 무엇인지 살펴볼 것이다. 또한 이 책의 많은 지면을 할당할 금융 부문뿐만 아니라 인간의 활동 전반에 매일 등장하는 디파이의 상업적 사례들을 자세히 소개할 예정이다.

디파이에 대한 아이디어는 처음에는 수학에서, 그다음에는 암호에서, 그리고 그다음에는 몇 세기 동안 존재했던 것보다 더 나은 금융 시스템을 구축하려는 몇몇 기술 전문가의 열망에서 기원했다. 다시 말해 우리가 서로 아무도 믿지 않는다면 더 나은 세상이 열릴 것이라거나, 인간·제도·정부를 신뢰하지 않고 오히려 정치나 변화나 오해로부터 우리를 지켜주는 수학과 논리를 신뢰해야 한다는 냉소적인 견해에서 나온 아이디어다.

우리는 신용을 아웃소싱하는 산업을 잔인할 정도로 정확하게 공략하며 설계된 일련의 기술적·상업적 발전을 설명할 것이다. 예컨대 은행, 보험회사, 거래소, 브로커, 그 외 수많은 업종의 신탁 관리자들이 받는 수수료는 전 세계 국내총생산Gross Domestic Production, GDP의 6%에 이를 것으로 추정된다.

우선 디파이의 기본적인 내용을 간단하게 설명하고, 이 새로운 산업을 구성하는 조직 · 프로젝트 · 개인 · 서비스를 언급하면서 그들이 집단으로 쏘는 화살이 금융계 어디에서 흔적을 남길 수 있는지를 정확하게 보여주겠다.

　디파이가 우리에게 오고 있다. 처음에는 조용히, 망설이듯, 천천히 왔지만 이제는 다른 방식으로 다가오고 있다.

CHAPTER 2

무엇보다
신뢰의 문제다

블록체인, 스마트 계약^{smart contract}(계약 당사자가 사전에 협의한 내용을 미리 프로그래밍하여 전자계약서에 넣어두고, 계약 조건이 모두 충족되면 자동으로 실행되게 하는 시스템-옮긴이), 디파이, 은행, 금융 지형의 변화 같은 문제를 본격적으로 논의하기에 앞서 신뢰의 역할을 살펴보고자 한다. 신뢰는 금융 부문을 비롯해 모든 분야에서 어떤 역할을 해왔을까?

갓 태어난 아기는 어머니의 품에 온몸을 맡긴 채 전적인 신뢰 속에 인생을 시작한다. 그리고 자라면서는 가까운 사람과 정부 당국을 믿으라고 배운다. 그래서 우리는 가족을 믿고, 부족을 믿고, 경찰을 믿는다. 동시에 낯선 사람들은 자동으로 불신한다. 혹시 인간 본성에 비관적인 사람이라면, 인간이란 나이가 들수록 세상에 대한 신뢰가 점차 옅어지는 존재라고 주장할지도 모른다.

아마도 이는 일부 사실이거나 아니면 정도의 문제일 것이다. 확실한 것은 사업에서부터 정치, 언어, 대인관계에 이르기까지 인간의 상호작용에서 신뢰는 우리가 계속 물 위에 떠 있게 해주는 구명대 같은 역할을 한다는 사실이다. 종종 쓰라린 경험을 통해 신뢰가 부족한 곳을 알게 된 사람은 신뢰를 강화할 조치를 취하려고 한다. 예컨대 계약을 맺거나, 약속을 정하거나, 협박하거나, 창피를 주거나, 경찰 또는 법을 동원하는 식으로 말이다.

신뢰는 가족과 사랑하는 사람과 친구들에서부터 정치권과 제도권 내 위임된 대표자와 권위자를 거쳐, 더 많은 믿음이 요구되는 더 넓은 미지의 세계에 이르기까지 세상 곳곳에서 중요한 역할을 한다. 그런데 이 책을 집필하는 동안 우리는 최상의 생존 전략은 아무것도 신뢰하지 않는 것임을 알게 됐다.

구글에서는 신뢰와 관련된 주제를 상당히 많이 찾아볼 수 있다. 수십 년에 걸쳐 발표된 학술 논문만 해도 셀 수 없을 정도다. 그만큼 신뢰는 많은 사람이 관심을 가지고 끊임없이 논의하고, 걱정하고, 분석해온 거대한 주제다.

2013년 과학 전문 매체 사이언스다이렉트닷컴 ScienceDirect.com에 실린 〈정보, 불합리성 그리고 신뢰의 진화 Information, Irrationality, and the Evolution of Trust〉라는 제목의 논문에 눈길을 사로잡는 분석이 나온다. 세 저자인 마이클 마나팟 Michael Manapat, 마틴 노바크 Martin Nowak, 데이비드 랜드 David Rand가 투자 분야의 신뢰 문제를 논한 내용이다. 두 가지 중요한 질문을 중심으로 진화하는 신뢰의 맥락에 대해 이야기하는데, 하나는 수탁자가 어느 정도의 지식을 보유하고 있는가이고 다른 하나는 수탁자가 투자자로부터 신뢰를 얻기 위해 경쟁해야 하는 환경에 있는가 하는 것이다. 이 두 가지 질문은 이 책에서 논의하는 문제들에도 직접적인 영향을 미친다.

우리가 귀중한 자산을 맡겨두는 금융기관은 날이 갈수록 더 생소하게 느껴진다. 그들의 브랜드나 창구 직원들은 어느 정도 알겠지만, 그들이 우리에게 파는 금융상품은 점점 더 복잡해져 도통 알 수가 없기 때문이다. 그리고 금융기관들은 점점 더 독점적으로 변하고 있다. 경쟁자가 없어서가 아니라 고객이 주거래 은행을 옮기기가 어렵기 때문이다. 한 은행에서 저축예금, 당좌예금, 신용카드, 주택담보대출 등에 대한 거래를 몰아서 하는 사람이라면 새로운 은행과 거래를 트기가 망설여지지 않겠는가.

이런 상황이 우리를 디파이의 핵심축 중 하나인 '무신뢰성trustlessness'이라는 용어로 이끈다. 그리고 종종 잘못 이해되곤 하는 또 다른 디파이 관련 용어인 '탈중앙화decentralization'로도 이어진다.

무신뢰 경제 시스템이란 참여자들이 누구도 신뢰할 필요가 없는 시스템을 말한다. 조금도 그럴 필요가 없다. 시스템을 만든 사람이나, 사용하는 사람이나, 남용하는 사람 누구라도. 이는 우리가 논의할 대부분의 디파이 프로젝트에 해당한다. 무신뢰 아키텍처는 모두가 서로를 속이는 상황 같은 최악의 시나리오를 가정하여 이를 중심으로 설계된다. 심지어 시스템 자체도 신뢰할 필요가 없다.

보통 이런 일은 두 가지 이상의 방법을 통해 가능해진다. 첫 번째는 수학을 사용해서 시스템에 저장된 데이터의 불변성을 보장하는 것이다. 데이터는 결코 바뀔 수 없다. 사람이건 악성코드건 무엇에 의해서도 바뀌지 않는다. 수학으로 굳게 잠겨 있을 뿐이다. 어떻게 이런 일이 가능한지는 다음 장에서 자세히 설명하겠다.

그렇다면 탈중앙화란 무엇일까? 예를 들어, 태평양 어딘가에 외부와 전혀 교류가 없는 작은 섬이 있다고 해보자. 이 섬에는 약 150가구가 있는데, 모두 한 마을에 산다. 주식은 코코넛이며, 가구마다 한 그루의 코코넛 야자나무를 가지고 있다. 사람들은 코코넛을 먹고, 넓은 나뭇잎이 드리워주는 그늘로 햇볕을 피하며 풍요롭게 살아간다. 그러던 어느 날 폭풍우가 섬을 덮쳐서 피터네 나무가 쓰러졌다.

그날 밤 마을 회의가 소집됐고, 피터의 이웃인 존이 이렇게 말했다. "걱정 마, 피터. 내가 잎과 코코넛을 빌려줄게. 자네 집 나무가 다시 자라면 그때 갚게." 2년이 지나자 피터네 나무가 다시 자랐다. 존이 피터에게 와서 말했다. "여보게, 이제 갚을 시간이네." 피터는 무슨 말인지 전혀 모르겠다는 듯 "무슨 소리야? 난 자네한테 빚진 것이 없어"라고 대꾸했다.

또 한번 마을 회의가 소집됐다. 존은 피터가 자기에게 코코넛과 잎을 빌려갔고 나중에 갚겠다고 약속했다고 진술한 후, 이를 목격한 사람은 손을 들라고 했다. 피터는 당연히 손을 안 들었지만, 나머지 149가구가 손을 들었다. 그들 모두가 실제로 약속 장면을 목격했으니 말이다. 이제 반박은 불가하며, 피터는 빌린 것을 갚아야 한다. 이것이 바로 탈중앙화다.

앞서의 예는 탈중앙화가 '긍정적으로' 작동하는 방식을 보여준다. 물론 이 예가 현실의 이야기이고, 존이 비열한 사람이라서 모두가 그를 싫어한다면 다른 결과로 이어질 수도 있었을 것이다. 하지만 비트코인과 이더리움 같은 암호화폐 세계에서는 그럴 수가 없다. 똑같은 트랜잭션을 운영자와 소유자를 서로 모르는 수백, 수천, 심지어 수만 대에 달하는 '익명의' 컴퓨터가 조회하고 확인할 수 있다. 블록체인(블록에 데이터를 담아 긴 체인 형태로 연결해 수많은 컴퓨터에서 동시에 복제해 저장하는 분산형 데이터 저장 기술)에서 일어나는 일에 대해서는 항상 공감대가 형성되어 있다. 섬마을에 거주하는 150가구보다 더 나으면서 가장 안전한, 낯선 이들 사이의 공감대다.

게다가 이 블록체인 기술은 상당한 '규모'를 제공한다. 앞서 예로 든 섬마을이 그렇듯이, 많은 소규모 부족 단위는 관리할 수 있는 참여자가 거의 없어서 본래부터 탈중앙화된 의사결정 메커니즘을 가지고 있었다. 그러나 점점 더 많은 인간이 모여 더 큰 집단을 형성하면서 이런 메커니즘이 비현실적이 되자 중앙집중식 의사결정으로 변화했다. 이런 면에서 탈중앙화된 블록체인은 부족 단위의 힘을 훨씬 더 큰 규모로 되살린 것이라고 할 수 있다.

이 새로운 기술과 관련된 또 다른 단어가 있는데, 바로 무허가성 permissionless이다. 무허가성이란 누군가의 허락을 받지 않고 누구나 참여할 수 있다는 의미다. 신청해야 할 대상도 없고, 기술 역시 참여자가 누구인지 신경 쓰지도 않는다. 거듭 말하지만, 이 개념은 '전통 금융'을 일컫는 트래드파이TradFi에서는 전례가 없다. 트래드파이에선 항상 사람이나 기계가 비공개로 신청서를 접수하거나 거절한다. 대출을 받을 때도, 계좌를 개설할 때도, 보험에 가입할 때도, 국경을 넘어 송금할 때도 모두 마찬가지다.

이 책에서 무신뢰성과 탈중앙화를 보장하는 세부 기술을 너무 깊이 파고들 생각은 없다. 우리의 논점이 되는 범위를 벗어나기 때문이다. 다만 트래드파이 세계에선 찾기 힘든 이 특성들이 디파이 세계에선 핵심이 된다는 점은 강조하고 싶다(한 가지 덧붙이자면, 모든 블록체인이 탈중앙화·무허가성·무신뢰성을 특징으로 하는 것은 아니다. 전개 방식에 따라 다르다. 다만 우리가 이 책에서 검토할 블록체인들은 이 세 가지 개념을 특징으로 한다).

CHAPTER 3

암호화폐의 전설,
비트코인과 이더리움

보통 '어떻게 해서 여기까지 오게 됐고, 어떤 역사적인 재료들이 우리를 이끌었는지'를 판단하려고 애쓰다 보면 시선을 얼마나 과거로 돌려야 하는가라는 문제에 직면하게 된다. 물론 금융기관의 역사가 중요하긴 하지만 이는 뒤에서 알아볼 것이다. 블록체인 산업 전반이 불타오르도록 2009년부터 불쏘시개 역할을 해준 비트코인에 대해서도 마찬가지다. 우선 종종 간과되어온 문제부터 얘기하고자 한다.

바로 '공개 키 암호'라고 불리는 암호화 방식의 개발이다. 이는 서로 다른 2개의 키를 사용하여 암호화하는 방법을 말하며, 정보를 암호화하는 공개 키$^{public\ key}$와 해제하는 개인 키$^{private\ key}$로 구성된다. 이처럼 정보를 암호화하는 데 사용하는 키와 암호화된 정보를 복원하는 데 사용하는 키가 서로 다른 방식을 비대칭 암호$^{asymmetric\ cryptography}$라고도 하는데, 특정한 정보 없이는 매우 풀기 어려운 수학 문제를 바탕으로 만들어진다. 앞으로도 계속 수학 얘기를 할까 봐 겁먹을 필요는 없다. 이 책에서 수학을 언급하는 곳은 다음 몇 줄뿐이다.

잠시 고등학교 시절 수학 수업을 떠올려보자. '함수^{function}'라는 단어를 기억하는가? 대체로 가장 먼저 배우는 함수 중 하나가 '$f(x)=x^2$'이다. 등호 좌측에 있는 값(x)을 알고 있으면 우측에 있는 값(x^2)을 계산할 수 있다. 마찬가지로, 등호 우측에 있는 값(x^2)을 알고 있으면 좌측에 있는 값(x)을 계산할 수 있다. 이것은 이차함수인데, 수학의 기본 함수로 활용 범위가 넓다.

1904년 독일의 수학자 에른스트 체르멜로$^{Ernst Zermelo}$는 19세기 독일의 집합 이론가이자 수학자인 게오르크 칸토어$^{Georg Cantor}$의 연구를 살펴보던 중 거기에 몇 가지 역설적인 점이 포함되어 있다는 사실을 알아냈다. 그리고 마침내 한 방향으로는 계산하기 쉽지만 다른 방향으로는 계산하기 어려운 놀라운 함수 집합을 만들어냈다. 수학자들은 이를 트랩도어 함수$^{trapdoor function}$라고 부른다. 이런 식의 일방향함수는 블록체인 기술은 물론이고 대부분 디지털 보안의 DNA다.

이제 수십 년을 건너뛰어 1976년으로 와보자. 세 사람의 암호학자 휫필드 디피$^{Whitfield Diffie}$, 마틴 헬먼$^{Martin Hellman}$, 랠프 머클$^{Ralph Merkle}$은 간단한 예시로 밝혀질 수 있으나 극도로 복잡한 문제를 일정 시간 연구해왔다.

예를 들어 내가 비밀을 하나 적어놓은 종이를 단단한 자물쇠가 달린 상자에 넣고 놋쇠 열쇠로 잠가뒀다고 치자. 내가 당신에게 그 상자를 주면서 나중에 내 비밀을 읽을 권한을 주고 싶다면, 내가 가진 것과 똑같은 열쇠도 주어야 한다(아니면 내 열쇠를 주어야 한다). 그것 말고 상자를 열 수 있는 다른 방법은 없다.

그런데 디피, 헬먼, 머클은 열쇠를 공유하지 않고서도 비밀을 공유할 방법을 찾아내고 싶어 했다. 이것이 바로 '비대칭 키asymmetric key' 문제라는 해결되지 못한 난제였는데, 이 문제가 왜 그렇게 중요한지를 당신도 곧 알게 될 것이다.

디피와 헬먼은 마침내 머클의 도움으로 난해한 수학적 계산을 통해 이 문제를 해결했다. 두 사람은 1976년 〈암호의 새로운 방향New Directions in Cryptography〉이라는 제목의 상징적인 논문에서 그 해결책을 제시했다. 두 사람이 찾아낸 해결책은 '디피-헬먼 키 교환Diffie-Hellman key exchange'으로 알려졌고, 머클의 업적을 인정하기 위해 2002년 이 명칭에 그의 이름도 추가됐다. 머클은 또한 다른 암호 분야에서도 유명세를 누렸다.

사이먼 싱Simon Singh은 《비밀의 언어》에서 이와 관련된 흥미로운 여담을 자세히 소개했다. 영국은 정보국이 수행한 연구를 통해 이 문제를 몇 년 더 일찍 해결한 것으로 보였다. 그런데 공직자 비밀 엄수법Official Secrets Act에 따라 엠바고가 걸렸다. 영국이 이미 위 문제를 해결했다는 사실은 디피와 헬먼의 논문이 나오고 시간이 한참 지나 엠바고가 풀리자 비로소 대중에게 알려졌다. 디피와 헬먼의 논문이 나온 뒤 보안 산업이 수십억 달러 규모의 산업으로 성장했다는 사실을 고려하면 엠바고가 너무 늦게 풀린 셈이다.

1976년식 '디피-헬먼-머클 키 교환'을 론 리베스트Ron Rivest, 아디 샤미르Adi Shamir, 레너드 아델만Leonard Adelman이라는 세 학자가 더욱 발전시켰다. 이들은 다음 해에 알고리즘을 개발하는 데 성공했고, 자신들의 성에서 첫 글자를 따 'RSA 알고리즘'이라고 명명했다. 그리고 결국, 그리고 아마도 필연적으로 RSA 알고리즘은 인터넷 보안의 토대가 됐다. 우리가 쓰는 브라우저 창의 작은 노란색 자물쇠와 'https'의 's'는 브라우저 세션이 RSA 알고리즘에 기반한 암호로 보호되고 있음을 나타낸다. 이는 다시 말해 당신이 공개 키 암호를 매일 사용하고 있다는 뜻이기도 하다.

수학이나 컴퓨터과학 얘기는 이 정도로 하고, 본론으로 넘어가자. 지금까지 한 이 모든 이야기가 블록체인·암호화폐와 어떤 관련성이 있는지를 설명해보겠다.

블록체인(비트코인과 이더리움 등)의 보안성, 해킹 불가능성^{unhackability}, 블록체인 '토큰(암호화폐 코인)'의 안전성 같은 이슈는 당신도 들어봤을 것이다. 토큰을 블록체인 지갑 주소로 입금하는 건 누구나 쉽게 할 수 있지만, 당신을 제외한 누구도 당신 계좌에서 토큰을 꺼내 옮기는 것은 불가능하기(실제로는 '너무 어렵다'가 더 맞는 표현일지도 모르겠다) 때문에 안전하다. 당신 계좌에서 토큰을 꺼내 옮기려면 당신의 개인 키가 필요하다. 물론 놋쇠로 만든 키가 아니라 당신만 알고 있는 일련의 숫자들 말이다. 입금하기 위해 당신의 계좌에 들어가려는 다른 사람들에게는 '공개 키'라고 불리는 다른 열쇠가 주어지며, 그들은 모두 같은 열쇠를 사용한다. 그러나 그들이 돈을 인출할 수는 없다. 개인 키가 있어야 하기 때문이다.

이 모든 시스템 작동 논리의 핵심이 바로 일방향함수다. 즉, 한 방향으로는 쉽지만 다른 방향으로는 어려운 식이다. RSA 알고리즘은 일방향 알고리즘의 마법에 프로그래밍의 생명력을 부여하여 디지털 보안 역사상 가장 안전한 디지털 키를 만들었다.

그렇다면 블록체인과 지갑과 키의 세계에서 함수를 되돌리기 '어렵다'고 할 때, 이 말은 과연 무슨 뜻일까? 구글에서 "개인 키를 푸는 데 얼마나 걸리나요?"라는 질문을 던져보라. 그랬다간 수학과 가정에 대한 온갖 논쟁에 한동안 시달리게 될 것이다. 대신 우리가 답을 말해줄까 한다. 오늘날의 슈퍼컴퓨터가 빅뱅 이후 줄곧 작동해왔다고 하더라도 여전히 당신의 개인 키를 풀지 못했을 것이다. 다음 정도만 돼도 다행일지 모른다.

317,000,000,000,000,000,000,000,000,000,000,000,000,000,

000,000,000,000,000,000,000,000,000,000,000,000,000,000년.

실제로는 더 길다.

비트코인

디파이를 논할 때 빼놓을 수 없는 것이 비트코인이다. 비트코인이 디파이의 시조이기 때문이다. 다만 비트코인이 등장한 지 얼마 안 됐음에도 이미 이에 대해 너무 많은 기록, 신화화, 주장, 분석이 난무하는 상태라 우리는 오로지 디파이로 가는 길을 비추는 부분만을 논의하고자 한다.

비트코인 창시자인 나카모토 사토시^{Nakamoto Satoshi}가 2008년 발표한 기념비적 백서^{white paper} 〈비트코인: 개인 간 거래 전자화폐 시스템^{Bitcoin: A Peer-to-Peer Electronic Cash System}〉은 사토시 본인을 포함해 소규모 암호화폐 애호가 집단이 비트코인 블록체인을 개발하는 데 실마리가 됐다. 사토시는 2013년에 잠적했는데, 이후 그를 만나거나 추적할 수 있는 사람은 없었다. 사토시는 여자나 단체가 아닌 남자인 것으로 추정된다. 이메일을 추적해본 결과 그렇다는 명백한 증거가 나왔으며, 일본에서는 사토시가 남자 이름이다.

비트코인 프로젝트는 처음에는 멋진 실험이었지만, 그 이상의 의미를 띠지는 못했다. 블록체인 조각들에는 비트코인이라는 토큰을 많은 '지갑' 중 하나에 저장하는 일종의 보안 데이터베이스(현재 '블록체인'이라고 알려진)가 들어 있었다. 각각의 지갑은 블록체인 데이터베이스의 주소일 뿐이다. 토큰은 지갑 소지자의 지시에 따라 한 주소에서 다른 주소로 데이터베이스 주변을 이동할 수 있었고, 누구나 지갑에 돈을 입금할 수 있었다.

사토시는 백서와 그 안에 든 블록체인 소프트웨어에 대한 설명을 통해 실제 화폐에 존재하는 여러 가지 문제를 해결하려고 했다. 가장 중요한 문제는 사람들이 디지털 화폐를 개발하고자 구상하기 시작한 1970년대부터 난관으로 작용한 '이중 지불$^{double\ spending}$' 문제였다. 디지털 아이템은 복제하기 쉽다. 따라서 사람들이 디지털 화폐를 복사해서 두 번 이상 쓰지 못하게 할 방법이 필요했다. 이와 관련해 백서는 보안에서부터 거래 내역의 불변성, 조직적 네트워크 공격을 막는 성벽 건설, 민주적인 오픈 액세스$^{open\ access}$, 인플레이션을 유발할 수 있는 신규 화폐의 무제한적 발행(예컨대 각국 정부와 중앙은행은 코로나19 팬데믹에 대응하고자 시중에 통화를 직접 공급하는 양적완화 등을 비롯해 오랜 시간 통화를 공급해왔다)을 확고히 막는 방법에 이르기까지 여러 문제를 해결했다. 사토시가 발표한 9쪽짜리 백서에는 비트코인 주조 방법에서부터 보관·교환·송금하는 방식에 이르기까지 화폐 시스템의 모든 것이 설명되어 있었다. 비트코인은 소유자·관리인·지리적 국경이 없고, 규칙이 불변이어서 변덕이나 악의에 영향을 받지 않으며, 암호로 보호되고, 인플레이션 방어 수단 역할을 한다. 한마디로 예술 작품이었다.

비트코인 개발 프로젝트의 초기 기여자들은 사람들에게 단순히 흥미로운 실험 이상의 의미를 주기를 바랐다. 실제로 이를 보여주는 증거도 있다. 그들은 사토시가 비트코인을 주조하기 위해 발명한 기발한 메커니즘인 일명 '채굴^mining'이라는 과정을 통해 많은 디지털 코인을 만들어냈다. 하지만 라스즐로 한예츠^Laszlo Hanyecz라는 이름의 프로그래머가 비트코인에 최초의 가치를 부여하기 전까지는 단지 흥미로운 프로젝트에 불과했다. 2010년 5월 22일, 미국 플로리다에 거주하던 한예츠는 파파존스라는 피자 가게에서 1만 비트코인을 주고 78달러 상당의 피자 두 판을 샀는데, 실제 재화를 구입하는 데 비트코인을 사용한 최초의 사례였다. 비트코인 애호가들은 비트코인이 처음으로 실물 경제에 적용된 이 날을 '비트코인 피자데이^Bitcoin Pizza Day'로 정해 기념하고 있다.

이후 비트코인 거래는 사실상 중단 없이 늘어나면서 전통적인 자산에서 새로운 자산으로 급격한 가치 변동을 이뤘다. 그리고 이는 또 다른 질문을 낳았다. 즉, '디파이가 다른 곳에서 뿌리를 내렸기 때문에 비트코인 블록체인에서 꽃을 피우지 못한 것일까? 왜 그러지 못했을까?'라는 질문이다.

비트코인 블록체인은 디지털 화폐가 하나의 디지털 지갑에서 다른 지갑으로 안전하고 은밀하게 저장되고 전송될 수 있게 해주는 시스템에서 쓰이도록 '일회용single-use'으로 설계됐다. 암호화폐의 전통을 중시하는 퓨리스트들purists은 좀 더 많은 것, 즉 비트코인이라고 불리는 토큰에 대한 암호화된 보안 데이터베이스를 요구할 것이다. 이 데이터베이스는 비트코인을 만드는 채굴자, 거래의 무결성을 검증하는 검증자 생태계, 사토시의 백서에 언급된 비트코인 통화 시스템 내에서 거래하기 위해 서로 긴밀히 연결된 생태계에서 일하는 지갑 소유자인 나머지 사람들의 지원을 받는다. 즉, 비트코인 블록체인에는 세 종류의 행위자가 존재한다. 트랜잭션을 검증하고 비트코인을 주조하는 사람(채굴자), 작업을 확인하는 사람(노드node, 즉 검증자. 그중 다수는 저렴한 기성 기계로 작업한다), 그리고 단순히 비트코인을 저장하고 사용하는 나머지 사람들이다.

그 외에는 아무것도 상상하지 못했다. 단일 코인(비트코인), 단일 용도(비트코인의 주조·저장·거래), 그리고 폐쇄적인 시스템으로 끝이었다. 디파이처럼 새로운 아이디어가 뿌리내릴 수 있는 비옥한 장소는 아니었다(다만 비트코인이 추가적인 장식을 만들 일부 기능은 제공할 수 있었다). 비트코인이 흔들림 없이 한 가지에만 집중했기에 신뢰할 수 있는 브랜드로서 굳건히 인정받을 수 있었다는 주장도 이 때문에 제기됐다. 이제 디파이를 비트코인에 접목할 신기술이 등장했는데, 이후 어떤 결과로 이어질지 단언하기는 이르다.

뒤에서도 종종 비트코인을 언급하겠지만, 일단 또 다른 지배적 글로벌 블록체인인 이더리움과 디파이가 활성화하고 키운 거대 아이디어, 스마트 계약으로 넘어가겠다.

이더리움

비트코인과 마찬가지로 이더리움의 역사도 전설적이다. 비트코인이 주로 나카모토 사토시의 아이디어였듯(다만 사토시는 1998~2005년에 활동했던 닉 자보Nick Szabo, 애덤 백Adam Back, 웨이 다이Wei Dai 등 수많은 선행자가 이뤄낸 업적 덕에 자신의 생태계가 살 수 있다고 생각했다), 이더리움에도 조물주가 있다. 이더리움 개발에 전력을 쏟았던 수많은 초기 개발자를 비롯해 재능 있는 덕후와 선각자들의 역할도 인정해줘야 하지만, 이더리움 탄생에 결정적인 역할을 한 사람은 비탈릭 부테린Vitalik Buterin이다. 피골이 상접한 러시아계 캐나다인 청년 부테린은 이더리움 프로젝트를 이끄는 정신적인 동력이다.

이더리움은 비트코인이 등장하고 나서 6년이 지난 2015년에 출시됐다. 부테린은 조숙한 수학광이었고, 10대 비디오게임광이었으며, 심지어 2012년에 〈비트코인 매거진Bitcoin Magazine〉이라는 초기 비트코인 잡지 중 하나를 공동 창간할 정도로 비트코인에 심취했다.

부테린은 게임광이었던 10대 시절 어떻게 해서 갑자기 암호화폐의 세계에 빠져들었는지를 얘기한 적이 있다. 그는 한 인터뷰에서 이렇게 말했다.

> 나는 2007~2010년에 〈월드 오브 워크래프트World of Warcraft〉 게임을 즐겁게 했는데, 어느 날 제작사인 블리자드Blizzard가 내가 좋아하던 남성 흑마법사의 '생명력 흡수' 주문에서 적에게 타격을 가하는 요소를 없애버렸다. 나는 울다가 잠이 들었고, 그날 중앙화된 서비스가 가져올

수 있는 공포가 무엇인지 깨달았다.

부테린은 이처럼 게임을 하면서 느낀 철학적 깨달음과 별개로, 2013년 이더리움 백서를 작성했다. 이 백서는 사토시의 백서와는 철학적 관점에서 매우 다른 새로운 아이디어를 담고 있었다. 이더리움이 일회용 아키텍처가 아니라 누구나 꿈꾸는 금융 앱을 블록체인에서 돌아가게 프로그래밍할 수 있도록 해준다는 것이었다. 이때 주목해야 할 사실은, 새로운 암호화폐 프로젝트에서 백서가 꼭 필요해졌다는 점이다. 백서가 없는 기업가들은 결코 관심을 끌지 못할 것이다(참고로 황서 yellow paper는 일반적으로 암호화폐에 관한 보유 기술과 개발 방향을 기록한 문서이고, 소서lite paper는 백서의 축약·정리판이다).

부테린의 핵심 원칙은 누구라도, 즉 심지어 여러 사람이 모이더라도 다양한 플랫폼 사용 방법을 전부 예측할 수는 없다는 것이었다. 원래의 비트코인 블록체인은 동료 간 일회용 통화 앱으로 설계됐지, 맥가이버칼처럼 다용도로 쓰이게 허용해줄 의도는 전혀 없었다(한편 암호화폐와 블록체인이 비트코인이라는 같은 이름을 가지고 있어서 둘을 혼동하는 사람이 더러 있다).

하지만 부테린은 다른 믿음을 가지고 있었다. 그는 솔리디티Solidity라는 '튜링 컴플리트Turing-Complete' 프로그래밍 언어를 만든 뒤, 이더리움 블록체인에 단단히 고정했다. 영국의 위대한 수학자 앨런 튜링Alan Turing의 이름을 따서 만든 '튜링 컴플리트'라는 이 멋진 용어는 필요한 명령어와 함께 충분한 시간과 메모리가 주어진다면 아무리 복잡한 계산 문제도 해결할 수 있다는 것을 의미한다. 프로그램 실행을 무작정 거부하거나, 중간에 포기하거나, 실수할 수는 없다.

이쯤에서 프로그래밍 언어 얘길 잠깐 해야겠다. C, 파이썬Python, 자바스크립트JavaScript 같은 프로그래밍 언어에 대해 들어봤을 것이다. '튜링 컴플리트' 언어는 방언이라는 점은 비슷하지만 더 단순하고 더 간결했다. 개발자들은 며칠이면 사용법을 배울 수 있었다. 이 언어는 인출, 지출, 잔액처럼 금융 분야에서 사용 빈도가 높은 도구들을 위해 미리 작성된 기능을 대량으로 제공한다. 그리고 계약 조건을 코드화하게 해주는 'if-then-else(if 다음의 수식이 참이면 then 이후의 문장을 실행하고, 거짓이면 else 이후의 문장을 실행하라는 뜻-옮긴이)' 규칙을 명시하는 능력도 제공한다. 이더리움 세계에서 이 결과로 만들어진 프로그램들을 '스마트 계약'이라고 부르는데 규칙, 예외, 입력과 출력(특히 가치가 한 지갑 주소에서 다른 지갑 주소로 이동할 수 있는 조건)을 표현하는 자그마한 프로그램이다. 스마트 계약은 누구나 볼 수 있고, 암호화에서 잘 알려진 것과 동일한 수학적 확률로 보호된다. 스마트 계약은 실제 계약과 같으나 불변이며, 입증이 가능하고, 투명하다.

렉스 프리드먼Lex Fridman은 여러 분야 거물들을 자신의 쇼에 초대해 몇 시간 동안 잡담을 나누는 팟캐스터다. 그는 물리학자, 정치인, 철학자, 사회과학자, 컴퓨터과학자뿐만 아니라 수많은 암호 기업가와 해설자들을 초대해왔다. 디파이 권위자이자 디파이 프로젝트 체인링크Chainlink의 CEO인 세르게이 나자로프Sergey Nazarov가 출연한 회차에서는 스마트 계약의 의미를 더 자세히 알아보는 시간을 가졌다.

그는 문명이 인간들 사이의 상호작용과 언어를 토대로 세워졌다는 의미심장한 주장을 했다. 단, 언어는 해석이 가능하지만 때로는 모호해서 우리 인간은 때때로 완벽한 의사소통을 하지 못한다고 덧붙였다. 이에 프리드먼도 지금까지 쓰인 책들 대부분이 대단히 중요한 문제를 언급하는 문장이나 단어의 해석을 주제로 한다는 점을 지적했다. 실제로 두 대화 주체가 일련의 사실, 조건, 결과에 합의해야 할 때처럼 모호함이 적敵이 되는 상황이 있다. 예컨대 문명화된 우리는 변호사 같은 전문가들이 작성한 계약서를 도구로 사용하지만, 그럴 때조차 때로는 의사소통이 불완전하게 이루어지기 때문에 심판을 봐줄 법정이 있는 것이다.

컴퓨터 언어는 이와 정반대이며, 전적으로 결정론적deterministic(특정 인풋은 항상 특정 아웃풋을 생산하는 알고리즘 – 옮긴이) 특성을 가진다. 프리드먼이 지적했듯이 코드 한 줄을 주제로 책이 쓰이는 일은 결코 없을 것이다. 코드 조각은 모호하거나 잘못 해석될 수 없기 때문이다.

최초의 이더리움 팀이 상상하고 구현한 스마트 계약은 사람들 간의 합의, 특히 금융 합의를 형식적인 컴퓨터 언어로 통합해서 모호하지 않고 결정론적으로 만들어지도록 설계됐다. 체결되는 스마트 계약은 누구나 볼 수 있도록 개방돼 있고, 절대 변하지 않으며, 암호로 안전하게 보호받는다.

트레이드파이 세계에서는 인간과 금융기관 간의 대부분 계약이 이해하기 힘들 만큼 복잡한데, 어쩌면 의도적으로 그처럼 복잡하게 만들었을 수도 있다(계약자에게 불리한 조건 등을 기록한 주의 사항 등 작은 글자로 적힌 부분까지 꼼꼼히 살펴봐야 하는 이유가 이것이다). 또한 계약이 종종 모호하고, 조밀하고, 더 강력한 힘을 가진 당사자의 기분에 따라 바뀔 수도 있다. 예를 들어 어느 날 갑자기 은행으로부터 이자율을 인상한다는 통보를 받았다면, 누구에게 불만을 터트려야 할까? 금융기관의 계약서는 고액의 연봉을 받는 변호사가 작성한다. 당신이나 나처럼 반대편에 있는 서명자들에겐 그에 맞서 변호사를 둘 여력이 거의 없다. 설사 변호사를 대동한다고 하더라도 우리보다 힘이 센 금융기관은 아무것도 바꾸지 않을 것이다. 우리는 그저 금융기관의 지시에 따라 서명하는 수밖에 없다. 게다가 대부분 사람이 계약서를 읽지도 않고 서명한다.

이더리움 스마트 계약은 이와 극명히 대조된다. 탈중앙적·개방적인 성격을 띠기에 누구라도 코드를 볼 수 있다. 그리고 군중의 지혜가 계약의 무결성과 공정성에 힘을 보탠다. 이는 프리드먼의 말마따나 혁신적인 아이디어다.

우리 이야기는 바로 여기서, 이더리움이라는 블록체인과 솔리디티라는 스마트 계약 프로그래밍 언어와 함께 시작된다. 이들은 2015년 출시 이후 금융 업계의 강력한 체계를 무너뜨리기를 바라는 개발자, 자유주의자, 선각자 그리고 일부 기회주의자에게 전폭적인 신뢰를 받아왔다.

본격적인 이야기를 하기 전, 은행이 무엇인지부터 짚어보자.

CHAPTER 4

디파이가 이끄는
금융의 민주화

이 책 원서의 부제에는 '은행의 종말'이라는 표현이 들어 있다. 좀 과장돼 보이긴 하지만, 우리가 알고 있는 은행이 금융 거래에서 중요한 역할을 하던 시대는 끝났다는 걸 말하고 싶었다. 이제 은행을 위시한 금융기관들은 혁신에 무관심하고, 돈을 쉽게 구하고, 대형 데이터 센터에서 컴퓨터가 조용히 돌아가던 과거의 안락함에서 벗어나야 할 것이다. 물론 여전히 그렇게 하는 은행도 있겠지만, 대개는 그러지 못할 것이다. 블록체인과 스마트 계약의 발명을 연료 삼아 은행을 실어 보낼 열차가 들어오고 있기 때문이다.

금융기관이 유지되려면 특히 대규모 지원 인프라가 필요하기에 현재와 같은 형태로 제공하는 서비스 중 살아남는 것은 극소수에 불과할 수도 있다. 디파이가 전면에 등장하면 트래드파이 산업의 상당 부분은 느리고, 융통성 없고, 비용이 많이 들고, 불공평하고, 불투명하고, 비효율적인 것으로 드러날 것이다. 이번 장에서는 금융기관이 가진 몇 가지 확실한 약점을 정리해보겠다. 여기선 각 약점을 간략하게 설명하고, 이어지는 장에서 더 자세히 살펴보겠다.

초기 디파이 선구자 중 한 사람인 루네 크리스텐센^{Rune Christensen}은 바보들이 1,000년의 가치를 가진 금융기관을 설계했다고 생각했지만, 디파이 역시 일찍부터 오만으로 가득 차 있다고 주장했다. 물론 이 주장은 틀렸다. 디파이 기업가들이 직면한 문제들은 전통적인 금융 산업에서도 처음부터 겪었던 문제들이다. 예컨대 대출금 청구, 예금 지급, 청산^{clearing}(지급인과 수취인의 거래 은행들이 주고받을 금액을 정산하고 최종적으로 확정하는 과정-옮긴이)과 결제^{settlement}(청산 과정을 통해 최종적으로 확정된 금액이나 증권을 이전하여 법적인 채권과 채무를 종결하는 과정-옮긴이) 방법, 리스크 산정 방법 같은 문제들이 그렇다. 디파이 선구자들이 이런 문제들과 씨름한 최초의 사람들은 아니었다는 얘기다.

우리는 탈중앙화된 무신뢰 아키텍처와 블록체인이 지원하는 새로운 도구들이 어떻게 완전히 새로운 금융 체계를 구축할 수 있게 해주는지를 살펴보고자 한다. 은행업의 역사, 기원, 이해 당사자, 진화 방식 등을 자세히 들여다본다는 것은 현기증 나는 일이다. 은행은 문명이 발전하는 데 결정적인 역할을 해왔다. 인류의 진보를 반영하고, 또 촉진했다.

오래전, 즉 기원전에는 이른바 '원시 은행^{proto-bank}'이라고 불리던 곳이 있었다. 원시 은행은 농부들이 주로 이용했으며, 저장 기능을 하거나 곡물담보대출처럼 농업 및 식량과 관련된 업무를 주로 봤다. 원시 은행은 궁극적으로 도시화의 압박 속에서 기업의 성장, 문해력의 확산, 국가 간 무역과 전쟁(둘 다 자본에 굶주린 소비자들이 벌인 행위다)의 요구에 발맞춰 발전했다.

근대 은행업이 시작된 시기에 대해선 의견이 분분하다. 이탈리아 메디치가Medici Family가 은행업의 시조라고 말하는 문헌도 있고, 영국·스페인·네덜란드·고대 수메리아·그리스·이집트·중국·로마 제국과 같은 지역의 초기 은행들을 시조로 보는 문헌도 있다. 기원전 18세기 무렵 바빌로니아의 함무라비 왕 때 제정된 '함무라비 법전'에는 "이자를 20% 이상 받는 상인은 원금을 상실하는 처벌을 받는다"라고 적혀 있기도 하다.

최초의 근대 은행이 설립된 시기를 정하거나 근대 은행을 정의하는 일은 금융사학자들이 토론할 문제다. 하지만 흥미롭게도, 토론을 하다 보면 결국 현재 당신이 신뢰하는 시내의 경이로운 '거대 은행'에서 끝나게 될 것이다.

예나 지금이나 은행이 제공하는 두 가지 기본적인 서비스는 귀중품 보관, 대출 및 신용의 연장이다. 이 중 후자는 지금도 그렇지만 초기 은행에서도 차주의 신용도를 바탕으로 했다. 아마 신용도는 신분, 재산, 보증인의 지위에 따라 결정됐을 것이다. 토지나 동물, 금으로 된 장신구 같은 귀중품을 담보로 제시하면 대출을 받기 쉬웠다. 부채를 상환할 수 있는 확실한 미래 현금흐름이 있어도 마찬가지였다. 대출을 실행할 때는 대주와 차주 간에 상업어음, 신용장, 담보대출 확약서, 신용 계약, 그 외에 대출액과 기간 등의 조건을 기록한 서류를 작성했다.

은행이 제공하는 또 다른 핵심 서비스는 신뢰할 수 있는 보관소 역할이다. 은행은 동전, 무기, 보석 같은 귀중품을 보관해주거나 서류를 작성하거나 때에 따라선 구두 약속을 기반으로 예금을 받아줬다. 초기 은행들은 예금자가 요구하면 맡긴 돈을 돌려줄 뿐만 아니라 오늘날과 마찬가지로 도난당할 염려 없이 돈을 보호해주리라는 믿음을 얻었다.

21세기 은행 역시 구체적인 업무를 제외하고는 과거와 유사한 업무를 한다고 말하는 이들도 있을 것이다. 하지만 그건 정확한 진단이 아니다. 현대 은행은 여러 가지 새로운 서비스를 선보이며 나래를 폈다. 일테면 결제 서비스, 보험상품, 중개와 거래, 리스크 관리 서비스, 외환 서비스, 신용카드 발급, ATM 서비스, 파생상품 판매 등이다. 대부분의 대형 금융기관이 제공하는 이런저런 서비스는 초기 근대 은행이 개척한 예금과 대출이라는 두 가지 핵심 서비스와는 거리가 멀다.

앞서 언급한 모든 일이 현재 추진되고 있는 무수히 많은 디파이 프로젝트의 주요 공략 대상으로, 이 프로젝트들은 2021년 12월 말 기준 2,000억 달러가 넘는 자금을 유치했다. 이는 글로벌 은행 시스템에 들어 있는 수조 달러(집계 기준에 따라서 세계 GDP의 거의 2배인 130조 달러로 볼 수도 있다)와 비교하면 아주 적은 액수로 보일 것이다. 하지만 은행은 1,000년 가까이 된 시스템이고, 디파이는 이제 갓 태어났을 뿐이라는 점을 생각해야 한다.

그러니 다시 신뢰의 문제를 따져볼 수밖에 없다.

혹시 당신은 대도시의 은행에 들어섰다가 휘황찬란한 로비와 비싸 보이는 예술품, 번쩍이는 가구, 온갖 장식품을 보고 놀란 적은 없는가? 그런 곳에 쓴 수백만 달러가 못내 아깝다는 생각은? 임대료가 더 저렴한 동네에 은행을 세울 수도 있고, 대리석 대신 더 저렴한 바닥재를 쓸 수도 있지 않았을까 하며 아쉬워한 적은 없는가?

은행은 나름대로 분명한 이유가 있어서 그렇게 한 것이다. 부와 고급스러움이 품질과 지혜와 사업 감각을 보여주는 지표로 간주되기 때문이다. 은행은 "이 우아한 도리아식 기둥과 로비의 분수와 무료 카푸치노 바를 갖춘 걸 보면 우리가 얼마나 능력이 있는지 알 수 있지 않은가? 그러니 우리를 믿어도 된다"라고 말하는 셈이다.

여기서 '믿음'은 어떤 의미를 갖는 걸까? 은행이 자신을 믿으라는 메시지를 내걸며 알리고 싶어 하는 것들은 대략 다음과 같다.

- 당신의 예금은 절대 축나는 일이 없을 것이다.
- 주택 구입 자금이 부족하면 우리가 빌려주겠다.
- 우리는 절대 망하지 않는다.
- 우리는 복잡한 리스크 계산법을 알고 있으니 당신이 맡긴 돈은 절대 위험에 빠지지 않을 것이다.
- 우리는 당신에게 최고의 거래를 제안한다.
- 우리는 자본의 최고 수호자다.
- 우리는 돈이 필요한 당신을 위해 모든 서비스를 직접 제공한다.
- 우리는 신속하고 빠르게 대응한다.
- 우리가 당신 대신 규제 문제를 해결해주겠다.
- 우리는 오랫동안 영업해왔기에 여러 가지 요령을 알고 있다.
- 당신의 돈을 불려주겠다.

어떤 은행이든 이 이상으로 광고할 가능성이 크다. 이렇게 광고하지 않으면 누구도 은행과 거래하지 않을 테니까 말이다. 그리고 그런 거래의 중심에는 신뢰가 자리 잡고 있다.

그렇다. 대부분의 경우 우리는 은행이 해주기로 한 일을 해주리라고 믿을 수 있다. 은행은 당신이 맡긴 예금을 잃어버리지 않을 것이고, 위험을 평가해줄 것이고, 돈을 합법적으로 대출해줄 것이고, 당신이 읽어보지 않았을지도 모르는 계약서의 사항들을 준수할 것이다.

하지만 당신이 은행과 최고의 거래를 할 수는 없을 것이다. 신뢰에 대한 값을 치러야 하기 때문이다. 은행에 수수료를 줘야 하고, 은행이 낮은 예금 금리와 높은 대출 금리의 차이를 통해 많은 수익을 올리게 해줘야 하며, 비효율적이고 오래된 정보기술^{IT} 시스템을 인내해야 한다. 그뿐만이 아니다. 지나치게 많은 직원과 임원에게 제공되는 특전과 경비의 일부도 대야 한다. 은행은 자신이 충분한 자격과 자질을 갖췄기 때문에 우리한테 신뢰받는다고 주장할지도 모른다. 하지만 냉정하게 말하자면, 우리는 그 신뢰를 돈을 주고 산 것이다. 그것도 지나치게 많은 돈을 지불하고서 말이다.

혹자는 핀테크^{FinTech} 산업의 성장, 인터넷과 클라우드 전송 서비스, 규제 완화 덕분에 은행 업계에 새로 등장한 일명 네오뱅크^{Neobank}(모든 금융 서비스를 인터넷상에서 제공하는 은행-옮긴이)가 부상하면서 간접비 부담이 큰 전통 은행의 수명이 끝나간다고 주장할지도 모른다. 실제로 전통 은행들은 휴대전화와 PC 거래를 적극 활용하는 레볼루트^{Revolut}, 알리카^{Allica}, 벨라^{Bella}와 같은 디지털 전용 은행들에 밀려 건물이 매각되거나 임대 계약이 만료되고 직원들은 정리해고를 당하는 처지에 놓일 수도 있다. 이는 합리적인 예측이다. 다만 비용이 낮아지더라도 은행 간 금리, 청산과 결제 비용, 중앙은행 정책, 스위프트^{SWIFT}(금융기관 간 국제 결제를 위한 금융통신망-옮긴이), 고정된 각종 거래 수수료, 부담되는 준법 요건 등이 확정돼 있기에 전통 시스템상에서 가능한 바닥 수준까지만 낮아질 것이다.

　대부분 사람이 간과하는 두 번째 문제가 있다. 금융기관이 모든 고객을 동등하게 대우하지 않는다는 점이다. 은행은 뽑아낼 수 있는 이익의 정도에 따라 고객의 등급을 매기고, 이 등급에 따라 관심을 달리해 대우한다. 이 말이 사실이 아니라고 생각한다면, 당신이 200달러를 들고 신규 계좌를 개설할 때 받는 대우와 수십억 달러의 자금을 예치해놓은 기업 CEO가 주거래 은행을 바꾸려 할 때 받는 대우가 얼마나 다를지 생각해보면 된다. 둘 중 누가 더 유리한 금리를 제시받을까? 누가 저녁 식사를 대접받을까? 당신이 부자라면 당신은 은행에 더 중요한 고객이다. 이는 너무도 명백한 사실이라 두 번 말해봤자 입만 아프다. 하지만 우리는 그것이 공정하지 않은 처사이며, 은행이 반드시 그렇게 행동할 필요는 없다고 주장하고자 한다. 우리 눈앞에 펼쳐진 기회의 장은 평평하지 않다.

　그리고 세 번째로, 중요한 고객을 묶어두는 일명 '락인lock-in' 문제가 있다. 은행을 옮기는 건 이사를 하는 것만큼이나 어려운 일이다. 이사를 하겠다고 결정하고 나면 그럼으로써 더 행복해질지 어떨지 걱정과 불확실성을 느끼게 되며, 이삿짐을 싸고 나르고 다시 풀어놓는 것도 여간한 일이 아니다. 물론 대부분 사람은 굳이 애써서 은행을 옮기려고 하지 않는다. 서비스가 못마땅하고, 콜센터와 통화 한 번 하려면 오랫동안 대기해야 하고, 앱APP은 가끔 먹통이 되고, 불만을 접수했지만 고쳐지는 법이 없더라도 그냥 그러려니 하고 계속 거래한다. 설상가상으로, 참다 못해 옮긴 은행도 별다를 것이 없다. 상품도 비슷하고 금리도 대동소이하며, 신뢰해달라는 사탕발림 같은 약속만 듣게 될 뿐이다.

끝으로 한 마디만 더 하자면, 은행 같은 금융기관만이 자본의 수호자는 아니다. 사실상 은행의 시장 점유율은 줄어들고 있고, 대형 헤지펀드나 기타 투자회사들이 상당한 규모의 자본을 운용하고 있다. 이들은 은행 규제망 일부에서 벗어나 있으며, 과거 은행만 제공할 수 있었던 대출 같은 서비스 시장으로 진출하고 있다. 디파이도 그럴 것이고, 전통 은행과 규제의 방해를 덜 받으면서 새로 진출하는 분야에서 놀라운 협력자들을 만날 수 있을 것이다.

이제 현대 은행이 제공하는 몇 가지 서비스를 살펴보면서 그들의 약점을 드러내 보겠다.

예금과 대출 ⸻

대부분 사람은 월말이 되면 은행 명세서를 본다. 명세서에는 저축예금, 자금 시장 투자 현황, 당좌예금 그리고 은행을 믿고 돈을 맡긴 예금 상품들의 현황이 기록되어 있을 것이다. 명세서 하단을 보면 특히 당좌예금과 같은 거래 계좌에는 고정 수수료가 부과된다는 사실이 쓰여 있을 것이다. 우리가 계좌를 개설할 때 내겠다고 동의한 거래 수수료다. 수수료는 우리가 제대로 읽어보지도 않고 서명한 난해한 계약서에 포함되어 있었다. 굳이 질문을 한다고 하더라도 수수료 산정 방식이나 부과 근거가 무엇인지 설명해달라는 정도일 뿐 그보다 더 자세히 물어볼 만한 사람은 거의 없을 것이다. 그래서 우리는 수수료에 대해 자세히 알 도리가 없다. 다만 은행이 우리 돈을 가지고 있다는 건 알고 있다. 또 은행이 우리가 맡긴 돈을 누군가에게 빌려줄 때 부과하는 금리보다 우리 예금에 더 낮은 금리를 적용한다는 것도 알고 있다. 그런데도 거래 수수료가 추가로 붙는다. 왜 그럴까?

우리가 맡긴 돈에 적용되는 금리는 고정금리 또는 변동금리다. 맡긴 돈을 인출하지 않기로 약정한 기간이 길수록 받는 금리는 대체로 올라간다. 왜 수시입출금 계좌처럼 언제든지 현금화할 수 있는 유동성 계좌는 금리가 낮은 걸까? 은행에 그 이유를 묻거나 실제 금리 산정 알고리즘을 보여달라고 요구해도 은행은 지식재산권이라며 절대 보여주지 않는다. 이런 불투명성은 금융기관의 친구다.

현재 많은 디파이 프로젝트가 예금과 금리 영역에서 은행들과 경쟁하고 있다. 이 중 가장 잘 알려진 프로젝트는 연^{Yearn}이다. 초기 버전에서 연이 하는 일은 디파이 세계 전체를 뒤져 대출이나 트레이딩 또는 그 밖의 용도로 암호자본^{crypto capital}이 필요하고, 자본을 유치하기 위해 이자를 지불하는 프로젝트들을 찾는 것이었다. 연은 최고의 유동성 공급자를 찾아 여기저기 냄새를 맡고 다니며, 예금자인 당신은 연이 더 나은 공급자를 찾을 때까지 유동성을 공급하는 대가로 최고의 이자를 받는다. 이런 새로운 서비스를 '이자 농사^{yield farming}'라고 하는데, 전통적인 금융 업계에서는 전적으로 불가능하다. 락인과 복잡한 행정 절차 때문이다.

은행의 관점에서 연 같은 서비스가 얼마나 혁신적인지 생각해보자.

- 모든 예금자는 맡긴 돈의 액수와 상관없이 동등한 대우를 받는다 (은행에선 기대할 수 없는 일이다).

- 예금자가 맡긴 돈을 자동으로 그리고 지속적으로 가장 높은 수익을 제공하는 곳으로 이동시킨다(은행에선 기대할 수 없는 일이다).
- 상품의 내부 작동 방식이 공개되고, 투명하며, 암호로 보호된다(은행에선 기대할 수 없는 일이다).
- 서명, 신분증, 서류 작업 없이 돈을 맡길 수 있다(은행에선 기대할 수 없는 일이다).
- 계좌 개설과 자금이체가 초 단위로 이뤄지며, 계좌 승인 절차가 없다(은행에선 기대할 수 없는 일이다).
- 금리는 어떤 시중은행보다도 높으며, 때로는 '위험 조정 후risk-adjusted'에도 몇 배나 된다.

이러니 은행이 어떻게 경쟁할 수 있겠는가. 당신이 금융기관의 CEO라면 시장 점유율을 빼앗길까 봐 걱정되지 않겠는가?

은행의 재무상태표상에서 예금 반대편에 대출이 있다. 은행은 고객이 예금한 돈(그리고 특정 조건에서는 중앙은행의 자금)에 대해 지급하는 것보다 더 높은 이자를 매겨서 다시 대출해준다. 물론 약간의 비용이 들긴 하지만, 예금과 대출 금리의 차이는 은행의 최대 수익원이다. 게다가 은행은 예금의 10배에서 20배까지 대출해줄 수 있는데, 이는 곧 지급준비금이 5~10%만 돼도 괜찮다는 얘기다. 이 모든 일이 합법적일 뿐만 아니라 똑똑한 국내외 산업 기구들이 신중하게 만든 지침에 따라 이루어진다. 그렇지만 만약 예금자 대다수가 한꺼번에 돈을 인출한다면 은행은 즉시 파산할 것이다. 알다시피 경제 상황 악화로 금융 시장에 위기감이 조성되면서 은행의 예금 지급 불능 상태를 우려한 고객들이 대규모로 예금을 인출하는 뱅크런^{Bank Run} 사태가 여러 차례 일어나지 않았던가.

물론 고객들이 대출을 받을 때 얼마만큼의 비용을 내야 하는지를 둘러싼 문제도 있다. 대출 요청이 들어오면, 은행의 리스크 매니저들은 통계치를 바탕으로 다음과 같은 사항을 따져본다. 대출의 목적은 무엇인가? 고객이 대출금을 상환할 수 있다고 얼마나 확신하는가? 적절한 대출 조건은 무엇인가? 담보는 무엇인가? 주택인가, 자동차인가? 아니면 공장이나 원자력 발전소인가? 대출 주체는 누구인가? 법인인가, 개인인가? 만약 법인이 대출을 받으려고 한다면 법인의 미래 현금흐름은 믿을 만한가? 환율 변동으로 부실 위험에 빠지진 않을까? 대출금의 사용처가 정치적으로 안전한가?

수백 개의 이런저런 데이터가 쌓이고 쌓여서 확률과 스프레드시트와 방정식으로 바뀐 뒤, 대출이 거절되거나 승인된다. 대출 계약서에는 고객이 단 한 번이라도 대출금 상환을 연체하면 어떻게 되는지를 알려주는 조항들이 깨알같이 적혀 있을 것이다. 거듭 말하지만 고객은 계약의 원칙, 토대, 기본적인 경제와 통계, 그리고 대출 승인 결정을 기계가 했는지 아니면 '신용위원회'가 했는지 등에 대해 알 도리가 없다. 그게 불만이어서 다른 은행으로 가더라도 비슷한 방식으로 계산된 비슷한 계약서를 받게 될 뿐이다. 그러니 일일이 따져 묻지 않는 편이 더 낫다. 그리고 만약 소액 대출을 원한다면 은행 직원에게 저녁 식사를 초대받거나 공짜 리조트 여행권을 받지 않을까 기대하는 건 금물이다. 그런 접대는 거액을 대출하는 사람들에게만 제공된다. 은행은 문의 전화조차 후자의 사람들이 건 것을 먼저 받는다.

그런데 대출과 차입의 세계에서 깜짝 놀랄 만한 혁신이 일어난 것이다. 이자 농사 서비스를 제공하는 연의 사례가 대표적인데, 이런 혁신들은 기존의 금융기관들이 따져본 것과 똑같은 기본적인 질문에 답한다. 예를 들면 대출금이 상환되리라고 어떻게 확신하고, 어떤 조건하에서 대출을 승인해야 하는가 등이다. 둘 사이의 차이점을 꼽자면 암호화폐 대출기관들이 이런 질문에 답하기 위해 고안한 스마트 계약은 모두 공개되고 투명하다는 점이다. 또한 브로커도, 신용위원회도, 화려한 로비도, 다수의 분석가도 필요하지 않고 대출 규모와 상관없이 모두에게 동일한 조건이 적용된다. 이에 따라 금리는 낮아지고, 대출 승인 시간은 짧아진다. 그러니 은행이 경쟁 상대가 되겠는가?

물론 이때도 담보의 문제가 분명히 등장한다. 디지털 담보와 물적 담보를 합친 혁신을 중심으로 디파이 업계가 구상 중인 스마트 계약을 통해, 담보를 확보하고 개선하는 방법도 뒤에서 자세히 알아보겠다.

디파이가 주목하는 은행 서비스에 대한 정리를 끝마치기 전에 엄청난 양의 가치를 처리하는 중요한 백오피스^{back-office} 서비스인 '청산과 결제'에 대해 언급하고 넘어가야겠다. 앞서 설명했듯이 계약 당사자가 거래를 종료하는 것이 청산이고, 이후 돈이나 물자를 주고받으면서 계약을 마무리하고 정리하는 것이 결제다. 모든 거래에서는 판매의 개시와 종료 사이에 시차가 있기 마련이다. 소비자가 돈을 내고 물건을 구입하는 형태가 일반적인 소매 업종에서는 시차가 아주 작지만, 글로벌 자본 시장에서 이루어지는 기관들 간의 거래에서는 상당히 크다.

고객을 대신하여 수억 달러를 거래하는 트레이딩 데스크의 예를 보자. 이런 거래는 리스크가 큰데, 거래 당사자들 간에는 거래가 종료될 때까지 관련된 문서(가령 주식의 이동이라면 외부 소유권 증명서)를 천천히, 그리고 확실히 옮기는 대규모 소프트웨어 스택software stack(애플리케이션의 실행을 지원하기 위해 합세해서 일하는 운영 시스템, 프로토콜, 데이터베이스 같은 독립적 구성 요소들의 집합–옮긴이)이 존재한다.

이런 거래를 하는 데는 보통 며칠 또는 그 이상의 시간이 걸린다. 브로드리지파이낸셜솔루션즈Broadridge Financial Solutions 같은 금융 기술 기업들은 블록체인과 스마트 계약을 활용해서 이처럼 미칠 듯이 긴 연쇄 과정을 압축하여 청산과 결제 기간을 며칠에서 단 몇 분 이내로 단축했다. 이는 자본 흐름 속도에 극적인 영향을 미칠 것으로 기대된다. 이런 기업들은 디파이 커뮤니티에 속해 있으나 트레드파이 내에선 후미에서 조용히 운영된다. 그들은 경솔하게 개인 고객을 상대로 디파이 서비스를 제공하는 데 동참하길 원하지 않는다. 또 특정 프로젝트 내에서 다양한 용도로 암호화폐 토큰crypto token(암호화폐cryptocurrency는 비트코인과 이더리움 등 블록체인의 토종 자산이지만, 토큰은 스마트 계약을 이용해 기존 블록체인을 기반으로 구축된다는 점에서 차이가 있다–옮긴이)을 생성하고 나열하는 허식적인 디파이 도구들보다는 프로세스를 개선하는 데 더 집중한다.

예금과 대출은 전통 은행들이 만들어놓은 편안한 자리에 앉아 있는 모양새지만, 이제 그들에게 디파이가 다가오고 있다.

보험 ————

보험은 금융 서비스 산업을 떠받치는 또 다른 기둥이다. 보험은 디파이의 목표를 방해하는 불투명성, 비효율성, 불공정성, 불확정성이라는 특성을 모두 가지고 있다. 앞의 은행업에서 설명했던 것처럼, 정보 비대칭 탓에 어떤 일들이 일어나는지 보자.

- 고객에게 보험 통계의 마법(위험, 보상 범위, 보험료 계산 방법)을 숨긴다.
- 보험 가입자의 실생활이 부주의한 데다 실수, 비난, 사고, 불운 등 다양한 변수로 얽혀 있다는 이유를 들며 보험금 지급을 거부한다.
- 리스크 계산 방식이 너무 광범위하고, 너무 두루뭉술하고, 세분화되어 있지 않다. 하지만 영상통화를 하다가 사고를 낸 운전자와 운전 중 코앞으로 날아든 벌 때문에 놀라서 앞차를 들이받은 운전자는 엄연히 다르다.
- 디파이 스마트 계약이라면 코드 몇 줄로 간단히 포착할 수 있는 것을 지원하느라 보험회사도 은행처럼 대규모 인프라를 호스팅하고 있으며, 이런 인프라는 신뢰할 수 없는 수천 대의 익명의 컴퓨터로 돌아간다.
- 고객은 종종 계약 조건을 무조건 따라야 한다. 계약 기간은 1년 이상이고, 다른 보험회사로 계약을 이전할 수 없다.
- 은행과 마찬가지로 큰손 고객은 소액 고객들과 다른 대우를 받고, 자산이 거의 없는 고객은 그다지 환영받지 못한다. 대부분의 보험회사나 중개업자는 소액 보험료에는 관심이 없고, 심지어 처리 프로세스조차 갖추지 않은 곳도 있다.

뒤에서 넥서스뮤추얼Nexus Mutual을 비롯해 새롭게 등장한 디파이 보험회사들을 살펴보고, 거대 보험회사들이 쌓아온 견고한 유산이 어떻게 사라지는지를 알아볼 것이다.

거래와 거래소 _____

금융기관들은 고객 대신 또는 직접 자산을 사고파는 트레이딩 데스크를 두고 있으며, 종종 거래를 촉진하는 역할을 한다. 거래 자산의 종류는 주식, 채권 및 기타 부채, 국채, 상품, 선물, 옵션 등이다. 대형 금융기관들끼리 서로 거래하기도 하고, 때로는 은행이 고객을 대신하여 소매 거래를 하기도 한다. 어떤 경우건 은행은 거래가 성사될 때마다 수수료를 부과한다.

은행권 밖에는 뉴욕증권거래소나 런던증권거래소 같은 공적 거래소가 있고, 그들 앞에는 찰스슈왑^{Charles Schwab}이나 인터랙티브브로커스 ^{Interactive Brokers}처럼 수수료를 받고 거래를 도와주는 여러 증권사가 있다. 거래소는 디파이 혁신이 정점에 도달한 분야 중 하나다. 트레이드파이 전자거래소(여기서도 지금은 모두 전자적으로 거래가 이루어진다. 트레이더가 브로커에게 말 그대로 고함을 치듯 주문을 내는 '공개호가 방식 거래'가 이루어지던 시절은 끝났다)는 그간 매수자와 매도자를 연결해줌으로써 거래를 성사시켜왔다. 이제는 거래소가 전자 주문 장부를 작성하고, 주식이나 채권 같은 자산의 매수와 매도 호가에 가장 근접한 매수자와 매도자를 찾아내 거래를 자동으로 성사시킨다. 매수자와 매도자의 호가가 일치할 때 거래가 체결되며, 그렇지 않을 때는 절대 체결되지 않는다. 거래가 성사되면 거래소는 수수료를 받는다. 따라서 거래 의지가 있는 매수자와 매도자뿐만 아니라 중간에서 거래를 촉진하고 수수료를 받는 신뢰할 수 있는 중개자가 있는 셈이다. 바로 이 점이 문제다. 이번에도 중간에 누군가가 있어야 한다.

전자거래소에는 또 다른 문제점들이 있다. 심지어 원활한 디지털 사용자 경험을 제공하는 현대의 거래소조차 규제나 자기 보호 문제를 해결해야 한다. 우리 두 저자 중 한 명은 유명 온라인 거래소에 계좌를 가지고 있는데, 최근에 거래소가 약관을 변경했다(이런 비대칭이 낳은 결과는 실로 잔혹했지만, 약관 변경의 진짜 이유는 제시되지 않았다). 이와 관련해서 모든 계좌 개설자가 볼 수 있는 서류가 마련됐는데, 법률 용어로 34개 조항이 빽빽이 적힌 22쪽짜리 서류였다. 그 서류를 들춰보기라도 하는 사람이 과연 몇이나 될까? 거래소로서는 자신을 지키기 위해선 이 방법밖에 없다고 조언하는 변호사들의 도움을 받아 이렇게 하는 것이 당연하겠지만, 고객으로서는 이보다 덜 적대적이고 덜 경멸적인 대접을 받고 싶어 하는 것이 당연하지 않을까?

디파이 솔루션을 탈중앙 거래소Decentralised Exchange, 줄여서 덱스DEX라고 한다. 덱스에서는 수많은 익명의 탈중앙화된 컴퓨터들이 중립적으로 감시하는 가운데 스마트 계약이라는 마법을 통해 매수자와 매도자가 직접 거래할 수 있다. 서로 신뢰하지 않아도 되며, 중개자도 없다. 부담스럽고 난해한 법률 용어를 몰라도 된다. 몇 줄의 코드만 있으면 당신의 매수나 매도에 기꺼이 응할 트레이더를 찾을 수 있다.

이미 수많은 덱스 거래소가 운영되면서 수십억 건의 거래를 수행하고 있다. 뒤에서 더 자세히 살펴볼 유니스왑Uniswap도 덱스 거래소에 속한다. 이더리움 기반의 거래소인 유니스왑은 주문 장부 없이 자동 거래를 통해 거래소에 유동성을 제공하는 시스템인 '자동화된 시장 조성자Automated Market Maker, AMM'를 구현한 대표적인 탈중앙 거래소이기도 하다. 현재 대부분의 덱스는 암호화폐 공간에서 운영되며 토큰 간 거래를 촉진한다. 토큰 간 거래는 사람들이 어떤 토큰의 가격이 오르고 내릴지 추측하거나, 트레이드파이와의 상호작용 같은 다양한 편의를 제공하는 암호화폐로의 전환을 요구하며 호황을 누리고 있다.

우리는 디파이를 그토록 혁신적으로 만드는 모든 이유를 근거로 덱스야말로 대부분의 거래소가 나아갈 미래라고 생각한다. 그곳에선 주식, 채권, 소유권, 선물, 상품, 옵션 등이 거래될 것이다.

지불 _____

금융 업계가 주도하는 새로운 지불 수단의 촉진과 개발은 지난 20년 동안 상당한 혁신이 목격되어온 분야다. 모바일 은행의 프런트엔드front end에서부터 QR을 통한 거래에 이어 무선 송신기가 장착된 칩 기반 직불카드와 디지털 지갑에 이르기까지, 금융기관과 제3의 협력사들이 지불 방법 면에서 비약적인 개선을 이뤄냈다. 예를 들어 중국은 현금 사용이 드물고, 지갑이 스마트폰에 통합된 사회가 됐다. 개인이나 사업체를 막론하고 대부분의 지불이 디지털로 이루어진다.

하지만 여기서도 여러 가지 변화가 도래하고 있다. 블록체인으로 보호되는 소액결제, 매초 값이 기록되는 스트리밍 결제, 국경 간 지불을 포함해서 청산과 결제 과정 없이 즉각적으로 이루어지는 안전한 제도권 내 지불, 그리고 공식적인 분야 밖에서 활동하는 사람들에게 엄청나게 큰 사업이자 거래 수수료 부담이 큰 송금 등이 모두 그런 변화에 속한다. 아울러 엘살바도르가 국가적 차원에서 송금 수수료 문제를 해결해줄 블록체인 기술을 환영하며 받아들인 것도 중요한 변화다.

끝으로 한마디만 덧붙여보겠다.

앞으로 이 책에서 논의할 많은 일들이 금융기관이 곧 실존적 위기에 직면하게 되리라는 우리의 가설을 뒷받침해줄 것이다. 위기에 직면하게 되는 속도는 가장 피해망상적인 반응을 보이는 사람들일수록 빠를 것이다. 한편 소유권의 확실성, 신원 인증, 상품 가격이나 날씨 데이터와 같은 외부의 물리적 세계로부터 데이터를 통합하는 방법 등 블록체인 공간 안팎에서 다수의 혁명이 일어나고 있다. 금융기관과는 간접적으로만 관련이 있을지 모르지만, 넉넉한 크기의 캔버스에 색과 질감을 더해줄 몇 가지 혁명을 다뤄보고자 한다.

지인 중에 꽤 친한 은행원이 몇 명 있다. 은행업 전체가 맹비난을 받는 것처럼 보일지라도, 실제로는 은행원들 역시 다른 직종의 사람들과 마찬가지로 선하고 정직한 이들이다. 진정 고객을 배려하면서 성실하게 자기 임무를 다한다. 그리고 은행 역시 업계의 규칙을 지키면서 단순히 주주의 이익을 위해 해야 할 의무를 다하는 것뿐이다.

대다수 은행원은 디파이를 자세히는 모르더라도 이미 디파이에 대해 많은 것을 알고 있다. 은행에 대형 IT 부서가 있고, 은행명이 크게 적힌 대형 컴퓨터가 무시무시한 소프트웨어 및 수많은 프로그래머와 함께 중요한 일을 하고 있고, 변경이나 기능 추가나 상품의 품질을 개선하고자 하는 요청은 시간이 많이 들고 힘들며 좌절감만 느끼게 해주는 일임을 알고 있다. 그에 비해 저 밖의 핀테크 업계에서는 정말로 멋진 발전이 일어나고 있다는 것을, 예컨대 벤모^{Venmo} · 페이팔^{PayPal} · 레볼루트^{Revolut} 등 민첩한 기업들이 영리하게 일하면서 전통 은행의 수익을 빼앗아 간다는 것을 알고 있다.

은행원 지인들 대부분은 자신이 판매하는 상품의 세부 내역에 대해선 막연하게만 알고 있다. 내역이 하도 복잡해서 상품을 설계한 마법사들만 이해할 수 있다고 생각해버린다. 이는 내 지인들의 잘못이 아니다. 기능은 알지만 작동 원리는 모르는 복잡한 기계 장치 같은 것을 팔라고 건네받았을 뿐이니 말이다.

그 지인들은 비트코인과 이더리움에 흥미를 느끼고 있다. 일부는 그 두 가지에 투자했고, 그 밖의 온갖 무모한 암호화폐 도박에도 참여했다. 그렇게 해서 돈을 번 사람도 있다. 하지만 그들 중에 스마트 계약이 무엇인지 아는 사람은 거의 없다. 탈중앙화나 무신뢰성이 무엇인지도 모를뿐더러 왜 중요한지는 더더욱 모른다. 게다가 은행원이라는 직업이 언젠가 사라질지도 모른다는 사실을 아는 친구도 거의 없다.

은행업이 수백 년의 시간을 거쳐 지금처럼 크게 성장한 이유는 역사적·경제적·사업적인 면에서 관심을 받았기 때문이다(미국의 IT 산업을 선도하는 애플, 아마존, 넷플릭스, 구글 같은 금융권 밖의 일부 기업이 불과 몇십 년만에 급성장한 끝에 금융 서비스업에 본격적으로 진출했다는 사실은 논외로 하자). 2007년부터 시작된 서브프라임 모기지 사태에서 목격했듯이, 기업들이 속속 파산했지만 일부 은행은 오히려 더 큰 규모로 성장했다. 당시 유행한 말이 '대마불사too large to fail'였을 정도다. 너무 규모가 커지다 보니 움직임이 둔해졌고, 융통성이 없으며, 위험을 피하려고만 하고, 행동은 예측 가능해졌다. 은행업, 보험업, 광업, 제조업, 자동차업처럼 오래된 산업은 프로세스와 문화가 깊게 뿌리 박히는데, 이는 제도적 기억institutional memory(조직 내 집단 지식과 학습된 경험-옮긴이)이 되어 안정감을 주는 한편 기업을 짓누르기도 한다. 시간이 지나면서 새롭고 보다 효율적인 기술이 등장할 수도 있겠지만, 이런 대규모 조직 내에서는 통합하거나 수용하는 일이 더딜 뿐만 아니라 모든 면에 무관심하기 때문에 어려움을 겪기 십상이다. 대기업에서 일해본 사람이라면 누구나 공감할 수 있을 것이다.

우리 저자 중 한 명은 〈포천〉 선정 250대 기업의 그룹최고기술책임자Group Chief Technology Officer, GCTO로 일했다. 사소한 물품을 납품할 새로운 업체에 대해서 승인을 받거나, 사용하기 쉽도록 화면 인터페이스를 조금 바꾸거나, 외부 클라우드의 플랫폼을 채택하거나, 심지어 신규 직원을 채용하는 것과 같은 간단하고 의례적인 일들조차 양식 작성과 제출, 판단, 승인이라는 성가신 과정을 거쳐야 했다. 마치 굼뜬 동물을 보는 것만 같다. 덩치는 크고, 움직임은 느릿느릿하고, 융통성이 없다.

그러다가 최초의 혁신가들이 등장하고 10년이 훨씬 지난 후에야 마침내 금융기관들도 모바일 계좌와 결제 서비스를 선보이거나, 수표책을 단계적으로 폐기하거나, 원격 작업을 허용하거나, 사용자 인터페이스를 재설계하기 시작했다.

한 주요 은행이 우리에게 예금 잔액을 애플워치로 확인할 수 있게 해준다는 '혁신적인' 프로젝트를 자랑한 일이 있다. 웬만한 개발자라면 1시간 이내에 작성하고 테스트하고 배포까지 할 수 있는 작업인데 말이다. 혁신에는 빠른 발걸음과 함께 실패를 감수하려는 의지가 필요하다. 하지만 은행이 사용하는 어휘 목록에 이런 단어들은 들어 있지 않다.

디파이에는 그런 걸림돌이 없다. 디파이는 깨끗한 캔버스와 놀랍고도 새로운, 마술 같은 기술 팔레트를 가지고 출발했다. 은행은 디파이와 경쟁할 수 없다. 그나마 가장 기대해볼 만한 결과는 은행이 디파이와 협업하고 통합하는 것이다. 은행에는 결국 선택의 여지가 없을 것이다.

다시 한번 말하지만, 그건 금융기관에서 일하는 우리 지인들의 잘못이 아니다. 그저 전통 은행이 너무 굼뜨다는 것이 문제다.

CHAPTER 6

ICO를 통한
자금조달

늘 그랬듯이 오늘날에도 신생 벤처기업은 자금조달에 상당한 애를 먹는다. 아이디어와 약간의 에너지를 가진 사람이 자본을 조달하는 가장 일반적인 방법은 은행에 맡겨둔 자기 돈을 쓰는 것이다. 그다음은 가족이나 친구, 동료들의 돈을 끌어모으는 것이다. 초기에 자금을 대는 이런 이들을 '엔젤 투자자^{angel investor}'라고도 부른다. 천사를 뜻하는 '엔젤'이라는 단어의 우호적 뉘앙스와 달리, 이들도 종종 나중에 합류한 투자자들만큼이나 엄격한 잣대를 들이댄다는 점이 흥미롭다. 더 큰 규모로 돈을 빌리려면 벤처 투자가나 시리즈 A·B·C·D 투자자로부터 투자를 받거나, 행운이 따라주면 상장을 하거나, 대형 기업에 인수되는 방법도 있다.

인큐베이터, 액셀러레이터, 기업 혁신 펀드, 비정부기구^{NGO}는 물론이고 최근 등장해 인기를 끄는 크라우드 펀딩(온라인 플랫폼 등을 통해 불특정 다수에게 자금을 모으는 방식) 등은 좋은 아이디어가 있으면 경쟁적으로 투자에 나선다. 그러나 창업 자금을 마련하는 데는 뻔뻔함과 함께 영웅적인 결단이 필요하다. 또한 아이디어가 균형이 잘 잡혀 있어야 한다. 만약 아이디어가 새로운 것이 아니고 이미 다른 곳에서 이용된 적이 있는 것이라면, 남다른 시각을 제시해야만 투자를 받을 수 있을 것이다. 또 한편으로 아이디어가 시장 파괴자나 창조자가 될 정도로 새로운 것이라면, 그렇게 좋은 아이디어인데도 왜 여태껏 투자하겠다고 나선 사람이 없었는지 의아해하는 시선을 받을 것이다. 아니면 안타깝게도 투자자가 아이디어의 잠재력을 알아보지 못하고 비전을 외면할 수도 있다.

비트코인이 해커들의 프로젝트 수준을 벗어난 뒤, 이 산업의 선구자들이 깨달은 자신들의 위치가 바로 그랬다. 2010년대 초·중반, 이 기술이 어디로 향해야 하는지를 이해한 사람들에게는 상업적 잠재력이 너무나 명백히 보였다. 하지만 문제는 그들 대부분이 젊고 예민했으며 유리 벽으로 둘러싸인 회의실에서 투자자들의 마음에 들게 아이디어를 제시하는 방법을 교육받지 못했다는 점이다. 무신뢰·탈중앙화·무허가를 특징으로 하는 블록체인의 용도에 대한 아이디어가 무수히 쏟아져 나왔지만, 그들을 믿을 수 없었던 투자자들은 "블록체인이 대체 뭔데?"라는 질문을 던졌다. 비트코인 가격이 상승하기 전까지는 말이다.

하지만 가격 상승 이후에도 투자자들은 신중한 태도를 보였다. 벤처 캐피털^{Venture Capital, VC} 업계에서 '금(토큰이나 새로운 블록체인 아키텍처)'보다 그것을 캐낼 수 있는 '삽(광물 등)'에 투자하는 이들이 등장했지만, 차기 비트코인을 가지고 있다고 공언하는 젊은이들에겐 별다른 관심을 보이지 않았다. 주장을 뒷받침해줄 데이터나 산업의 역사가 거의 없고, 그저 혁신에 대한 자신 있는 선언에 그쳤기 때문이다.

그렇다면 초기 암호화폐 사업가들은 자금을 조달하기 위해 어디로 눈을 돌렸을까? 바로, 대중이다. 초창기에는 암호화폐를 뒷받침할 수 있는 화려한(그리고 가끔은 수학적으로 불가해한) 백서만 있으면, 검증이 되지 않았더라도 더 많은 돈을 벌기 위해 위험을 무릅쓰고 투자하려는 사람들이 많았다. 훌륭한 VC 기업들의 본사가 있는 실리콘밸리의 파워도, 비트코인에 대해 들어본 적도 없는 대규모의 공적 투자자 집단도 필요하지 않았다. 단지 기술에 관심이 있는 사람 수천 명만 있으면 됐다. 그런 다음에는 기술에는 문외한이더라도 비트코인의 엄청난 가격 상승에 주목하고, 새로 출현하는 비트코인에 투자해서 행운을 거머쥐기를 바라는 사람 수천 명만 있으면 됐다. 블록체인 기술이 신뢰 네트워크를 분산시키려고 한다면, 신규 프로젝트의 자금원을 분산시켜서는 안 될 이유가 무엇이란 말인가?

초기의 유망한 암호화폐 사업가들은 그렇게 자신들만의 자본 시장을 찾아냈다. 그들은 공개 시장이나 웹사이트에서 토큰을 팔았고, 신봉자들은 그것들이 차세대 비트코인이 되기를 꿈꾸며 미리 싸게 사들였다.

이와 관련해서 한두 가지 해줘야 할 이야기가 있다.

미국 증권거래위원회Securities and Exchange Commission, SEC는 1934년 6월 6일에 설립됐다. 그에 비해 주식 시장은 일찍이 1531년(벨기에 앤트워프), 1772년(영국 런던), 1791년(미국 뉴욕)부터 존재해왔다. 유럽의 초기 주식거래소는 네덜란드동인도회사Dutch East India Company 같은 대형 무역회사들의 선단에 자금을 대는 메커니즘이었다. 초기의 투자자들은 선박 1대의 탁송물에 투자(유한책임을 지는 일회성 투자)했는데, 나중에는 정부로부터 '인가'를 받은 회사들의 주식에 투자할 수 있었다.

거래소의 역사가 악의적 행동으로 점철됐다는 사실은 놀랄 일이 아니다. 지분 증서 상실, 가격 거품, 내부 정보 유출, 소유주들 간의 갈등, 그리고 쉽게 돈을 벌 기회를 찾는 온갖 사기꾼이 가득했다. 심지어 거짓말을 하는 기업이나 주권株券 외에는 존재 기록조차 거의 없는 기업까지 있었다.

이런 상황에서 각국 정부는 순진한 시민 투자자를 보호하기 위해 어느 정도나마 노력했다. 예를 들어, 1911년 미국에서는 일명 '창공법Blue Sky Laws'이라는 부정 증권 거래 금지법이 제정됐다. 하지만 깊이 고민해서 만든 법도 아니거니와 제대로 시행되지도 않았고 감독 또한 허술했다. 그러니 1929년 미국 증시의 폭락은 사실상 불가피했다고 볼 수 있다. 주가 조작 세력이 키운 거품이 터지면서 엄청난 피해가 발생했다. 사람들의 삶은 피폐해졌고, 거품이 꺼지면서 대량 실업 등 도미노 효과가 일어났다.

그러자 SEC는 투자자들을 보호하기 위해 1933년 글래스-스티걸법Glass-Steagall Act(은행 개혁과 투기 규제를 목적으로 하는 법-옮긴이), 1934년 증권 거래법, 1935년 공익사업 지주회사법Public Utility Holding Company Act(전력회사의 규제·허가·해체와 관련된 권한을 SEC에 부여한 법-옮긴이), 1939년 신탁증서법Trust Indenture Act(정식 서면 계약 없이 1,000만 달러 이상의 채권 발행을 금지한 법-옮긴이), 1940년 투자자문법Investment Advisers Act, 1940년 투자회사법Investment Company Act 등 일련의 법을 시행했다.

이번에는 정부도 진지했다. 시민들이 주머니를 털리려고 공공 거래소를 찾는 건 아니니까 말이다. SEC의 뜻을 거스르는 사람들은 투옥될 수 있었고, 또 실제로도 그랬다. 일단 거래소에 상장하고자 하는 회사는 여러 가지 법적 요구 조건을 충족해야 했다. 예를 들어, 회사가 현재 하는 일, 앞으로 할 일, 그리고 자사에 투자하는 것이 왜 '좋은' 생각인지를 구구절절이 적은 투자설명서를 마련해놓아야 했다. 그런데 사실 이런 설명서를 읽어보면 약간 우습다. 변호사와 회사 임원들이 상상할 수 있는 모든 위험이 난해한 법률 용어로 나열돼 있고, SEC가 막대한 영향력을 행사하기 때문에 감히 과장된 약속은 하지 않으려고 애쓴 흔적이 역력하기 때문이다.

암호화폐 사업가들이 일반 대중에게서 자금을 조달하고자 했을 때, 바로 이런 이유로 주식 공모처럼 보이지 않으면서 돈을 모을 방법을 고민해야 했다. 이 고민은 변호사와 SEC 당국이 규제 환경만 이해할 뿐 암호화폐 토큰이 무엇인지는 확신하지 못한다는 사실 때문에 복잡해졌다. 암호화폐 토큰은 화폐, 지분, 수집품, 상품, 재산 중 과연 무엇이란 말인가? 미래 가격이 불확실한 블록체인을 기반으로 한 코인이나 토큰은 물론이고, 유틸리티 토큰utility token이니 거버넌스 토큰governance token이니 하는 것들은 거의 수수께끼처럼 보였다(유틸리티 토큰은 화폐적 성격이 강한 토큰으로 서비스나 상품의 권리 이전 및 저장 수단으로 쓰이고, 거버넌스 토큰은 프로젝트의 미래와 관련된 사안에 투표권을 행사할 수 있는 토큰이다).

과연 이 낯선 것들은 실제로 무엇이었을까?

암호화폐회사를 대변하는 변호사들이 가장 먼저 한 일은 이른바 '하위 테스트Howey Test' 기준을 충족하는지 알아보기 위해 일련의 유명한 질문들을 던져보는 것이었다. 하위 테스트는 1946년 'SEC 대 하위' 사건의 판결을 통해 미국 법률에 정의된 것으로, 어떤 거래가 '투자 계약'인지 판단하는 테스트다. 만약 어떤 거래가 하위 테스트를 만족시킨다면 1933년 제정된 증권법과 1934년 제정된 증권 거래법에 따라 증권으로 간주되고, 법률이 정한 정보 공개와 등록 요건을 따라야 한다. 대법원이 정한 하위 테스트의 기준은 다음과 같다.

1. 돈이 투자된다.
2. 그 돈이 공동 사업에 사용된다.
3. 투자에 따른 이익이 기대된다.
4. 그 이익은 오로지 타인의 노력을 통해 발생한다.

보다시피 법률 용어의 특성상 '공동 사업', '이익 기대', '오로지', '노력'처럼 모호한 단어들이 많이 들어 있다. 그런데 변호사들은 이처럼 이해하기 어려운 언어를 해석하고 논할 기회라면 기를 쓰고 달려드는 이들 아닌가.

어쨌든 하위 테스트를 통과한다면 암호화폐 토큰은 증권으로 간주될 수 있다. 이는 기업공개Initial Public Offering, IPO 시 적용되는 모든 요건이 적용되고, 이를 어기면 감옥에 갈 수 있다는 뜻이다. 범죄자가 되지 않으려면 투자설명서를 포함해 돈이 많이 드는 문서들을 준비하고 위험을 열거해놓아야 한다. 그러자면 변호사 비용만 해도 수백만 달러가 들 텐데, 암호화폐 개척자 중 그런 큰돈을 가진 사람은 거의 없었다.

그래서 모두가 속도의 문제에 뛰어들었다. SEC는 정부 기관으로, 인간이 만든 기관 중에서 가장 느리게 움직이는 곳이다. 아무리 약삭빠른 관찰자도 제대로 파악하기 힘들 만큼 빠른 암호화폐의 움직임과는 정반대다. 기업가들은 암호화폐와 관련해 SEC로부터 갈피를 잡기 힘든 법률 지침만을 받은 채 재빨리 이 세계로 진입했다. 물론 위험이 컸지만, 그만한 가치가 있다고 여겼다. 그러자 곧바로 오픈소스 저장소에서 블록체인 코드를 복사하여 이름만 바꾼 기회주의자들이 따라왔다(도지코인Dogecoin은 이 점에 개방적이어서 무제한적 공급 정책을 따른다. 도지코인도 원래는 비트코인을 위시한 암호화폐 시장의 열풍을 풍자하기 위해 만들어진 장난식 화폐였다).

또 다른 사람들은 의심스럽고 심지어 불운한 아이디어를 가지고 재산을 불렸다. 그들은 말이 안 될 정도로 끝내주는 시간을 보냈다. 돈은 쉽게 벌렸고, 소비자를 보호하기 위해 마련된 규제 체제로는 대응이 불가능했다.

2013년 7월, 마스터코인MasterCoin이 최초로 가상화폐공개Initial Coin Offering, ICO를 했다. 마스터코인은 MSC 암호화폐 토큰을 판매해 당시로서는 엄청났던 60만 달러라는 거액을 조달했다. 지금 봐도 상당히 이례적인 일이었다. 마스터코인이 개발한 블록체인은 이후 성공해서 시가총액이 큰 암호화폐 중 하나인 테더Tether 스테이블코인의 기술 생태계의 뼈대를 이루지만, 원래 암호화폐 코인인 MSC는 ICO 이후 사랑받지 못했고 거래조차 되지 않아 사실상 가치가 사라졌다는 점이 흥미롭다.

다른 암호화폐들의 ICO가 속속 이어지면서 조달 금액도 점점 증가했고, 때로는 불과 몇 분 만에 코인이 매진되기도 했다. 연대순으로 보자면 넥스트코인NextCoin, 카운터파티CounterParty, 메이드세이프코인MaidSafeCoin, 스웜Swarm 등이 ICO에 성공했다. 그리고 다음이 디파이의 어머니 격인 이더리움이다.

금융 저널리스트인 카밀라 루소^{Camila Russo}는 《무한 기계^{The Infinite} ^{Machine}》에서 이더리움의 ICO가 진행된 과정을 눈을 못 뗄 정도로 자세히 소개했다. 이더리움 ICO와 관련해서는 기대감이 상당했다. 이더리움이 중요한 프로젝트라는 것을 모두가 알고 있었기 때문이다. 대부분의 암호화폐 플레이어는 백서를 읽어봤을 테고 이더리움에 대해 알고 있었음이 분명하다. 투자 업계의 몇몇 투자자도 마찬가지였다. 기대가 쌓여가고 있었다. 그런데 이더리움 개발자 비탈릭 부테린은 굉장히 신중했다. 그는 SEC뿐만 아니라 나중에라도 ICO 프로젝트를 방해하거나 경영진을 체포할 권한을 가진 사람들의 분노를 사지 않고 자금을 조달하고 싶어 했다. 그래서 이더리움 전문팀은 조언을 구하고, 허점을 찾아 메꾸고, 안전하게 자금을 조달할 방법을 모색했다.

하지만 한동안 별다른 성과가 없었다. 그러던 중 기술과 실리콘밸리의 생태계에 정통한 한 변호사가 아이디어를 냈고, 그의 아이디어가 탁월하다는 것도 입증됐다. 변호사의 이름은 스티븐 네라요프^{Steven} ^{Nerayoff}다. 이더리움의 토종 토큰은 이더^{Ether}이고, 종목 코드는 ETH다. 네라요프는 이더리움의 내부 작동 원리를 파고든 끝에 이더리움이 암호화폐일 뿐만 아니라 트랜잭션의 검증을 돕는 일을 하는 사람들에게 돈을 주는 데도 사용된다는 것을 깨달았다. 트랜잭션은 '가스^{gas}'라고 불리는 이더리움의 가변 단위로 계산된다. 가스는 일종의 트랜잭션 수수료로, 제공하는 서비스에 대해 요구하는 공정한 대가다. 이는 이더리움이 순수한 이익 창출 수단이자 효용성을 지녔음을 뜻한다. 이더리움은 단순히 가격 상승의 기회에 머물지 않고 기계의 톱니바퀴 역할을 하는 셈이다. 이것은 중요한 깨달음이었다. 이더리움이 단순히 증권에 불과하다는 주장에 맞서 이더리움 재단^{Ethereum Foundation}이 방어권을 행사할 수 있게 됐다는 뜻이기 때문이다.

네라요프는 뉴욕의 유명 로펌인 프라이어캐시먼^{Pryor Cashman}에서 일하던 제프리 앨버츠^{Jeffrey Alberts}에게 자문을 구했다. 앨버츠는 프라이어캐시먼의 사명이 인쇄된 용지에 의견을 써주기로 약속했다.

앨버츠의 의견은 부테린의 걱정을 덜어주기에 충분했다. 이더리움은 2014년 8월 31일 ICO를 진행했고, 두 달 만에 1,830만 달러를 모았다. 이후 실시된 ICO와 비교하면 그리 거액은 아니었지만 그들의 기대를 충족시키기에는 더할 나위 없을 만큼 충분했다. 디파이를 포함한 수천 개의 탈중앙 앱에 끼워질 차대車臺가 구축된 셈이었다.

SEC는 여전히 이더리움뿐만 아니라 그 외 ICO의 적법성도 제대로 판단하지 못했다. 이더리움 ICO의 성공이 수문을 열자, 기업가들(그리고 이에 얹혀가려는 이들)은 대담해졌다.

이후에는 난리가 났다. 일부 ICO에서는 판매가 몇 분 만에 종료됐다. 비디오게임에서 보상으로 사용하는 토큰을 판매하는 회사 퍼스트블러드^{First Blood}는 ICO 개시 후 불과 5분 만에 550만 달러를 모았다. 분산화된 '예측' 시장을 표방하는 특수 용도 토큰 어거^{Augur}는 탈중앙화가 군중의 지혜를 활용하는 완벽한 메커니즘이라는 명제를 내세워 하루도 채 안 돼 500만 달러를 모금했다. 골렘^{Golem}이라는 회사의 ICO 때는 너무 짧은 시간에 너무 많은 매수 주문이 들어오는 바람에 인프라에 부하가 걸리면서 ICO가 무산될 뻔했다. BAT라는 로열티 토큰^{loyalty token}을 쓰는 블록체인 기반 웹 브라우저 브레이브^{Brave}는 30초 만에 3,500만 달러의 조달 목표를 달성했다. 브레이브의 수익 구조는 광고주가 BAT로 광고비를 내면 중간 사업자를 거치지 않고 광고를 보는 사용자와 제공자가 수익을 나눠 갖도록 되어 있다.

어떤 ICO가 합법적인지 아닌지를 구분하기는 어려웠다. 순전히 사기극이거나, 선의로 시작했지만 궁극적으로는 실용적이지 못하거나, 투자자를 유혹할 생각밖에 없는 ICO도 더러 있겠지만 구분해내기 어려웠다. 예를 들어 일명 '예수 동전'으로 불린 지저스코인^{JesusCoin}은 죄를 용서하는 데 사용될 수 있는 유틸리티 토큰인데, 발행사는 토큰 소유자와 예수 사이에 기록적으로 짧은 시간 내에 트랜잭션을 성사시켜주겠다고 약속했다. '쓸모없는 이더리움 토큰^{Useless Ethereum Token}'이라는 뜻의 UET는 ICO를 통해 7만 5,000달러를 투자받았다. 그 밖에 페도라코인^{FedoraCoin}, 페페캐시^{PepeCash}, 그리고 뻔뻔하게도 아인슈타인의 이름을 본뜬 아인슈타이늄^{Einsteinium}처럼 시가총액이 순식간에 급증했다가 순식간에 무너진 암호화폐도 있었다. 어쨌든 시가총액이 급증하는 동안 이들 중 일부는 부자가 됐다. 아울러 트럼프코인^{TrumpCoin}과 푸틴코인^{PutinCoin}도 있었는데, 두 암호화폐 역시 어느 정도 투자금을 끌어모았다. 이때 유명인들은 도움이 되지 않았다. 그중 다수가 자신이 무엇을 팔고 있는지조차 명확하게 이해하지 못한 채, 무료로 받은 토큰에 아드레날린이 솟구치는 걸 느끼면서 새로운 ICO가 열린다는 사실을 선전하고 다녔다. 그러다가 2021년 도지코인을 지지했던 일론 머스크^{Elon Musk}의 트윗을 통해 증명됐듯이, 이제 유명 인플루언서들이 시장을 움직이게 됐다.

2014년 처음 시작했을 때만 해도 2,400만 달러에 불과했던 ICO 투자금은 2018년 60억 달러를 돌파했다. 블록체인 베테랑 댄 라리머^{Dan}

^{Larimer}가 세운 '이오스^{EOS}'라는 블록체인이 1년 만에 받은 41억 달러의 투자금을 포함해서다. 이오스 프로젝트는 기대에 미치지 못했지만, 암호화폐 세계에서 여전히 중요한 역할을 하며 신봉자들도 존재한다.

대중매체에서 파멸론이 종종 언급되기도 했지만, ICO 파티는 끝나지 않을 것처럼 보였다. 그런데 2017년부터 SEC가 이 파티에 관심을 보이기 시작했다.

SEC가 나서는 데 이렇게 오랜 시간이 걸린 이유는 그들이 무능해서가 아니라 개입할 명분을 쌓는 데 매우 신중했기 때문이다. 또 SEC가 움직임이 더딘 정부 기관이라는 점도 고려해야 한다.

이 공간에서 가장 유명한 초기 프로젝트 중 하나가 2016년 4월 30일 ICO를 통해 출범한 다오^{DAO}였다. 이 프로젝트의 창조자들은 '탈중앙화 자율 조직^{Decentralized Autonomous Organization}'을 만들겠다는 원대한 포부를 안고 이 세 단어의 첫 글자를 따서 이름을 '다오'로 지었다. 단순한 조직으로, 지도자는 없고 평등과 민주주의를 중시했다. 그들의 계획은 ICO를 통해 자금을 조달한 뒤, 그 자금을 어디에 어떻게 사용할지를 토큰 보유자들이 결정하게 한다는 것이었다. 일종의 탈중앙화된 VC 펀드다. CEO도 없고, 매니저도 없고, 지출안에 투표하는 토큰 보유자만 있다. 이는 오랫동안 논의되어온 흥미로운 아이디어였다. 탈중앙화된 결제와 가치 이전이란 생각은 모두 훌륭했지만, 탈중앙 거버넌스^{governance}는 어떨까? 민주주의 정부에서 활용될 가능성을 고려한다면 아주 큰 아이디어일 수도 있다.

하지만 안타깝게도 다오가 유명해진, 아니 정확히 말해 악명이 높아진 이유는 해킹을 당했기 때문이다. 해킹 피해액은 ICO로 모은 1억

5,000만 달러 중 일부인 5,000만 달러에 달했다. 이 사건은 암호화폐 커뮤니티 전체, 특히 다오가 세워진 기반인 이더리움에 엄청난 타격을 가했고, 결국 이더리움은 '하드포크hard fork'라는 초강수를 뒀다. 하드포크란 기존 블록체인과 호환되지 않는 새로운 블록체인에서 또 다른 가상화폐를 만드는 것이다. 이때 기존 블록체인의 기능 개선, 오류 정정, 문제점 수정 등을 목적으로 블록체인을 기존의 블록체인과는 호환되지 않는 새로운 방식으로 변경한다. 하지만 원래는 이렇게 하면 안 된다. 블록체인은 불변의 것이어야 한다. 그럼에도 하드포크 결정이 내려졌고, 비판이 확산됐다.

어쩌면 다오는 해킹을 계기로 SEC의 관심을 받게 됐을 것이다. SEC가 2017년 7월 25일에 다오 관련 보고서를 발표했는데 ICO가 SEC법을 위반했다는 내용이었다. 다오의 ICO는 대중에게 증권을 판매하는 것과 마찬가지였다(공동창업자인 크리스토프 젠츠Christoph Jentsch가 ICO 전에 공개한 유튜브 영상에서 다오 ICO에 참여하는 것을 '회사 주식을 사서 배당을 받는 것'과 비슷하다고 했지만 소용없었다).

하지만 깜짝 놀랄 일이 기다리고 있었다. SEC는 다오의 설립자들을 포토라인에 세워 수모를 당하게 하지 않고 가볍게 나무라는 것으로 그쳤다.

이런 식의 가벼운 처벌에 안도감을 느낀 듯 ICO가 이어졌다. 그러나 속도는 더뎌졌다. SEC가 더 고약하게 굴 것임을 모두 알고 있었기 때문이다. SEC의 조치는 경고 사격에 불과하다고 생각했고, 이런 생각은 옳았음이 입증됐다. 다오 사건 이후 제재가 점점 더 가혹해졌고, ICO는 순식간에 중단됐다. 회사 자산을 기반으로 주식처럼 가상화폐를 발행하는 증권형토큰공개^{Security Token Offering, STO}처럼 ICO를 대체한 또 다른 수단도 있긴 하지만, 그 역시 형식상으로는 전통적인 IPO와 매우 흡사하다.

다만 이후 SEC도 거듭 밝혔듯이, 스티븐 네라요프의 깨달음과 프라이어캐시먼의 지원 덕에 이더리움은 더 위험해지거나 처벌을 받는 일은 없었다. 당시의 이더리움은 네트워크 내에서 유용성을 갖기에 주권으로 분류할 수 없으며, 따라서 하위 테스트를 통과하지 못했다.

그래서 이더리움의 건강증명서엔 아무것도 없이 깨끗했고, 디파이는 그 튼튼한 등에 업혀 달려 나갔다.

CHAPTER 7

달러와 연동되는
스테이블코인

세상일에 조금이라도 관심이 있는 사람이라면, 대다수 토큰이 극심한 가격 변동성을 보인다는 걸 알 것이다. 토큰 보유자가 아니라면 그저 어리둥절해하다가 말겠지만, 토큰 보유자라면 가격이 움직일 때마다 심장이 쿵쾅거릴 것이다. 암호화폐 분야에서 '보수적인 노인' 취급을 받는 비트코인조차 아찔할 정도로 가격 변동성이 심하다.

상황이 이런 터라 다음에 해야 할 일이 명백해졌다. 암호화폐 업계에는 변동성을 막아줄 말뚝 같은 '페그^{peg}'가 필요했다. 즉, 공포나 탐욕의 지배와 우연한 변덕에 따라 마구잡이로 출렁이는 암호화폐가 아니라 정부가 가치를 보증하고 실제 세계에서 거래되는 법정통화에 묶여 움직일 코인이 필요했다. 그런 코인으로 달러보다 더 좋은 건 없었다.

달러 같은 법정통화에 연동된 암호화폐 '스테이블코인'은 많은 혜택을 가져다줄 것으로 기대됐다. 그 이유를 정리해보면 다음과 같다.

- 트레이더들은 스테이블코인을 통해 관리가 간편한 거래 수단인

법정통화에 의존할 필요 없이 저렴한 수수료만 들이면서 암호화폐별로 포지션을 쉽게 취했다가 청산할 수 있다.

- 트레이더들은 암호화폐 포지션을 완전히 정리하고, 다음 거래를 구상하면서 자본을 암호화폐로 보유할 수 있다.

- 법정통화로 번 이익만 신고하게 돼 있는 사법 체계 덕분에 세제상의 이점을 누릴 수 있다. 예컨대 포르투갈에서는 암호화폐를 통한 자본이익에 세금이 부과되지 않는다.

- 실시간으로 일어나지 않아 시차가 발생하는 거래 때문에 생길 수 있는 암호화폐 가격 변동 위험을 완전히 피할 수 있다. 비트코인으로 주택을 매입하는 것이 좋은 예가 될 수 있다. 이런 식의 거래는 이미 많이 일어났다. 매수자는 계약에 필요한 서류 작업이 마무리될 때까지 기다려야 할 수도 있는데, 그때까지 자금을 스테이블코인으로 보관할 수 있어 비트코인 가격 변동 위험을 피할 수 있다.

- 스테이블코인은 이전보다 더 안전한 방식으로 암호화폐 간 거래의 감사 가능성auditability을 제공할 것이다.

무엇보다 중요한 것은 은행과 암호화폐 세계 사이에 예측 가능하고 안전한 거래 환경, 다시 말해 실제와 가상 세계 사이에 최종적인 금융 경계를 만들어주리라는 점이다. 이제 가격 변동성을 둘러싼 우려는 하지 않아도 될 것이다. 단, 가까운 미래에 트래드파이와 병행하여 돌아갈 이 새로운 화폐 시스템이 성장하려면 트래드파이와 암호화폐 사이의 공통 언어가 필요하다.

여기서 흥미로운 철학적 갈래가 등장했다. 한 가지 방안은 암호화폐를 만들면 항상 가치를 1달러에 고정하기로 한 것이다. 이렇게 하면 언제든 누구나 은행에서 거래소로 달러, 엔, 유로 등을 송금한 후 송금한 금액만큼의 스테이블코인을 살 수 있다.

스테이블코인을 1달러와 동일한 가치를 지닌 가상화폐라고 했을 때, 가장 유명한 것이 테더다. 2014년 브록 피어스^{Brock Pierce}, 크레이그 셀러스^{Craig Sellars}, 리브 콜린스^{Reeve Collins} 등 세 사람의 공동창업자가 테더사를 설립했고 스테이블코인 USDT를 최초로 출시했다. 현재 테더는 유통되는 액수가 830억 달러를 넘어설 정도로 암호화폐 분야에서 큰 영향력을 행사하고 있다. 테더는 원래 비트코인 기반으로 만들어졌지만 이후 이더리움과 그 밖의 블록체인 네트워크로 사용 범위가 확대됐다.

구매되고 유통되는 테더의 액수는 테더사의 달러 보유고와 일치해야 한다. 테더사의 달러 보유고가 테더 발행액보다 적다면, 가상화폐 거래를 위해 테더를 보유한 투자자는 손실을 볼 수밖에 없는 구조다. 이런 구조가 얼마나 중요한지 생각해볼 필요가 있다. 만약 달러 보유고가 테더액과 일치하지 않는다면 테더에 1달러의 가치가 있다는 주장을 증명할 수가 없다.

테더사의 달러 보유고가 테더 발행액보다 부족할 것이라는 의혹은 수년 동안 이어져 왔다. 특히 테더가 신뢰할 만한 회계법인의 감사를 받지 않아 의혹이 더욱 커졌다. 그러다가 문제가 생기면 분명히 조사권이 있는 규제기관들이 개입하게 될 텐데, 그럴 경우 전체 암호화폐 분야에 대한 신뢰는 추락할 수밖에 없다. 한편 이런 종류의 금융 수단을 '법정통화를 담보로 발행하는fiat-collateralized 스테이블코인'이라고 하며, 이해하고 이용하기가 아주 간단하다. 또 다른 스테이블코인으로는 USDC, 팩소스PAXOS, 트루USDTrueUSD 등이 있지만, 2014년에 출시된 테더가 시장 점유율이 하락하고 있음에도 여전히 거래 규모가 가장 크다.

여기서 루네 크리스텐센 이야기를 빼놓을 수가 없다. 덴마크 출신인 크리스텐센은 현재 30대 초중반으로 생화학과 국제경영을 연달아 전공했다. 그는 스테이블코인이 무엇이고, 어떻게 운용해야 하며, 누가 지배해야 하는지에 대해 새로운 생각을 가졌다. 그리고 나름의 방식으로 글로벌 암호화폐 테이블 위에 자칭 '다이DAI'라는 스테이블코인을 앉혔다. 그는 2014년에 법정통화가 아닌 이더리움을 담보로 다이를 발행하는 메이커다오MakerDAO(앞서 이야기한 다오와 혼동해서는 안 된다) 프로젝트를 시작했다. 지금도 여전히 강력하게 돌아가고 있으며, 일반적으로 최초의 '진정한' 디파이 프로젝트로 인정받고 있다.

메이커다오를 암호화폐 비전문가들에게 설명할 때는 약간의 인내심이 필요하다. 수많은 혁신을 동시에 선보이거나 미세 조정하며 통합해놓은 터라 그 많은 혁신을 한꺼번에 설명하기가 벅차기 때문이다.

메이커다오는 참여자가 암호화폐를 예금(처음에는 테더만 가능했지만 이후에 종류가 늘어났다)한 대가로 다이를 받을 수 있게 해준다. 정해진 상환 기한이 없기에 예금한 테더를 담보로 영구 대출을 해주는 셈이다. 다이 1개당 가치는 1달러이며 원하는 대로 사용할 수 있다. 예금자가 테더를 메이커다오 '금고valut'로 보내면, 대출금 다이가 그의 지갑으로 보내진다. 예금자는 다이로 다른 통화를 살 수도 있고, 법정통화로 환전해서 자동차나 재킷을 구매하거나 등록금으로 쓸 수도 있다.

이것이 얼마나 혁명적인지 잠시 생각해보자. 이 간단한 설명만으로도 메이커다오가 은행이 하지 못하는 일을 하고 있음을 알 수 있다. 예금자가 자신의 예금을 담보로 다른 통화로 대출을 받을 수 있게 해줬다는 점에서 그렇다. 전통 은행에서라면 예금한 달러를 담보로 엔화를 대출받을 수 있을까? 불가능한 일이다.

하지만 여전히 해결해야 할 몇 가지 문제가 남아 있었다. 예를 들어 테더의 가격이 갑자기 폭락한다면, 메이커다오는 다이로 빌려준 것보다 더 가치가 낮은 테더를 보유하게 될 것이다. 이 경우 부실화될 우려가 있다. 예컨대 내가 전당포에 금반지를 맡기고 현금을 빌렸는데, 금값이 갑자기 폭락하면 전당포는 손해를 보게 될 것이다. 담보보다 많은 돈을 빌려준 셈이니 말이다.

그래서 메이커다오는 원래 예금한 암호화폐의 가격 붕괴를 대비해서 고객이 예치한 금액의 66%까지만 빌릴 수 있게 해준다. 그래도 여전히 혁신적이고, 새롭고, 전례가 없는 엄청난 거래다. 메이커다오 입장에서는 이처럼 강제적인 '초과담보화over-collateralization'를 통해 위험성을 낮출 수 있다. 왜 이것이 혁신적인 방법일까? 당신이 이더리움 100개를 예금한 뒤 이더리움 66개 가치의 다이를 빌린다고 가정해보자. 이제 당신은 원하는 대로 쓸 수 있을 만큼 많은 다이를 갖게 됐지만, 처음에 맡긴 이더리움 100개는 여전히 메이커다오에 남아 있다. 트래드파이 은행에서는 쉽고 즉각적으로 할 수 없는 일이다.

하지만 그게 전부가 아니다. 다이 대출에는 '안정화 수수료stability fee'라는 일종의 '이자'가 붙는다. 신용카드를 사용할 때 수수료를 내는 것과 비슷하다. 이 수수료에 따라 다이의 대출액과 상환액이 달라진다.

안정화 수수료는 다이 가격이 1달러로 고정되게 하는 기능을 한다. 예 컨대 시중에 다이가 너무 많이 풀려서 다이 가격이 1달러 아래로 떨어 지면, 계약 알고리즘이 가격 안정화를 위해 수수료를 올려서 수급 균 형을 맞춘다. 그러면 다이는 더 비싼 돈이 되고, 공급이 줄어들 것이라 는 논리가 작동하게 된다. 반대로 다이 가격이 1달러보다 높아지면 수 수료를 내리기도 한다. 다이의 이자를 안정화 수수료라고 부르는 이유 가 이것이다. 즉 메이커다오의 전체 통화 시스템은 알고리즘으로 금 리를 조정해서 국내 경제를 안정화하는 미국의 연방준비제도이사회 Federal Reserve Board, FRB 와 같은 역할을 한다.

한마디 덧붙이자면, 메이커다오의 정책을 만든 사람이 루네 크리스 텐센은 아니라는 것이다. 메이커다오에서 '다오(탈중앙 자율 조직)' 부분 은 메이커다오의 미래를 집행위원회나 CEO나 이사회가 아닌 토큰 보 유자가 결정할 것임을 분명히 보여준다(다이의 가격을 안정화하고 시스템 운 영 등에 관한 의사결정에 사용하는 거버넌스 토큰은 '메이커 토큰MKR'이라고 불리며, 2018년 ICO로 공개됐다). 이 글을 쓰고 있는 현재 메이커다오는 크리스텐 센이 중요한 권한을 갖고 있는 메이커 재단Maker Foundation 으로부터 메이 커의 전체 운영 책임을 인수하는 과정을 거치고 있다.

그렇다면 메이커는 디파이에 어떤 기여를 했을까?

메이커는 암호화폐를 기반으로 하고 달러 가치에 고정된 스테이블 코인을 제공하는 최초의 통화로, 은행과 교류할 때 필요한 공통 언어 를 사용할 수 있게 해줬다. 첫 번째 프로젝트는 스테이블코인을 이용 해 암호화폐 간 대출을 해주는 것으로, 오랫동안 논의되어온 탈중앙화 된 자율 조직의 최초 성공 사례였다. 조직의 미래 역시 공개 시장에서 거래할 수 있는 MKR 보유자들에 좌우됐다. 그리고 시스템의 내부 경제를 안정시키기 위해 안정화 수수료 또는 이자 지급 메커니즘을 이용한 최초의 알고리즘 스테이블코인이었다.

얼핏 생각할 때 스테이블코인은 경천동지驚天動地할 만큼의 혁신처럼 보이지 않을 수도 있다. 그러나 테더와 다이뿐만 아니라 많은 스테이블코인이 이뤄내고 있는 성공은 중앙은행과 대형 상거래 파트너들에게 갈수록 뜨거운 관심을 받고 있다. 스테이블코인은 법정통화를 모방하지만, 며칠이 아니라 몇 분 안에 청산과 결제가 가능한 암호화폐다. 이런 엄청난 속도가 주는 효과는 중앙은행들이 군침을 흘리게 한다. 스테이블코인이 거래상대방 리스크counterparty risk(금융 거래에서 거래상대방이 결제를 이행하지 않을 위험-옮긴이)를 소멸시켜준다는 점 역시 마찬가지다.

2021년 봄, 놀라운 통계가 나왔다. 코인마켓캡Coinmarketcap.com이 모든 스테이블코인의 연간 거래액이 16조 달러로 추산된다고 발표했다. 신용카드사 마스타카드Mastercard에 따르면 미국 내 모든 기업 간 연간 거래액이 약 25조 달러라고 하니, 16조 달러는 상당히 큰 액수처럼 보인다. 특히 스테이블코인이 등장한 지 채 5년이 안 됐다는 점에서 통계상 실수라도 있는 건 아닐까 하는 의구심이 들 만하다. 사실 2021년 봄 아무 날이나 기준으로 했을 때 일반 지갑 소지자들이 보유하고 있는 스테이블코인의 총액은 약 250억 달러였다. 그렇기에 매일 250억 달러의 미결제 잔액이 어떻게 연간 16조 달러로 불어날 수 있는지 궁금해하는 사람이 있을 것이다. 답은 속도에 있다. 스테이블코인은 순식간에 청산과 결제를 하기 때문에 트래드파이에서처럼 대기 상태에

갇히는 법이 없다. 스테이블코인은 항상 다른 트랜잭션, 더 많은 상거래에 사용할 수 있다. 스테이블코인은 연간 100회 이상 디지털 상거래 세계를 이동하는데, 이는 법정통화인 달러와 비교할 수 없이 많은 횟수다. 정책 입안자들이 원하는 것도 그런 활발한 경제활동이다. 스테이블코인이 경제에 활력을 불어넣어 주리라는 전망에 중앙은행도 주목하고 있다. 각국 정부가 암호화폐·디파이와 트래드파이를 이어줄 다리들에 수목하기 시작한 이유도 이 때문이다.

금융과 경제사를 전문으로 연구하는 역사학자 니얼 퍼거슨^{Niall Ferguson} 하버드대학교 교수는 디지털 화폐에 긍정적인 반응을 보였다. 그는 2020년 인기를 끈 팟캐스트 '언체인드^{Unchained}' 시리즈에 출연해서 작가 마이클 케이시^{Michael Casey}와 함께 미국의 구식 결제 시스템과 길고 복잡한 청산 시간을 주제로 이야기를 나누면서 "1970년대의 유물"이라고 언급했다. 또 미국과 중국 간 금융 전쟁과 관련하여 양국이 금융 기술이라는 무기를 앞세워 싸우는 사례가 점점 더 늘고 있다면서 지불 시스템 분야에서 중국이 분명히 앞서 나가고 있다고 진단했다. 양국 모두 스마트 계약 기반 디지털 화폐의 대리물인 '프로그래밍 가능한 통화^{programmable currency}'를 추구하는데, 여기서도 중국이 한참 앞서 있다.

승자가 얻는 이익은 헤아릴 수 없을 만큼 많을 것이다. 그리고 디파이가 이를 주도하고 있다.

CHAPTER 8

예금과 대출을 다루는 컴파운드

7장에서는 디파이 개발 초기에 수많은 혁신을 복잡하지만 단단한 매듭으로 묶어내는 데 성공한 메이커다오에 대해 이야기했다. 메이커다오는 암호화폐 기반 스테이블코인 다이를 발명함으로써 유명해졌다. 그리고 예금한 암호화폐를 담보로 다이를 대출해주는 방식으로 대출 시장에 진입함으로써 은행업이 지난 1,000년 이상 의지해온 두 가지 주축 서비스인 예금과 대출에 일대 혁신을 일으켰다.

이 모든 일이 트래드파이에서는 어떻게 돌아가는지 다시 정리해볼 필요가 있다. 트래드파이에서는 두 종류의 대출을 접할 수 있다. 첫째는 자동차나 집 또는 신규 공장 등을 마련하기 위한 상당한 액수의 대출이다. 전통 은행들은 예금자의 돈을 가지고 그 예금자에게 주는 것보다 더 높은 이자율로 대출을 내준다. 일반적으로 대출 계약 기간은 정해져 있다. 단기 용도로 대출해줄 자금은 이른바 '머니 마켓^{money} ^{market}'이라고 불리는 단기 금융 시장에 존재한다. 여기선 아무 때나 온갖 종류의 돈이 어떤 장기 의무에도 묶이지 않은 채 세계 금융의 대양을 떠다닌다. 예금자에겐 고정금리 예금보다 이자율이 낮은 이 시장에 뛰어들 능력이 있다. 이 시장의 유동성은 매우 풍부하다. 자본이 영구적인 계약에 얽매였다가 풀렸다가 하며 돌아다니면서 '처분 제약이 없는' 엄청난 자금을 계속해서 이용할 수 있게 하기 때문이다.

이 분야에서 추진되는 디파이 프로젝트 중 규모가 큰 축에 속하는 것이 로버트 레시너Robert Leshner와 제프리 헤이스Geoffrey Hayes가 처음으로 시작한 컴파운드Cumpound다. 레시너는 야간 괴짜처럼 행동하고, 잘 웃고, 친구를 사귀는 걸 좋아한다. 그러나 컴파운드와 관련해서 끊임없이 쏟아내는 새로운 생각들은 그가 얼마나 날카로운 혜안과 지성을 가진 사람인지를 보여준다.

레시너는 허세를 부리거나, 광적인 행동을 하거나, 자유의지론을 내세우는 사람들이 많은 기술 분야에서 약간 이방인처럼 보인다. 펜실베이니아대학교에서 경제학을 전공했고, 무엇보다 특이하게도 샌프란시스코지방채관리위원회San Francisco Revenue Bond Oversight Committee 위원장을 지낸 적도 있다. 디파이 군대의 선봉에 서서 날카로운 검을 휘두를 것으로는 보이지 않는 사람임이 분명하다.

컴파운드 설립자들은 SEC의 총구가 ICO를 분명히 겨냥했을 때부터 컴파운드를 구상하기 시작했다. 그들은 디파이에 관심을 보이는 사람들을 포함해서 전통적인 벤처캐피털 세계에 접근하자는 용단을 내렸다. 언제나 그랬듯이, 진보적 투자 성향으로 유명한 실리콘밸리의 유명 벤처캐피털인 앤드리슨 호로비츠Andreesen Horowitz를 비롯하여 베인캐피털벤처스Bain Capital Ventures 등의 투자회사들이 컴파운드에 관심을 보였다. 특히 호로비츠는 2021년 6월 20억 달러 규모의 암호화폐 펀드를 출범하기도 했다. 2018년 컴파운드는 1차 투자 라운드에서 820만 달러를 투자받았고, 잠재력을 여실히 보여준 1년 뒤에는 그보다 2배 이상 많은 2,000만 달러의 투자를 받았다.

레시너는 이 분야를 성장시키는 데 도움이 될 만한 사람이라면 누구나 도우려고 발 벗고 나서는 것으로 유명하다. 심지어 경쟁자들에게도 그렇게 한다. 이런 노력 차원에서 그는 여러 팟캐스트와 유튜브 동영상에 출연하여 컴파운드를 알리고 사업 전반에 대해 설명했다. 그는 2019년 7월부터 '에피센터Epicentre'라는 팟캐스트에 출연하면서 놀라운 발언을 하기도 했다. 한 진행자가 그에게 사업 모델이 뭐냐고 물었는데 "그런 건 없다"라고 답한 것이다. 그 답변의 의미는 기술·보안·최종 사용자·생태계 파트너들이 먼저고, 그다음에 어떻게 하면 돈을 벌 수 있을지 고민한다는 것이었다.

그래서 그가 벤처 투자가들을 만났을 때도 "우리에게 어떻게 투자 수익을 안겨줄 건가요?"라는 질문을 받으면 "모릅니다"라고 대답하지 않을까 상상해본다. 그러면 벤처 투자가들이 오히려 "이익은 신경 쓰지 마십시오. 파트너가 당신의 사용자 기반을 확장할 수 있는 완벽한 생태계를 구축하는 데만 집중하세요"라고 말할지도 모르겠다.

컴파운드가 어떻게 작동하는지 살펴보기 전에 '유동성 풀 liquidity pool'이라는 개념에 대해 알아보자. 말 그대로 많은 돈이 모인 상태인데, 우리가 말하는 돈은 암호화폐다. 유동성 풀이라고 불리는 이유는 돈을 곧바로 다양한 활동에 사용할 수 있고, 바닥나는 일이 결코 없기 때문이다. 그렇다면 자연스럽게 두 가지 질문이 이어진다. 하나는 유동성 풀에 어떻게 돈을 넣느냐이고, 다른 하나는 풀이 바닥나지 않게 하려면 어떻게 해야 하느냐다.

여기서 잠시 다른 측면을 생각해보자.

컴파운드의 상품은 설명하기가 매우 쉽지만, 세부적으로 알수록 돈보이는 상품임을 더 잘 이해할 수 있다. 컴파운드는 예금자가 풀에 돈을 내고 다른 사람들이 빌릴 수 있게 하려고 애썼다. 이는 안정성을 확보하고 위험을 통제하는 방법이다. 컴파운드의 유동성 풀은 앞에서 언급한 '머니 마켓'과 같은 개념이다.

적정 이윤을 올리기 위해 잠시 돈을 맡겨두길 원하는 투자자들이 제공하는, '처분 제약이 없는' 자금 풀이다. 은행들도 물론 예금자들의 돈을 빌려주고, 차입자들이 반드시 상환하게 함으로써 위험을 통제하려고 애쓴다. 다만 은행들은 예대 금리차를 통해 이익을 얻는다는 점이 다르다.

컴파운드는 그런 식으로 이익을 내지 않는다. 마치 배가 덜 흔들리도록 바닥짐을 싣는 것처럼, 예대 금리차는 안정성을 높이는 역할을 할 수 있도록 컴파운드 풀 또는 금고에 재투자된다. 이로 인해 유동성이 더 늘어나게 된다. 그러니 컴파운드의 사업 모델, 즉 수익 창출 방법을 가늠하기 어려운 것이 당연하다.

재량껏 쓸 수 있는 돈을 가진 사람들에게 그 돈을 유동성 풀에 예치하도록 유인하는 과정을 '유동성 채굴 liquidity mining'이라고 한다. 많은 프로젝트에서 자주 듣게 되는 용어다. 비트코인을 생성한다는 의미의 '채굴'과는 아무런 관련이 없으며, 투자자들의 주머니에 있는 돈을 즉시 이용 가능한 자본으로 만드는 것을 뜻한다. 트래드파이 은행처럼 유동성을 끌어들이기 위해 매력적인 금리를 제시할 수도 있다. 하지만 대부분의 잠재적 경쟁자도 그렇게 할 수 있다. 그래서 컴파운드는 새로운 아이디어를 냈다. 실제로 돈을 예금해주는 대가로 유동성 제공자에게 이자를 주기로 한 것이다. 이뿐만 아니라 원금과 이자의 인출권 자체도 거래가 가능한 c토큰^{cToken}이라는 새로운 토큰을 주는 식으로, 참여에 대한 보상을 해준다. 유동성 풀에 다이를 예금하는 사람은 c다이^{cDAI}를 받고, 이더리움을 예금하면 c이더리움^{cETH}을 받는 식이다. 이런 c토큰을 반환하고 예금을 인출하면 원래 맡겼던 토큰에 덧붙여 그에 대한 이자를 받는다.

그렇다면 이런 방식이 은행의 방식과 어떤 차이가 있는 것일까? c토큰을 제삼자에게 팔 수 있다는 점이 다르다. 또한 c토큰을 다른 상품에 투자하여 더 나은 수익을 거둘 수 있다는 점도 다르다. 트래드파이 은행에선 이런 디파이 유동성 예금과 비슷한 것이 없다. 적어도 일반적인 은행 고객은 누릴 수 없는 서비스다.

유동성 제공자는 또한 예금한 액수에 비례하여 COMP라는 컴파운드의 거버넌스 토큰을 받는 뜻밖의 횡재를 누린다(메이커다오의 MKR과 같은 원리다). COMP 보유자는 컴파운드의 거버넌스, 즉 로드맵이 어떻게 되어야 하는지와 프로토콜을 어떻게 바꿔야 하는지 등에 대해 투표할 수 있다.

게다가 COMP도 암호화폐 시장에서 공개 거래를 할 수 있는데, 2020년 7월 출시 이후 가격이 5배가량 상승했다. 그러자 가끔은 투자자가 컴파운드로부터 자금을 빌리고, 빌린 돈에 대해 이자만 낸 채 그것을 쓰지 않고, 보상받은 COMP 거버넌스 토큰의 가격이 상승하면 이를 다른 시장에서 팔아 시세차익을 얻으려는 기이한 상황이 초래됐다. 토큰 가격이 상승하면 이자를 내는 것 이상의 이익을 챙길 수 있었다.

다시 차근차근 따져보자. 컴파운드 유동성 풀에 예금하는 이유는 무엇인가? 예금자는 자신이 받은 c토큰을 통해 사실상 (트래픽 혼잡 정도에 따라 다르지만 약 15초부터 몇 분 정도 만에) 계속해서 쌓이는 이자를 받는다. 또 c토큰 자체를 거래소에서 거래할 수 있다. 필요할 경우 예금을 인출할 수 있고, COMP라고 불리는 공개 거래가 가능한 거버넌스 토큰을 통해 컴파운드의 전략 수립에 발언권을 행사할 수 있다.

시내 중심가에 있는 은행에서 이와 똑같은 상품을 출시하고 다음과 같이 광고하리라고 상상할 수 있겠는가?

> 계좌에 돈을 입금하면 거의 1분 정도마다 이자를 지급해드리겠다. 그리고 보상 차원에서 당신이 우리 이사회에 합류할 수 있게 해주겠다. 그 권리를 공개 시장에서 판매해도 된다. 나중에 분명히 가격이 상승할 적립 포인트도 쌓아드리겠다. 이 약속을 반드시 지키겠다.

이런 유혹적인 인센티브는 예나 지금이나 컴파운드의 유동성 채굴 활동에서 핵심이 되는 요소다. 이런 노력이 효과를 거둠으로써 유동성 풀은 즉시 예금을 끌어모았고, 매일 늘어났으며, 좀처럼 둔화할 기미를 보이지 않았다.

이제는 유동성 예금 재무상태표의 대변에 있는, 컴파운드가 차입자들에게 내준 대출을 살펴보자. 컴파운드는 다중통화multi-currency라서 대주와 차주가 선택할 수 있는 암호화폐가 다양하다. 이런 다중통화 기능이 처음부터 컴파운드의 차별화 포인트였다. 컴파운드가 성공하자 주요 경쟁자인 에이브^{Aave} 등 또 다른 대출 및 스테이킹^{Staking}(보유한 암호화폐를 블록체인 네트워크에 예치한 뒤 해당 플랫폼의 운영과 검증에 참여하고, 이에 대한 보상으로 암호화폐를 받는 것-옮긴이) 프로젝트도 다중통화 기능으로 이동했다.

메이커다오 프로토콜과 상당히 흡사하게, 차입자는 빌리는 돈의 절반 이상을 담보로 제공함으로써 갑작스러운 가격 변동으로부터 컴파운드를 보호해줘야 한다. 또한 은행과 달리 대출금을 상환할 필요가 없다. 대출 기간이 정해지지 않은 영구 대출이다. 암호화폐 가격이 반대로 움직여서 담보 가치가 위험한 수준까지 떨어지면 대출은 자동으로 청산된다.

마지막으로, 컴파운드 시장의 모든 참여자는 생태계 내의 '파트너'로 간주된다. 따라서 차입자가 어떤 방식으로든 컴파운드와 상호작용할 때 COMP 거버넌스 토큰으로 보상받는다. 만약 실제 은행에서 이런 일이 일어난다면, "우리와 거래하면 우리 이사회에 앉을 수 있다"라는 흥미로운 제안을 받을 수 있을까?

전체 프로토콜에서 가장 중요한 부분은 금리가 책정되는 방식과 변경되는 횟수다. 이는 예금자에게 제공되는 이자 및 차입자에게 부과되는 이자와 관련된 문제다. 트래드파이와 마찬가지로 디파이에서도 이자는 성공과 실패의 차이이자 가장 이루기 힘든 균형이며, 디파이처럼 빠른 변동성을 보일 경우 정하기가 매우 어렵다. 보통 몇 개의 법정통화만을 취급하는 대부분 은행과 달리, 암호화폐는 종류가 많고 변동성과 공신력도 저마다 다르다.

컴파운드는 금리 칼라^{collar}(하한)와 캡^{cap}(상한)을 정할 때를 제외하고는 알고리즘에 따라 예금자에게 금리를 제공한다. 대부분 2%에서 30% 사이이다. 컴파운드가 메이커다오와 마찬가지로 사용자에 의해 통제되는 이상, 금리는 컴파운드가 거버넌스 토큰인 COMP 커뮤니티의 도움을 받겠다는 확고한 의지를 가지고 정한다.

따라서 컴파운드 경영진이 중앙에서 금리의 상한과 하한을 정하지만, 이 고정된 금리 사이에서 제시되고 부과되는 실제 금리는 수요와 공급의 수학적 공식에 따라 정해지며, 결정 방식은 스마트 계약을 통해 확인할 수 있다. 은행과 달리 블록체인 내 각 블록이 채워지면서 알고리즘이 끊임없이 조정된다. 컴파운드는 스마트 계약이 수급에 따라 자동으로 금리를 조정하게 함으로써 유동성 풀의 예측 가능성과 안정성을 합리적으로 유지할 수 있다.

금리가 수요나 공급을 늘리거나 줄이기 위해 오르락내리락할 순 있는데, 금고 속 암호화폐의 '품질' 문제가 여전히 남는다. 어느 날 안전하다고 여겨지다가 해킹과 같은 외부 요인으로 피해를 보는 암호화폐도 있을 수 있고, 지나치게 낙관적인 기대감으로 '가격이 속등하는' 암호화폐가 있을 수도 있다. 레시너는 암호화폐의 '품질' 등급이 생태계를 강화할 수 있음을 시사하며, "컴파운드를 기반으로 하는 훌륭한 파트너 프로젝트나 컴파운드 다오의 COMP 토큰 보유자 일부에게 제안권을 맡기는 위대한 파트너 프로젝트가 될지 모른다"라는 의견을 조심스럽게 개진했다.

전체 거버넌스 프로젝트인 유토피아적 다오와 관련해 질문이 제기됐다. 컴파운드뿐만 아니라 유사한 프로젝트에 대해서도 동시에 제기됐는데, '토큰 보유자가 프로토콜의 미래에 대해 복잡한 결정을 내리는 데 적합한 사람인가?'라는 질문이다. 분명 이런 프로토콜을 이해하기란 만만치 않다. COMP 토큰은 누구나 보유할 수 있지만, 보유자 중 다수는 굳이 거버넌스에 참여하려고 애쓰지 않을 것이다. 그리고 설사 참여하는 사람이 있더라도 그들이 정보를 바탕으로 결정을 내릴 만큼 충분한 지식이 있는지를 분간할 방법이 없다.

이 질문은 컴파운드나 디파이에 국한되지 않으며, 민주주의의 본질에 대한 질문들로 이어진다. 특정 공동체에서 부가가치를 창출할 최상의 위치에 있는 사람은 누구인가? 진정 누구에게 투표 자격이 있는가? 레시너는 이런 질문들을 받으면 미소를 지으면서 이렇게 간단히 대답할지도 모른다. "다오 내 몇몇 커뮤니티가 자신들을 대표할 '크립토 이코노미스트crypto-economist(블록체인 서비스 내 암호화폐로 작동하는 경제 시스템을 설계하는 전문가-옮긴이)'를 선출하도록 투표하게 하자는 제안을 할 수도 있을 것이다. 그렇다면 각 통화 유형에 맞는 크립토 이코노미스트를 뽑으면 될 것이다."

그렇다. 미국식 대의민주주의와 같은 방식이다! 국민이 자신들의 선거구를 대표할 지도자를 뽑는 것 말이다. 이 실험은 앞으로 몇 년 안에 끝나지 않을 수도 있다.

레시너는 컴파운드가 COMP 토큰 보유자들에게 통제권을 넘기고 자신은 리더 자리에서 물러나 있고자 하는 열망을 가진 상황에서 컴파운드의 미래를 어떻게 바라보는지에 관해 말한 적이 있다. 그는 컴파운드가 일종의 기초 프로토콜로 이동하는 모습을 상상한다. 온갖 음식이 차려진 뷔페처럼 그 위에 수많은 앱이 놓여 있고 그들 모두가 컴파운드의 핵심 기능을 사용하는, 원래 컴파운드 설립자들이나 심지어 그들의 COMP 보유자들도 결코 생각해내지 못했을 것들을 꿈꾸고 발전시키는 거대한 파트너 생태계다.

그런 생태계가 가능할지도 모른다. 다만 확실한 것은 컴파운드와 그 경쟁자들은 모두 컴파운드 기본 모델을 기초로 여러 가지 향과 색깔을 내면서 금융 역사상 매우 특이한 무언가를 구축하고 있다는 사실이다. 컴파운드의 시가총액을 추월한 에이브는 물론이고 dYdX, 카바^Kava, 다르마^Dharma 등이 그들이다.

컴파운드와 일부분 경쟁하는 또 다른 코인이 있다. 러시아인 마이클 예고로프^Michael Egorov가 시작한 커브^Curve다. 예고로프가 존경받는 커브파이낸스^Curve Fiannce의 설립자라는 사실만으로도 그를 언급할 가치가 있다. 예고로프는 사회생활 초창기에 물리학 분야에서 빛나는 경력을 쌓았다. 이후로 더 커지긴 했으나 그가 원래 가졌던 생각은 다이, USDC, USDT 등 수많은 스테이블코인을 거래하는 전용 거래소를 만드는 것이었다.

그가 비트코인 가격의 향방을 예측하는 방정식과 통계를 가지고 개발한 알고리즘은 추종자들 사이에서 '달 수학^moon math'이라고 불리기도 하는데, 이는 결과적으로 두 거래 당사자 사이의 매우 낮은 가격 슬리피지^price slippage(예상한 거래 가격과 실제 체결된 가격 간 차이-옮긴이)와 스프레드로 이어졌다. 슬리피지나 스프레드 수준이 누구도 이룰 수 있을 만큼 낮았다. 커브는 다른 토큰들은 물론이고 스테이킹과 대출 기능도 추가했으며, 최근에는 veCRV라고 불리는 사용 시간에 제한이 걸린 대출도 거래 풀에 포함했다. 커브는 이 분야에서 일관된 혁신 중 하나로 높이 평가받고 있다.

여하튼 예금과 대출을 다루는 이 새로운 디파이 부문은 대담한 실험과 새로운 사고방식 덕에 상당히 생기가 넘친다. 그중 일부는 성공해서 금융 서비스 토양에 깊이 뿌리내릴 것이다. 심지어 지금 같은 초기 단계에서도 그들이 제공하는 상품은 트래드파이가 똑같이 대응할 수 있는 수준을 넘어섰다. 트래드파이 시스템은 지나치게 굳어 있어서 효과적으로 변화하고 경쟁할 수가 없다.

컴파운드는 세워진 지 불과 몇 년밖에 안 됐지만, 거대한 트래드파이 세력을 상대하고 있다. 어느 모로 보나 놀라운 성공이 아닐 수 없다.

마지막으로 놀라운 혁신 하나를 더 언급하겠다. 대출을 받는 데 필요한 담보 등 디파이 대출 세계는 최근까지도 폐쇄적인 암호화폐 세계에 속해 있었다. 차입자는 다른 암호화폐를 대출받기 위해 한 가지 종류의 암호화폐를 예치해야 한다. 그런데 트래드파이의 담보는 이런 식으로 작동하지 않는다. 오랜 기간을 거쳐 확립된 프로세스를 통해 차입자는 주택이나 그 밖의 자산(주식이나 기타 사업 자산)을 담보로 제공해야 돈을 빌릴 수 있다. 은행에 집을 압류당하거나 기업이 부도가 나서 망하는 일은 분명 바람직하지 않지만, 실물을 담보로 잡는 것이 은행 대출업의 표준인 이상 이런 일은 흔히 일어난다.

수많은 신생 암호화폐 기업이 블록체인 기술을 이용하여 물적 자산을 담보 수단으로 흡수하고 있는데, 이때 이용하는 기술이 '대체 불가능한 토큰Non-Fungible Token, NFT'이라고 불리는 일종의 이더리움 프로토콜이다. NFT는 변경과 변조가 불가능하고 저마다 고유성과 희소성을 지니면서 스마트 계약으로 통제된다. 센트리퓨즈Centrifuge 같은 신생 디파이 토큰들은 이미 암호화폐 대부 업체들과 통합되면서 디지털과 실제 금융 세계 사이에 앞으로 유망해질 새로운 포털을 열었다. NFT에 대해서는 이후 15장에서 더 자세하게 다루겠다.

CHAPTER 9

이자 농사와
환상적인 수익률

디파이 역사 중 '디파이의 여름The Summer of DeFi'이라는 사랑스러운 이름으로 불리던 시기가 있었다. 이 시기는 2020년 중반쯤 시작돼 12월까지 이어졌다. 어떻게 시작됐다고 확실히 단정해서 말하긴 어렵지만, 전문가들은 컴파운드, 특히 거버넌스 토큰으로 COMP가 출범했을 때나 컴파운드의 유동성 풀에 돈을 예금하도록 인센티브를 주었던 때를 시작 시기로 본다. 신테틱스Synthetix 프로젝트가 더 일찍부터 인센티브를 제공했으니 시기상으로 가장 앞선 것은 아닐지라도, 컴파운드는 당시 세상을 깜짝 놀라게 했다. 컴파운드는 디파이의 여름에 불꽃을 피운 회사로 기억된다.

이로써 유동성 채굴이라는 물결이 시작됐다. 여러 프로젝트가 자본을 유치하기 위해 다양한 인센티브를 고안해냈다. 종류를 불문하고, 대중에게 제공되는 모든 암호화 서비스를 구축하고 지원하기 위해선 돈이 필요했다. 앞서 설명한 바와 같이 컴파운드는 차입자에게 암호화폐를 빌려주기 위해 풀에 넣어둘 자금이 필요했다. 잠깐 쓸 돈이 필요해서 또는 다른 암호화폐 투자에 종잣돈으로 쓰기 위해서 등 차입자들이 대출을 받으려는 이유는 저마다 달랐다.

더 중요한 사실은, 컴파운드를 포함해서 유동성을 채굴하던 이 프로젝트들 모두 자본 유치 계획이 서로 달랐다는 점이다. 최고의 수익을 내주겠으니 자기 가판대에 돈을 맡기라고 호객 행위를 하는 일종의 바자회가 열린 것 같았다. 그래서 수익을 추구하는 암호화폐 보유자들은 어디에 돈을 맡기는 것이 좋을지 혼란스러워했다.

트레드파이 세계에서는 돈을 맡길 은행을 정하는 것이 원칙적으로는 단순한 문제다. 금리가 가장 높은 은행에 예금하면 되니 말이다. 물론 실제로는 그렇게 간단하지만은 않다. 일단 기존에 거래해왔던 은행이 당신을 떠나보내려고 하지 않을 것이고, 혹시 떠나는 데 성공하더라도 새로 거래할 은행에서 신청서를 작성하고, 신분증을 보여주고, 승인을 기다려야 하는 등 온갖 귀찮은 일을 겪어야 하기 때문이다.

엎친 데 덮친 격으로, 매주라고 할 만큼 빈번하게 등장하는 새로운 암호화폐 프로젝트 대부분은 공격적으로 유동성을 찾아다니며 우리 주머니에 있는 돈을 어떻게든 빼가려고 한다. 그들은 앞서 언급한 c토큰과 COMP처럼 훨씬 더 복잡한 인센티브를 설계했다. 덱스 같은 새로운 탈중앙 거래소뿐만 아니라 밸런서Balancer와 신테틱스, 커브, 렌Ren 같은 이름을 가진 프로젝트들은 모두 영리한 인센티브를 고안해냈다. 이 인센티브들은 대개 엄청날 정도로 영리했고, 때로는 불가해할 정도까지 영리했다. 그러니 이더리움이나 비트코인 같은 수동적인 자산을 가지고 수익을 내려는 암호화폐 보유자들은 프로젝트마다 보상하는 방식이 어떻게 다른지 이해하기 위해 철저히 조사해야만 했다.

그래서 '이자 농사'라는 것이 생겨났다. 앞서 설명했듯이 암호화폐 보유자들이 독립적인 암호화폐 프로젝트들이 제공하는 금리를 줄곧 지켜보고 있다가 가장 매력적인 프로젝트에 토큰을 잠시 넣었다가 다시 인출해서 다음 프로젝트로 이동시키거나, 아니면 한 프로젝트에서 대출받은 돈을 다른 프로젝트에 투입하는 식으로 프로젝트들을 서로 연결해서 최고의 수익을 추구하는 방법이다.

이런 일이 말처럼 그렇게 간단할까?

검색창에 안드레 크로녜^{Andre Cronje}를 쳐보라. 크로녜는 원래는 아이언^{iEarn}이라고 불린 연파이낸스^{Yearn Finance}를 움직이는 두뇌였다. 2020년 1월 연파이낸스는 최초의 이자 농사 암호화폐 프로젝트로 등장한 뒤 곧바로 가장 유명해졌다. 이 글을 집필하고 있는 현재 연파이낸스 토큰^{YFI}의 시가총액은 12억 달러가 넘는다. 그리고 연파이낸스 우산 아래 새로운 토큰들이 속속 등장하고 있다.

크로녜는 대부분의 디파이 설립자와 다른 점이 많다. 우선 그는 암호화폐 혁신의 중심지에서 멀리 떨어져 있는 남아프리카 남서쪽 해변 도시 케이프타운 출신이다(물론 케이프타운 출신 중에서 암호화폐 세계를 주름잡는 사람들은 놀랄 만큼 많다). 다음으로 맨 처음 대중에게 암호화폐를 선보였을 때 크로녜 자신은 단 1개의 암호화폐도 받지 않았다는 사실이다. 그는 원래 자기 돈으로 프로젝트 자금을 대느라 돈이 없어서 주택담보대출, 보험료, 의료비 등에 쪼들렸다. 많은 프로젝트 설립자가 초기에 자신에게 주는 보상 차원에서 받아놓은 토큰으로 갑부가 됐지만, 그는 그렇게 부자가 될 준비를 해놓지 않았다.

우리 저자들을 만난 자리에서 크로녜는 전적으로 이타적인 이유에서 그런 것은 아니었다고 설명했다. 초창기 그는 디자인, 코딩, 수리는 물론이고 기술적으로 힘들고 지루한 일까지 온갖 잡일을 다 해야 했다. 하지만 이제는 일선에서 물러나 모든 일을 도맡아 하지 않고, 지속적인 혁신의 샘 역할을 하지 않아도 되길 원했다. 이런 메시지를 보내는 가장 좋은 방법은 거버넌스 토큰을 소유하지 않는 것이었다. 그래야 그가 혼자서 해온 일을 다른 사람들이 떠맡도록 압박할 수 있었다.

마지막으로, 크로네는 자신이 컴퓨터과학 교육자였지만 그다지 훌륭한 개발자는 아니라고 주장했다(기술 분야에서 그가 쌓아온 인상적인 경력을 생각할 때 지나치게 겸손한 표현이라는 것이 내 생각이다). 그런데도 그가 혼자서 연파이낸스의 프로토타입을 만들었다는 사실을 잊어서는 안 된다. 그는 누구의 도움도 받지 않고 전적으로 혼자서 그 일을 해냈다. 오로지 노트북 하나만 가지고 말이다! 크로네는 트위터(현재 엑스^{X}로 사명 변경)에 "나는 TIP 상태"라고 적어놓곤 했다. TIP는 '생산 중 테스팅 Testing in Production'의 약자로, 새로운 코드 변경을 스테이징staging(생산 단계 전의 마지막 단계–옮긴이) 환경이 아닌 실시간 사용자 트래픽상에서 테스트하는 소프트웨어 개발 관행을 말한다. 따라서 이때는 상당히 신중한 태도가 요구된다.

여기까지는 이미 몇 년 전에 일어난 일들이다. 연파이낸스는 이제 확고히 자리를 잡아서 통용되고 있다. 연파이낸스 프로젝트는 이후로 대규모 개발자 커뮤니티를 끌어들였기에 이제 더는 크로네 혼자서 좌지우지하지 않는다. 크로네는 종종 다른 프로젝트로 옮겨갈 수 있다고 말했다. 그가 재미가 없다고 느끼면 그 '은유적이고 영적인' 열쇠들을 넘겨줄 것이다. 우리는 그가 아직 더 머물러야 연파이낸스 커뮤니티가 약간의 안도감을 느끼지 않을까 생각한다.

크로네의 연파이낸스 개발은 그가 지갑에 가지고 있던 스테이블에 대해서 가장 높은 수익을 제공해줄 사람을 찾고자 하는 개인적인 욕망에서 비롯됐다. 그는 그저 스테이블을 맡길 가장 좋은 은행을 찾고 있었다. 그러기 위해서는 이더리움상에서 돌아가는 각 디파이 프로젝트, 더 구체적으로 말해서 각각의 스마트 계약을 하나씩 살펴봐야 했다. 그래야 금리가 계산되는 방법을 비롯해 어떤 미묘한 차이와 예외와 문제가 코드에 끼워 넣어져 있는지 이해할 수 있었기 때문이다. 그리고 다양한 프로젝트(거버넌스 토큰 등의 특별 토큰)에서 추가적인 유동성 채굴 인센티브가 등장하자, 그는 더 깊이 파고들면서 복잡한 모든 부분 간의 경제적 상호작용은 물론이고 무수한 시장 상황에서 수익률값이 위치할 수 있는 지점을 찾아내는 문제를 해결했다.

이런 노력을 통해 나온 것이 연파이낸스로, 최초 버전은 간단했다. 연 스마트 계약은 여러 프로젝트를 꼼꼼하게 살펴 최상의 수익을 주는 곳을 추려낸 뒤, 인출해서 다른 곳에 넣기 전까지 필요한 기간만큼 그곳에 돈을 맡겨두는 방식이다. 이 방식은 적어도 크로네의 개인 자금의 경우 큰 성공을 거뒀다. 다음 단계는 그와 똑같은 '이자 농장' 도구를 활용할 수 있기를 바라는 사람들에게 이 계약을 개방하는 것이었다. 그러면 모두가 즉각적인 혜택을 누릴 수 있었다. 새로운 사람들이 각자 스마트 계약과 상호작용하게 돼서 최고의 거래를 찾는 또 다른 '사냥'을 개시하고, 다른 모든 사람의 동전을 그곳으로 옮길 것(이를 농장 은유에 어울리게 윤작이라고 한다)이기 때문이다. 이런 일이 빈번히 일어날수록 수익률은 모두에게 꾸준히 최적화됐고, 전체 거래 수수료는 낮아졌다. 크로네가 말한 '이 세상에서 가장 똑똑한 저축 계좌world's smartest savings account'에 새로운 사람들이 가입하면서 조성된 자금 풀은 '와이풀 yPool'로 명명됐고, 와이풀에 돈을 위탁한 사람 누구에게나 거버넌스 토큰인 연파이낸스를 줬다.

그런데 크로네는 연파이낸스가 무가치하다거나 투자자들이 보고 뛰어들지 모르는 가상의 '저렴한' 가격인 '가격 하한'이 없다는 점을 매우 공개적으로 떠들고 다녔다. 거버넌스 토큰들이 본래 취지에 맞지 않게 투기 도구로 사용되는 데 환멸을 느낀 투자자들이 앞으로 거버넌스 토큰에 대한 집착에서 벗어날 수 있게 해주고 싶어서였다고 한다. 하지만 그의 의도가 제대로 전달되진 않은 것 같다. 거버넌스 토큰인 연파이낸스는 상장되어 거래되는데, 트레이더들이 한때 가격을 무려 3만 5,000%나 끌어올렸으니 말이다.

와이풀에 돈을 맡긴 사람들은 얼마의 수익을 거두게 될까? 통상 연간 약 10%인데, 수치는 가변적이다. 시장 상황과 함께 검토되는 암호화폐 토큰들의 혼합 방법에 따라 달라진다. 그러나 미국과 유럽 은행들 대부분이 1% 이하의 예금 금리를 제시한다는 점에서 10%는 눈에 띌 정도로 매력적인 것이 확실하다.

크로네는 이후 디파이 프로젝트들과 협력하여 위탁 자본을 끌어모을 새로운 풀을 설계하는 등 연파이낸스 우산 아래서 많은 신상품을 출시했다. 그는 한 팟캐스트에 출현해 마이클 예고로프와 공동으로 디자인한 연파이낸스의 원래 버전인 V1을 되돌아봤다. 그는 V1이 여전히 자신이 가장 선호하는 통화임을 시사했다. 단순하면서, 불변이고, 외부의 영향을 받지 않고, 지나치게 복잡해서 가치가 훼손되지 않는다는 것이 이유였다. V1은 또 이후에 나온 연파이낸스의 상품들에 비해 쓰기 쉽고, 무엇보다 설명하기도 쉽다. 이는 반복적으로 강조해도 될 만큼 중요한 사실이다. 연파이낸스는 모든 유동성 제공자에게 최상의 수익을 안겨주기 위해 투자금을 현재 최고의 유동성 풀에 투입하는 등 투자자들을 위해 온갖 힘든 일을 도맡아서 해준다. 또한 참여에 사용된 어떤 토큰이건 요청이 있으면 즉시 반환해주고, 손실을 막아준다. V1을 이용할 때 최악의 시나리오는 원래 맡긴 토큰만 돌려받는 것이다. 원금이 보장된다는 뜻이니, 실로 매우 간단하고 설득력 있는 가치 제안이 아닐 수 없다.

크로네가 V1과 후속 버전들을 가지고 한 일은 심각한 우려를 떠올리게 한다. 바로 금융이 복잡하다는 우려다. 그뿐만 아니라 리스크도 복잡하고, 거래도 복잡하다. 디파이든 트래드파이든, 어떤 금융 시스템에서도 인간이 처한 여건이 낳은 직접적인 결과로 여러 계층구조가 존재한다. 누구를 믿어야 할까? 가치를 어떻게 판단해야 할까? 전체 사회 체계는 복잡한 사회적 거래에 기반을 두고 있다. 그리고 인간들 사이의 가치 거래는 가장 복잡한 거래 중 하나다. 보통 서로 간에 의견이 엇갈리기 때문이다. 우리가 거래하는 물건의 가치는 얼마인가? 그리고 인센티브는 가치에 대한 인식을 어떻게 바꿀까?

모든 문명의 성패는 이런 질문들에 어떻게 답하느냐에 달렸다. 음식, 주거지, 금, 기술, 달러, 심지어 누군가의 생명에 대해서도 가치와 가격과 값에 대한 질문은 우리 사회 시스템 속에서 계속해서 제기된다. 그에 대한 답은 경제, 금융, 법률 및 정치 시스템을 통해 계량화되고 성문화되고 실행되고 거래 가능해진다. 따라서 이런 질문들에 답하기 위해 인류 문명이 수천 년 동안 이어져 내려오면서 개인적 수준에서부터 통화 교환 시스템의 가치를 정하고 계산하는 정부에 이르기까지 줄곧 엄청나게 복잡한 시스템을 만들어왔다는 사실이 놀랍지 않다.

디파이는 새로운 도구 세트를 사용하여 이런 시스템들을 다시 연결하는 것이다. 그러나 오래된 시스템과 디파이가 결국 대체할 일부 시스템의 연결이 그렇듯, 간단치만은 않다. 스마트 계약의 설계나 '머니 레고money lego'의 상호작용도 마찬가지다. 머니 레고란 서로 다른 응용 프로그램들이 서로 다른 프로젝트에 들어갈 수 있게 해주는 기술 스택을 뜻한다. 쉽게 말해 어떤 시스템이나 프로그램 등을 개발할 때 기반이 되는 기술과 프로그램들이다. 예컨대 메이커다오에 이더리움을 예치하고 스테이블코인인 다이를 받은 뒤, 컴파운드에서 다이를 트레이더에게 빌려주고 네트워크의 거버넌스 토큰인 COMP를 얻는 식이다. 그런데 머니 레고는 스마트 계약이 또 다른 스마트 계약과 상호작용함으로써 심지어 더 크고도 복잡한 금융 수단을 구축하게 해버린다. 결론적으로 디파이 스마트 계약의 근본적인 복잡성, 블록체인 아키텍처의 깊이, 그리고 머니 레고의 무한한 결합성은 디파이의 빠른 공개 채택을 가로막는 아킬레스건으로 작용한다.

이처럼 이 새로운 금융 도구들을 설명하기가 쉽지 않기 때문에 다시 연파이낸스로 돌아가겠다. 크로네는 자신이 저축한 암호화폐로 최고의 수익을 거둘 곳을 찾기 위해 자신만의 독창적인 시스템을 구축했다. 그는 진행 중인 다양한 거래의 복잡성을 이해하기 위해 애쓴 끝에 최고의 거래를 찾아내는 시스템을 구축한 다음, 원하는 누구에게나 제공하여 복잡하고 지난한 분석 작업을 하지 않아도 되게 해줬다.

그러고 나서 좀 더 흥미로워졌다. 그가 만든 다음 버전인 V2는 한 걸음 더 나아가 다양한 프로젝트가 제공하는 인센티브를 고수익 디파이 토큰으로 '재배치redeployment'할 수 있게 해줬다. 그 결과로 이 글을 쓰고 있는 현재 연간 수익률이 약 15%까지 올라갔다(수익률은 상황에 따라 변동할 수 있다).

그러자 연파이낸스 커뮤니티에서 여러 의견이 쇄도했고, COMP 토큰 보유자들은 더 높은 수익을 올릴 더 현명한 전략을 제안하기 시작했다. 제안들은 보기보다 훨씬 더 복잡했다. "이 코인을 저쪽 풀에 넣자"라거나 "이 인센티브의 절반을 헤징하기 전에 레버리지 파생상품으로 이동시키자" 등의 제안이 나왔다. 연파이낸스 팀은 이제 새로운 문제에 직면했다. 이 모든 아이디어를 어떻게 테스트하고, 관리하고, 공개할 것인가 하는 문제였다. 그중 다수는 대단히 복잡한 '레고 머니 모델'의 미로를 푸는 것만큼 어려웠다.

그래서 V3가 출시됐다. V3는 커뮤니티 참여자라면 누구나 임의적 복잡성을 띤 이자 농사 전략을 설계하여 '금고'에 가두어놓고 사용할 수 있게 해줬다. 이 새로운 세계의 많은 것과 마찬가지로 이 역시 다윈의 진화론적 성격을 띠었다. 즉 우수한 수익을 내는 전략은 살아남아 번창하겠지만, 실패의 기미가 보이면 투자자들은 다른 곳으로 떠나버릴 것이다.

이런 점들을 트래드파이와 비교해보자. 트래드파이에는 이와 비슷한 상품이 전혀 없다. 분명 트래드파이에서는 저축예금, 정부 국채 상품, 주식, 채권 중 어디에 투자하면 좋을지 조언해줄 금융 상담사들이 활동한다. 지금은 컴퓨터 인공지능AI으로 이루어진 소프트웨어 알고리즘을 사용하는 곳이 많기에 투자자가 맡긴 자산을 대신 운용하거나 자문을 해주는 서비스인 로보어드바이저^{Roboadviser}가 이 일을 해줄 것이다. 그런데 V3는 개발자와 금융 전문 엔지니어가 항상 신상품을 만들어 금고에 보낸 뒤 관심이 있는 사람이라면 누구나 테스트하고 이용해볼 수 있게 해준다. 실시간 수익률이 공개적으로 기록되며, 내부 로직도 누구나 살펴볼 수 있도록 공개된다. 트레이드파이 세계에서는 보통 몇 년을 고민해서 상품을 개발하지만, 디파이에서는 신속한 테스트 덕분에 이제 개발 시간이 몇 시간 또는 몇 분으로 단축됐다.

크로녜는 최초의 V1에 비해 V3에 대해선 다소 불편한 감정을 드러냈다. V3 금고에서 커뮤니티 기여자들이 발명하고 코딩한 전략은 살아 있는 유기체와 흡사해서 관리와 예측이 어렵고, 분석하기도 매우 까다롭기 때문이다. 이런 수확물이 싹을 틔우고 꽃을 피우면 분명 통제할 수가 없어진다. 다수가 시들 것이다. 그러면 해를 끼치는 또 다른 것들이 나올 수 있어 연파이낸스에는 큰 위험이 될 수 있다.

디파이, 스마트 계약, 머니 레고는 성격상 사냥꾼들로 이뤄진 군대를 창조했다. 그들 모두 최고의 거래를 추구하면서 새로운 기술을 무기로 배치했다. 이전에도 비슷한 군대가 배치된 적이 있는데, 초기 인터넷 시대 때였다. 당시 1인 프로그래머들이 공공 시장에서 거래하는 프로그램을 만들어 패턴을 찾아내고 재정 거래^{arbitrage transaction}(어떤 상품의 가격이 시장 간 상이할 경우 가격이 싼 시장에서 매입하여 비싼 시장에서 매도함으로써 차익을 얻는 거래-옮긴이)를 하면서 거래 우위를 추구했다. 그중 다수는 똑똑한 알고리즘을 갖추고 거래소와 온라인으로 연결돼 빠른 속도로 움직이는 기업에 입사했다. 그런 다음 그들은 골드만삭스^{Goldman Sachs}

같은 거대 투자회사의 전문 고문단, 일명 두뇌위원회Brain Trust에 들어갔다. 그러나 시장이 가격 효율성을 추구함에 따라 이런 트래드파이 마법사들이 우위를 점하기는 점점 더 어려워지고 있다.

디파이가 아직 신생아 수준이고 이자 농사도 등장한 지 얼마 안 됐지만, 화려한 인센티브를 제시하는 새로운 프로젝트들이 꾸준히 탄생하는 이상 당분간은 환상적인 수익률을 찾아낼 수 있을 것으로 보인다. 여기엔 큰돈을 번 사람의 이야기와 망한 사람의 이야기가 공존할 것이다. 그리고 하나의 프로토콜이 전례 없는 수익을 보여주면, 이를 뛰어넘을 새로운 도전자들이 등장할 것이다. 그러면 최고의 수익을 제공하는 풀에 사냥꾼들이 몰려들면서 도전자들은 멸종될 때까지 사냥을 당하다가 결국에는 사라질 것이다.

그런 다음 전통적인 화폐 시장이 예측 가능하고 안정적이며 상대적으로 적당한 수익률에 안착했듯이, 미래 어느 시점에 수익률은 반드시 적당한 평균치로 회귀할 것으로 예상한다. 수학적으로 봤을 때 확률이 높은 예상이다.

한편 크로녜와 연파이낸스 사람들은 보험을 포함해 온갖 종류의 새로운 디파이 프로젝트로 뻗어나가고 있다. 순수한 이자 농사가 다소 고루해진 뒤에도 연파이낸스에 대해서는 할 이야기가 많이 생겨날 것 같다.

세계 최대 탈중앙 거래소,
유니스왑

원고를 집필하는 동안 우리는 거래의 역사를 연구하면서 증권 거래에 관한 문헌이 상당히 방대하다는 걸 알고 깜짝 놀랐다. 검색엔진 상위에 오르는 증권 거래에 관한 문헌은 특히 더 그렇다. 물론 가장 순수한 형태의 거래는 인간의 역사만큼이나 오랫동안 존재해왔다. 바로 물물교환이다. 기원전 6000년 메소포타미아에 거주하던 부족들이 물물교환을 발명했고, 페니키아인과 바빌로니아인들이 원거리로 물자를 운송하고 교환하면서 발전시켰다는 주장이 있다. 그렇지만 어쨌든 물물교환이 '발명'된 날짜를 못 박기는 어렵다. 물물교환은 인간의 아주 기본적인 본능이라 사실상 모든 문화에서 신화의 중심에 있는 것으로 보인다.

그러다가 거래의 신뢰성과 효율성을 높이는 발전이 일어났다. 처음에는 소금 한 봉지나 유리구슬 하나의 대략적인 가치를 매길 수 있게 무게를 재고 측정하는 도구들이 만들어졌다. 그리고 교역 문제를 돌이킬 수 없을 정도로 변화시킨 개오지 조개와 개코원숭이 뼈에서부터 금화에 이르기까지 여러 가지 징표도 발전을 거듭했다. 특히 돈과 차용 증서는 언어만큼이나 오래됐다.

역사는 어느 사회건 공동체나 시장으로 넘쳐난다는 것을 보여준다. 예나 지금이나 시장에서는 늘 가치를 나타내는 징표가 물물교환의 대용물이 됐다. 그러나 도시화가 진행되면서 너무 많은 사람이 거래하기 위해 경쟁하게 됐고, 수요와 공급은 속도와 정확성과 공정성을 갖춘 대량 구매자와 판매자 사이를 이어주는 물류 역량으로 결정됐다.

그러자 당연히 거래가 공식화되면서 신뢰할 수 있는 중앙 당국이 주문 장부를 정리하는 임무를 맡았다. 당국은 누구에게 살 의사가 있고, 누구에게 팔 물건이 있으며, 거래할 물건은 무엇인지를 기록했다. 신뢰할 수 있는 당국이 장부를 관리하고, 거래가 체결될 수 있을 만큼 가격 조건이 비슷한 매수자와 매도자를 찾아 연결해주고, 자산 가격에서 시작해서 이후에는 매매가액 등 기타 지표까지 산정해서 표시해줬다.

이런 상황이 수백 년 동안 지속되면서 속도, 가격 발견price discovery(구매자와 판매자의 상호작용을 통해 시장에서 자산 가격이 결정되는 것-옮긴이), 정확성, 데이터 분석, 결산 및 감사 가능성, 규제와 같은 문제를 중심으로 온갖 혁신이 일어났다. 거래, 특히 우리에게 익숙한 증권 거래는 온갖 유형의 주문을 낼 수 있으며 눈 깜빡할 새에 거래가 체결된다. 잘 설계되고 사용하기 쉬운 PC와 모바일의 트레이딩 앱을 통해 서비스가 제공되므로 금융 엘리트가 아니라도 누구나 거래할 수 있다.

그러나 거래소는 매수자와 매도자를 대신해서 거래해주고, 서비스에 대한 수수료를 부과하는 등 여전히 중앙집중적이다. 디파이 엔지니어들과 디파이 커뮤니티 내 스마트 계약 개발자들에게 이는 아주 매력적인 혁신 기회였다.

디파이가 등장하기 전에 이미 수많은 암호화폐 거래소가 생겨났다. 최대 거래소는 크라켄Kraken, 후오비 글로벌Huobi Global, 바이낸스Binance, 코인베이스Coinbase 등 수십억 달러 규모의 중앙화된 거래소들이다. 특히 코인베이스는 2021년 나스닥에 상장했을때, 당일 시가총액이 무려 960억 달러까지 올라갔다. 그러자 세상 물정 모르는 괴짜들만 관심이 있다고 여겨졌던 암호화폐 거래소 세계에 각국 금융계의 시선이 몰렸다. 그러나 이런 모든 거래소는 대규모로 중앙화되어 있다. 이들은 당신의 자금을 통제하고, 당신을 대신해서 개인 키, 즉 당신 자금에 접근할 수 있는 디지털 키를 관리한다.

놀랄 것도 없이 이런 중앙화된 거래소 중 몇 곳은 수없이 해킹을 당했고, 기술적 혼란을 겪었으며, 다운타임downtime(컴퓨터와 기계 등이 작동하지 않는 시간-옮긴이)으로 고생했고, 고객서비스는 허술했고, 일방적으로 정책을 변경했다. 심지어 캐나다의 쿼드리가CX QuadrigaCX 거래소처럼 노골적으로 사기를 친 곳도 있었다. 쿼드리가CX는 공동창업자이자 CEO였던 제럴드 코튼Gerald Cotten이 2018년 인도에서 휴가를 보내던 중 사망하자 파산했다. 코튼은 사망 전 거래소 손실액을 고객의 예치금으로 충당했고, 자신의 사치스러운 생활에 고객 자금 수백만 달러를 유용한 것으로 밝혀졌다. 그런데 코튼 말고는 쿼드리가CX 서버의 암호를 아는 사람이 없었기에 그가 죽으면서 2억 5,000만 캐나다 달러에 달하는 돈이 인출할 수 없게 됐다. 투자자들은 그가 그 많은 돈을 들고 잠적해버린 것으로 판단했다.

이 모든 것이 탈중앙화 지지자들의 분노를 불러일으켰다. 그들에게는 무허가성·안전·무신뢰성을 특징으로 하는 탈중앙화 서비스 같은 보호와 이점을 누리면서, 중간에 아무도 없이 트레이더들끼리 암호화폐 자산을 서로 교환할 수 있는 탈중앙화 거래소 덱스가 필요했다.

2015년 비트코인 네트워크에서 P2P 방식으로 암호화폐를 거래할 수 있는 덱스인 카운터파티Counterparty와 젤루리다 재단Jelurida Foundation이 기존 비트코인의 성능을 개선하여 지분증명Proof of Stake(암호화폐를 보유한 지분율에 비례하여 의사결정 권한을 주는 합의 알고리즘-옮긴이) 합의 알고리즘 방식의 블록체인 플랫폼을 제공하기 위해 암호화폐 NXT를 만들었다. 이를 시작으로 이더리움이 등장하기 전에 덱스를 만들려는 시도가 다수 있었다. 그러나 비트코인 블록체인은 본래 목적 외에 새로운 서비스로 경쟁하기 어려웠기 때문에 이더리움과 솔리디티 기반 스마트 계약 플랫폼의 등장 이후 아이덱스IDEX와 이더델타EtherDelta 같은 이름을 한 새로운 덱스 지망생들이 대거 모습을 드러냈다. 이들 모두 아이디어는 좋았지만 자산 거래의 제한성이나 부분적인 탈중앙화 같은 이런저런 결함을 안고 있었다. 확장성, 사용자 경험, 분석 부재 등에 얽힌 문제들도 있었는데 이 정도는 비교적 쉽게 해결할 수 있는 공학적인 문제였다. 무엇보다 넘기 힘든 가장 큰 장벽은 '유동성'이었다.

디파이 회사인 카바랩스Kava Labs의 콘텐츠 책임자인 세라 오스틴Sarah Austin은 이 문제를 간략히 정리해 이렇게 말했다. "적절한 수의 사용자가 없다면 가격을 조작하기 쉽고 유동성을 유지하기는 불가능하다. 유동성이 부족하니 사용자가 오지 않고, 사용자가 없으니 유동성이 사라지는 '이래저래 안 좋은' 상황이 연출됐다. 사용자들은 더 풍부한 유동성 덕분에 기업과 대형 트레이더들이 거래량이 늘어날 것으로 확신하는 '중앙화된 거래소'로 몰려갔다."

2017년 스물여섯 살의 나이로 독일의 세계적인 전기·전자 기업인 지멘스Siemens에서 해고된 기계공학자 헤이든 애덤스Hayden Adams의 이야기를 해보자. 미래가 불안했던 그는 이더리움 재단에서 일하던 대학 동창 카를 플로르시Karl Floersch에게 연락했다. 대학 졸업 직후 애덤스는 전통적인 엔지니어의 길을 택했지만, 플로르시는 암호화폐 세계로 진출했다. 애덤스에 따르면 두 사람의 대화는 다음과 같았다.

애덤스 나 해고당했어. 앞으로 어떡하지?

플로르시 축하해, 너한테 일어날 수 있는 최고의 일이 일어난 거야! 기계공학은 사양 산업이야. 이더리움이 미래고. 넌 아직 늦지 않았어. 스마트 계약을 작성하는 것이 네 새로운 운명이야!

애덤스 코딩하는 법을 알아야 하는 거 아니야?

플로르시 아주 쉬운 데다가 굳이 알아야 하는 것도 아니야. 게다가 스마트 계약을 어떻게 작성해야 하는지 아는 사람이 아직 없어.

이후 1년도 안 돼 애덤스는 유니스왑이라는 탈중앙화된 암호화폐 거래소를 만들었다. 코딩하는 법은 여전히 몰랐다. 이 분야는 너무나 새롭고, 전통에서 벗어나 있고, 유동적이어서 온갖 배경을 가진 젊은 이들이 모여들어 쌈박한 뭔가를 만들 수 있었다.

애덤스는 여전히 부모님과 함께 살고 있었는데 블록체인의 기초와 이더리움, 프로그래밍 언어 솔리디티, 자바스크립트를 독학하기 시작했고 이내 빠져들었다.

위대한 이야기들이 대체로 그렇듯이 이 이야기에서도 '변화의 기폭제가 될 만한 사건'이 필요했다. 바로 비탈릭 부테린이 그런 사건을 일으켰다.

디파이 세상에 뛰어들 무렵 애덤스는 상당히 초짜여서 플로르시 외에는 업계에서 아는 사람이 없었다. 이때 글로벌 최대 커뮤니티 사이트인 레딧^Reddit과 블로그에 부테린이 올린 게시물을 접했다(레딧 포스트: https://www.reddit.com/r/ethereum/comments/55m04x/lets_run_onchain_decentralized_exchanges_the_way/). 두 콘텐츠 모두 상당히 밀도가 높지만, 전문대학에 들어갈 정도의 수학 실력과 배우려는 의지만 있으면 누구나 충분히 이해할 수 있는 수준의 내용이었다.

정말로 고등학교 수학 실력만 있어도 된다. 그러나 부테린이 올린 문제 설명과 제시된 해결 경로를 힘들게 따라가기보다는 트래드파이 거래소의 세계에서 '시장 조성자^market maker'라는 개념에 대해 이야기하는 것이 더 유익할 것 같다.

중앙화된 거래소의 주요 한계는 주문 장부를 작성하고, 어느 한 시점에 매수자와 매도자가 모두 있어야 하고, 그들이 가격에 대해 서로 합의해야 거래가 체결된다는 점이다. 이런 시스템이 유지되려면 매수자와 매도자의 주문이 줄지어 나오고, 시스템은 그들의 거래를 체결시키려고 노력해야 한다. 종종 유동성이 적은 시장에서는 매수자와 매도자의 호가 차이가 너무 심해서 거래가 잘 이루어지지 않는다. 또는 매수자와 매도자가 거래하고자 하는 시점이 일치하지 않을 수도 있다. 이 두 가지 경우 모두 거래 속도를 늦춰 거래 수익을 감소시키고, 매수자와 매도자는 불만이 쌓이면서 거래 욕구가 꺾인다.

그래서 시장 조성자가 필요하다. 시장 조성자는 시장의 거래 속도를 높이고 유동성을 확보하기 위해 거래소가 착안한 개념이다. 이 개념을 단순화해서 설명하면 이렇다. 거래소에서 거래되는 주식과 같은 상품을 항상 그리고 즉시 사고팔 수 있을 만큼 충분한 자본이 있는, 정말 부유한 사람이 있다고 상상해보라. 그들이 시장 조성자인 셈이다. 그들은 매수와 매도 가격을 광고하는데, 이 가격들은 계속해서 변화한다. 이 부자들은 수요와 공급 상황을 예의 주시하면서 매수자와 매도자를 끌어들이기 위해 언제 어떻게 가격을 조정해야 하는지 알고 있다. 그리고 예컨대 시장이 갑자기 움직여서 곤경에 빠질 위험에 대비하기 위해 시장 조성자는 광고한 매수와 매도 가격 사이의 차이(스프레드)를 수익으로 취한다. 위험을 감수한 대가로 얻는 보상이다. 이런 보상을 '리스크 프리미엄risk premium'이라고 한다. 그리고 많은 거래소에서 경쟁 관계에 있는 시장 조성자들이 있다. 그중 위험을 예측하고, 스프레드를 줄이고, 매수자와 매도자에게 최고의 가격을 제시할 수 있는 시장 조성자는 더 빨리 부유해질 것이다(입맛이 쓰지만, 우리가 보기에 모든 시장 조성자가 부유해지는 것 같다. 그들은 보통 대형 기관에 소속돼 있고, 우리 같은 사람들은 단순한 트레이더에 불과하기 때문이다).

다시 말해서 시장 조성자는 항상 거래가 이루어지면 그만일 뿐이며, 컴퓨터를 통해 이루어지는 경우라도 개인 매수자와 매도자 사이에 매칭을 해줘야 하는 건 아니다. 시장 조성자는 마치 사랑스럽지만 도벽이 있는 삼촌과도 같다. 그들이 당신의 주머니에서 돈 몇 푼을 훔치긴 하지만 당신이 필요로 할 때는 항상 곁에 있다.

이처럼 시장 조성자라는 개념은 단순하지만 암호화폐에 적용하면 조금 더 복잡해진다. 암호화폐 분야에는 부자 삼촌이 없고 스마트 계약만 있을 뿐이다. 헤이든 애덤스 같은 사람이 어떻게 해서 '자동화된 시장 조성자AMM' 자본 풀에 자금을 조성하기 위해 자본 풀을 끌어들이겠다는 상상을 할 수 있었을까? 그런 상상을 했더라도 전통적인 시장 조성자들은 주식과 돈을 거래하는 반면에 이 새로운 세상에서는 여러 개의 서로 다른 토큰이 교차 거래되어야 하기에 단순한 주식이나 현금 거래보다 훨씬 복잡한데 말이다. 게다가 암호화폐는 그때나 지금이나 변동성이 커서 예측하기 힘들기 때문에 AMM의 매수와 매도 가격을 계산하는 일이 훨씬 더 까다롭다.

부테린은 두 건의 게시물을 통해 가격 책정 문제를 적시하면서 이 분야에서 활동하는 다른 사람들의 연구에 기대어 몇 가지 해결책을 제안했다. 그의 블로그 게시물을 읽으면 도움이 되는데, 그의 질문이 얼마나 날카로운지 그리고 이 이슈에 대해 그가 어떤 생각을 하는지 감을 잡을 수 있다. 그는 결국 "여기 멋지고 중요한 프로젝트가 있다. 몇 가지 아이디어가 있는데, 관심 있는 사람 없나?"라는 말을 하는 것이다.

당시 애덤스는 장시간 신중하게 검토해볼 진짜 멋진 프로젝트를 찾아 나설 수 있을 만큼 이더리움과 코딩을 충분히 배워놓은 상태였다. 우연히 발견한 부테린의 게시물이 그에게 붙잡고 올라갈 난간이 돼줬고, 그는 부상하기 시작했다. 이때부터 그는 사람들을 만나러 다녔다. 처음에는 친구 플로르시의 소개로 사람들을 만났지만 이후로는 직접 다양한 암호화폐 워크숍, 비공식 모임, 콘퍼런스에 두루 참석하면서 점점 더 많은 사람을 만났다.

토큰 가격을 정하고 균형을 맞추는 계산과 가격 스프레드 시나리오에 대한 설명 등은 건너뛰겠지만 이들의 원리는 간단하다. 풀 내 토큰 수와 풀의 전체 가치 사이에는 직접적인 관계가 있다. 계산은 단순하다. 트레이더들이 토큰을 매매하면 일부 토큰이 들어오고 일부 토큰이 나가면서 풀 안의 총 코인 개수가 바뀐다. 풀이 '일정한 값', 즉 상수를 유지하려면(반드시 상수를 유지해야 하는데, 일명 '상수함수 시장 조성자Constant Function Market Maker, CFMM'라는 알고리즘이 시행을 강제하는 핵심 원칙이다) 이런 토큰들의 가격이 반드시 바뀌어야 한다.

어쨌든, 토큰이 풀 안팎으로 이동함에 따라 토큰 가격이 오르내리게 된다. 그러면 트레이더들이 재정 거래 기술을 쓸 기회가 열린다. 풀 내 토큰 가격과 다른 글로벌 암호화폐 시장의 평균 가격 사이에 차이가 생길 때, 트레이더들은 코인베이스와 같은 또 다른 시장과 애덤스의 유니스왑 풀 사이에서 차익을 거둘 기회가 생긴다는 뜻이다. 그런데 이렇게 하면 빠른 시간 안에 가격이 글로벌 가격과 다시 일치하게 된다. 일종의 자동 조절 시스템이 작동한다. 그래서 재정 거래의 수명은 항상 제한적이다. 가격 격차가 해소될 때까지만 재정 거래 전략을 쓸 수 있다.

따라서 약간 차이가 나는 서로 다른 시장의 가격에서 서둘러 수익을 내고자 하는 트레이더들은 유니스왑의 가격이 평균 가격에서 지나치게 멀리 떨어지지 않게 해주는 역할을 한다. 아주 똑똑한 방식이다. 간단한 기초 수학에 관심이 있는 사람들은 다음 동영상을 참고하면 좋을 것이다(CFMM 알고리즘에 대한 설명: https://www.youtube.com/watch?v=Ui1TBPdnEJU).

빠른 속도로 움직이는 시장이더라도 가격을 안정시키기 위해 외부 수익자(트레이더)를 끌어들임으로써 큰 위험 없이 실시간으로 토큰 가격을 책정하고 풀의 경제성 균형을 맞추는 아주 간단한 방법이다. 간단하긴 해도, 엄연히 수급에 따른 경제적 가격 책정 모델이다. 우리는 여러 가지 복잡한 설명을 건너뛰었지만, 중요한 결론은 알고리즘 토큰 시장 조성 모델이 구현될 수 있다는 사실이다.

그렇다면 스마트 계약 세계에서 흔히 말하는 시장 조성자 풀 AMM에 유동성을 어떻게 끌어들일 수 있을까? 이미 다른 프로젝트에서도 여러 번 시도된 적이 있기 때문에 훨씬 더 간단한 문제다. 유니스왑 유동성 제공자들은 다른 유동성 제공자들이 흔히 받는 높은 이자율이나 무료 거버넌스 토큰이라는 인센티브보다 거래의 축소, 즉 매수-매도 가격 간 스프레드 축소를 제안받았다. 모든 유동성 제공자가 사실상 암호화폐 브로커가 됐는데, 유니스왑을 통해 거래하는 트레이더들이 늘어날수록 수입이 올라가는 구조다. 그리고 다시 말하지만, 무신뢰성·무허가성·탈중앙화라는 특별히 민주화된 구조에 맞게 부나 혈연이나 산업 내 연줄이나 신분이나 기타 진입 장벽이 없어 누구나 참여할 수 있다. 트레이더들은 빠르고 정확하고 저렴하고 공정하게 실행되는 거래를 목격했고, 유동성 공급자들은 제공한 자본을 통해 공정한 수익을 얻었다. 또한 디파이 프로젝트들에 필요해진 UNI는 유니스왑의 거버넌스 토큰으로, 시스템 초기 사용자들에게 무료로 배포되며 이후에는 공공 거래소에서 거래된다.

이제 신분증명서 Identification Documents, ID에 대해 설명해보겠다. ID는 범죄 예방, 세금 징수, 투자자 보호 등 여러 가지 목적으로 전통적인 거래소에서 반드시 요구한다. 그런데 덱스는 트레이더가 누구의 감시도 받지 않고 자신들의 돈으로 원하는 것을 할 수 있게 되기를 바라면서 ID에 격렬하게 저항하고 있다. 덱스는 수천 명의 참여자가 탈중앙화되고 분산화되어 있다는 점에서 책임져야 할 소유자나 회사나 실체가 없다. 게다가 전통적인 거래소 방식으로 사용자를 인증하기도 매우 까다롭다. 덱스를 지배하는 스마트 계약은 변경이 불가능하며, 고객의 신원을 식별하고 확인하는 고객확인절차Know Your Customer, KYC를 용이하게 하기 위해 작성할 수도 없다. 이 문제는 탈중앙화 이슈의 핵심이며, 개인과 국가 사이의 경계를 규정하는 복잡한 원칙이 무엇인지를 둘러싸고 논쟁이 가열되고 있다.

유니스왑 V1은 2018년 11월 12일 이더리움에서 출시된 즉시 성공을 거뒀다. 이후 V2와 V3가 출시됐으며, 각각은 V1보다 더 중요한 새로운 거래 기능을 갖추고 있다(2023년 6월 유니스왑은 V4 출시 계획을 발표하고 사용자 의견 수집을 시작했다-편집자). 일부 새로운 기능은 우리가 설명한 범위를 벗어나지만, 이 책의 핵심 주장을 거듭 밝히겠다. 즉, 트레드파이 거래소는 AMM 기반 거래소와 경쟁할 수 없다는 것이다. 디파이 덱스는 엄청나게 빠른 속도로 움직이면서 트레드파이 거래소라면 시행하는 데 몇 년, 심지어 수십 년이 걸릴 특성을 불과 몇 개월 만에 추가하고 있다.

이는 금, 주식, 채권 등 전통 자산의 토큰화라는 흥미롭고도 새로운 발전으로 이어졌다. 이와 관련해선 뒤에서 자세히 다루겠지만, 덱스에서 실제 세계 아이템의 암호화폐 파생상품이 거래되는 거대한 시장이 출현할 것이다. 분명한 사실은 모든 트레드파이와 중앙화된 암호화폐 거래소들은 덱스 스타일의 기술로 이전할 수밖에 없으리라는 점이다.

이는 그들에게 회피할 수 없는 실존적 위험이 될 것이다.

이와 관련된 수많은 부수적인 이야기가 있다. 첫 번째는 유니스왑이 거래대금 기준 최대 덱스임에도 무시무시한 경쟁이 벌어지고 있는데, 경쟁자 중 일부는 유니스왑보다 이전에 생겨났다. 커브, 밸런서, dYdX, 뱅코르Bancor, 1인치1inch, 스시스왑SushiSwap, 팬케이크스왑PancakeSwap, 카우스왑CowSwap, 0x 등이 새로운 기능과 금융 알고리즘을 추가하기 위해 치열한 경쟁을 벌이고 있다. 이들은 종종 '내가 무엇을 가졌는지 봐라' 하는 식의 경쟁에서 앞서거니 뒤서거니 하며 집단으로 더 현명한 뭔가를 생각해내기도 한다. 그리고 네트워크가 점차 혼잡하고 비싸지자 일부는 이더리움에서 벗어나 솔라나Solana, BSC, 폴카닷PolkaDat, 코스모스Cosmos 등과 같은 새로운 블록체인 이니셔티브로 이동하고 있다.

스시스왑(이 업계는 푸드코인Foodcoin 등 음식 이름을 이상하리만큼 숭배하고 집착하는 경향이 있다)도 나름의 사연을 가지고 있다. 암호화폐 커뮤니티 내에서 비타협적인 자유주의 성향을 특징으로 하는 스시스왑 거래소의 대부분 코드는 오픈소스이며, 누구나 자유롭게 검사하고 비판하고 개선을 제안할 수 있다. 스시스왑은 유니스왑을 무단으로 베낀 뒤 개명한 다음에 몇 가지 새로운 기능만 추가한 것이다. 그러면서도 스시스왑은 이에 대해 한마디의 사과도 하지 않았다. 이 때문에 우려와 불편함, 분노가 확산되기도 했다. 그러나 어느 정도는 개방의 대가이며 이런 일은 이처럼 폭넓게 개방된 산업에서 여러 차례 일어났다.

인센티브와 관련해 스시스왑에서 이상한 일이 발생했다. 스시스왑이 유니스왑 유동성 제공자들을 대상으로 인센티브 프로그램에 대해 공격적인 마케팅을 펼치자, 유동성 제공자들이 스시스왑으로 빠르게 이전해 스시 거버넌스 토큰을 넉넉하게 받았다. 시장에서 수요가 증가하고 유동성 제공자들이 빠르게 오르는 인센티브 토큰 가격으로 이익을 얻으려고 스시스왑으로 이동함으로써, 유니스왑 유동성 제공자들은 줄고 스시의 가치는 빠르게 올라갔다. 유니스왑으로서는 '뱀파이어에게 피를 빨리는' 것 같은 느낌을 받았을 것이다.

이런 일이 낯설긴 하나 실제로 일어난다. 트레이더와 투기꾼들은 필요에 따라 일시적으로 비효율적인 시장을 뒤튼다. 유니스왑 풀에서 며칠 만에 무려 10억 달러의 자금이 빠져나갔고, 스시스왑은 거래를 시작하는 데 필요한 유동성을 마련했다. 이를 두고 이익만 추구하는 세력의 무법적이고 심지어 윤리적으로 의심스러운 행동이라고 해석하는 사람도 있지만, 반면에 그 역시 게임의 규칙이며 혁신을 주도한다고 보는 사람도 있다.

어느 쪽 해석이 맞건 간에 이런 일은 계속될 것 같다.

CHAPTER 11

1,000조 달러짜리
스마트 계약

1,000조 달러의 가치.

체인링크 CEO 세르게이 나자로프는 '1,000조 달러'라는 말을 입에
달고 다닌다. 그런데 이 숫자는 과장이 아니다. 옵션, 선물, 스왑, 외환
스프레드 등 전 세계 파생상품의 가치를 추정한 실제로 의미가 있는
숫자다. 1,000조 달러는 전 세계 GDP의 10배에 해당한다. 정확히 측
정하긴 어렵기 때문에 이 숫자에 트집을 잡으려는 사람도 있을 테지
만, 어쨌든 이 엄청난 액수는 이제부터 나올 내용과 직접적인 관련이
있다.

　본론을 말하자면 이렇다. 블록체인 기술이 가진 커다란 장점 중 하
나는 엄격하고 흔들리지 않는 결정론이다. 블록체인은 모든 것이 암호
로 증명되고, 변조가 방지되며, 항상 잠겨 있는 '담장이 쳐진 정원walled
garden' 같은 폐쇄형 네트워크 속에서 존재해왔다. 체인 밖에서 체인 안
으로 송신되는 거래들은 안전하게 처리되고, 제시간에 기록되고 동결

된다.

하지만 우리는 이와 매우 다른 '미리 결정되지 않은 것이 많은' 자연 세계에서 살아간다. 이곳에서는 예측할 수 없고 믿기 힘든 사건들이 자주 발생한다. 여러 면에서 신뢰할 수 없는 세계다. 우리는 미래를 볼 수 없다. 설사 보더라도 명확하게는 볼 수 없다. 쉽게 말해, 예상하지 못했던 안 좋은 일들도 많이 일어난다.

탈중앙 금융과 관련한 간단한 사례를 들어보겠다. 지금 비트코인 가격은 얼마인가? 아니면 유로-달러 환율은? 물론 검색해보면 답을 쉽게 찾을 수 있겠지만, 그렇게 찾아낸 데이터 소스를 얼마나 신뢰할 수 있을까? 그것이 정확한 숫자인지 어떻게 알 수 있는가? 게다가 당신의 노트북이나 스마트폰에 깔린 멀웨어malware, 즉 악성 소프트웨어가 숫자를 바꿔치기하지 않았다는 것을 확신할 수 있을까?

또 다른 예를 들어보겠다. 어쩌면 당신은 지금 금의 가격을 확인하면서 내일도 오늘과 거의 비슷하리라고 예상할 것이다. 그런데 중국에서 누군가가 금을 하룻밤 만에 화학적으로 만들어내는 방법을 찾아냈다면 어떤 일이 생길까? 그런 상상이 아니라 현실적으로 오렌지 주스 가격을 확인할 때도 마찬가지다. 플로리다에 때아닌 한파가 닥쳐 오렌지 주스 선물 가격이 폭등했다는 사실을 모른다면 말이다.

베로나대학교 교수 줄리오 칼다렐리Giulio Caldarelli는 "블록체인은 현실 세계를 보지 않는다"라고 말했다. 블록체인은 오렌지 주스 가격을 걱정하도록 설계되지 않았다. 이런 점이 '문제'로 여겨질 수 있다. 그렇다면 어떻게 해서 블록체인의 결정론적 세계로부터 현실의 비결정론적 세계로 시야를 넓힐 수 있을까?

어쩌면 당신은 그렇게 해야 하는 이유가 뭐냐고 묻고 싶을지도 모르겠다. 초기에는 어떤 질문도 특별히 중요하지 않았다. 비트코인 블록체인은 비트코인을 한 주소(또는 지갑)에서 다른 주소로 옮기는 식으로 확실하게 거래하고 결제하도록 설계됐다. 이때 누구도 집값이나 금값 또는 일기예보에 신경 쓰지 않았다. 이더리움과 스마트 계약이 등장하면서 몇몇 사람이 코드에서 눈을 돌려 주변 세계를 돌아보기 시작했지만, 초기 탐험가들 다수는 덱스와 수익률, 스테이블코인과 대출을 파헤치고 있었다. 현실 세계는 이들의 관심을 받을 때까지 기다려야만 했다.

그러나 이는 디파이 초기에나 일어났던 일이다. 즉 이때는 금융의 재창출이 이어졌다. 전통적 금융에는 가격, 가치, 요율, 비율, 재무상태표, 수익, 톤수, 거래 규모 등 다른 인풋이 필요했다. 모두 현실 세계에 존재하는 것들이다. 현실 세계와 가상의 이종 교배가 이루어지지 않는 한 디파이가 큰 영향을 미칠 수 없었다.

그러다가 처음에는 천천히, 시간이 갈수록 점점 빠르게 '오라클'이라는 개념이 관심을 끌기 시작했다. 그리스 신화에 관심 있는 사람이라면 누구나 알겠지만, 신탁이라는 뜻이다. 오라클은 올림포스산 신들과 특별한 관계에 있으며 무한한 지혜와 지식의 원천이었다. 여행객과 구도자들에게 정보와 지식을 제공했고, 진실의 수호자였다. 블록체인 분야에서 오라클이란 현실 세계와 블록체인 간의 연결고리로, 블록체인 밖에 있는 데이터를 블록체인 안으로 가져오는 것을 말한다. 즉 온체인on-chain(네트워크에서 발생하는 모든 전송 내역을 블록체인에 저장하는 방식-옮긴이)을 의미한다.

세르게이 나자로프는 비트코인 시대의 초창기 때부터 암호화폐 주변을 서성거렸다. 비트코인 산업이 태동할 때 많은 사람이 그랬던 것처럼, 그 역시 나카모토 사토시일지 모른다는 의심을 받았다. 그리고 다른 사람들이 그랬듯이, 그 역시 자신은 사토시가 아니라고 주장했다. 사토시로 의심받은 사람들은 많은 주목을 받았지만 그런 관심은 시간이 가면서 시들해졌다.

러시아 출신인 나자로프는 1990년대에 기술자인 부모님과 함께 뉴욕으로 왔다. 암호화폐에 푹 빠진 사람들이 으레 그렇듯이 비디오게임광이자 레고광이었다. TV를 분해해서 작동 원리를 알아내는 데도 관심이 많았고, 프로그래밍 매뉴얼이란 매뉴얼은 빼놓지 않고 읽었다. 기술과 상관없는 학문을 전공한 후 잠시 교단에 섰다가, 2010년대 초에 비트코인을 발견하고 사랑에 빠져 암호화폐광이 됐다. 그가 스마트 콘트랙트SmartContract라는 회사를 창업한 건 2014년인데, 체인링크가 출시된 것은 2017년이 되어서였다.

앞서 설명한 모든 프로젝트와 달리 체인링크는 블록체인 프로토콜도 아니고, 스마트 계약도 아니다. 체인링크의 임무는 최대한 신뢰할 수 있게 실제 세계 데이터를 스마트 계약에 공급하는 것이다. 실로 까다로운 요구가 아닐 수 없다. 이런 외부 데이터 서비스에 대한 수요는 2017년부터 빠르게 증가했다. 스마트 계약이 바다에서 육지로 나와 살게 된 생물처럼 진화하자, 실제 데이터와 상호작용할 필요성도 커졌다.

그러자 딜레마가 생겼다. 블록체인은 본래 전적으로 신뢰할 수 있다. 암호화폐 생태계 전체가 그렇다. 그렇다면 이 생태계가 외부 데이터와 상호작용하기 위해선 충분히 신뢰할 수 있도록 어떻게 만들어야 할까? 신뢰의 기준은 얼마나 높거나 낮아야 할까? 리스크가 큰 스마트 계약에서 고려할 수 있을 만큼 '충분히 신뢰할 수 있다'는 건 무슨 뜻일까?

나자로프는 여러 관점에서 이 문제에 접근하는 해결책을 발전시켰다. 첫째, 그의 아키텍처는 모두 합쳐서 '오라클 네트워크'로 알려진 다수의 '노드'나 '오라클' 생성을 지시했다. 이 네트워크 자체는 단일 장애지점^{Single Point of Failure, SPOF}(장애가 발생했을 때 전체 또는 일부 서비스의 중단을 일으키는 시스템 자원-옮긴이)이 없는 탈중앙 네트워크였다. 이어 각 노드가 하나 이상의 외부 데이터 서비스와 연결되면, 거래 처리를 위해서 일부 외부 데이터가 필요한 스마트 계약은 이 서비스를 사용하게 된다.

예컨대 스마트 계약에 외부 세계의 애플 주가가 필요하다고 해보자. 스마트 계약 개발자들은 5개 오라클이 주가에 합의한다면 믿을 만한 것이라고 여긴다. 네트워크상 오라클들은 블룸버그^{Bloomberg}, 나스닥 거래소, 야후 파이낸스^{Yahoo Finance} 등으로부터 주가 정보를 하나씩 받는다. 이때 모든 오라클이 동의하면 그 주가는 스마트 계약에 쓰일 수 있다. 이 사례처럼 업스트림^{upstream}(초기 생산 지점-옮긴이) 데이터 공급자가 항상 다수 존재하는 건 아니며, 예컨대 정부 기관 하나뿐인 경우도 있다.

이 사례에는 중요한 원칙이 있다. 앞의 가상 계약에 참여한 개발자들은 5개 오라클이 이룬 합의에 만족했다. 그리고 체인링크가 아닌 스마트 계약이 몇 개 오라클이 합의해야 신뢰할 수 있다고 생각하는지를 제한해서 결정한다. 이때 신뢰 수준은 위험의 크기에 정비례한다. 거액의 자금을 다루는 스마트 계약은 더 많은 노드가 합의를 이루는, 오라클 네트워크의 더 큰 탈중앙화를 요구할 것이다.

이제 앞서 인용했던 '1,000조 달러'로 돌아가 보자. 1,000조 달러에 달하는 실제 파생상품들이 디파이로 몰려들고 있다. 디파이는 파생상품처럼 복잡한 금융상품의 난해한 계산을 수행하기에 완벽한 수단이다. 수십억 개의 암호화폐 파생상품이 이미 신테틱스 같은 프로젝트에서 이더리움 블록체인 주변을 돌아다닌다. 아직 1,000조 달러까지는 아닐지 몰라도 이 액수는 빠르게 증가하고 있다. 이 정도 액수라면 데이터를 신뢰하는 편이 낫다.

둘째, 나자로프의 아키텍처는 데이터가 오라클 네트워크와 블록체인 사이 어딘가에서 조작(이를 '중개자 공격'이라고 한다)되지 않게 보호해야 했다. 이는 앞에서 설명한 공개 키 암호 방법론을 통해 이루어진다.

체인링크는 또한 데이터 공급자의 부담을 덜어주기 위해 개발자들이 사용하는 툴에도 신경을 썼다. 즉 오라클 노드들이 이더리움 블록체인에서 직접 '데이터' 스마트 계약을 개발하고 보관해둘 수 있게 해주는 기술 키트를 제공했다. 이것은 중요한 발전이었다. 데이터와의 상호작용을 모색하는 디파이 앱 개발자(예컨대 외부 시장 가격을 필요로 하는 사람)는 이제 적절한 '데이터' 스마트 계약과 상호작용하면 되기 때문이다. '데이터' 스마트 계약이 언제나 사용 가능한 블록체인상의 또 다른 '레고 조각'처럼 됐다.

분명 체인링크는 최대한 많은 노드나 오라클을 오라클 네트워크에 참여시키고 싶어 했다. 네트워크에 노드가 추가될 때마다 변조 방지 효과가 더 커진다. 이런 일은 앞서 논의한 많은 프로젝트 때와 똑같은 인센티브를 제공함으로써 이룰 수 있었다. 노드 참여자에게 시장에서 거래 가능한 거버넌스 토큰인 체인링크 토큰을 주는 것이다. 이 글을 쓰고 있는 현재 노드 수는 130개 이상으로, 100곳이 넘는 데이터 소스에서 600개가 넘는 피드를 받았다. 지구에서 돌아다니는 데이터의 양을 고려했을 때 이 숫자는 빠르게 늘어날 것이다. 특히 스마트 계약이 점점 더 전문화되고(스포츠 도박처럼), 때에 따라선 더욱 현지화되면서(프랑스 포도 가격처럼) 더욱 그럴 것이다.

스마트 계약이 외부 데이터에 접근할 수 있게 해주는 시스템을 구축하니 반대의 효과가 나타났다. 스마트 계약이 동일한 생태계를 사용하여 스트라이프Stripe와 같은 기존 결제 업체에 지급통지를 보내듯 데이터를 외부로 전송할 수 있었다. 스마트 계약의 범위를 헤아릴 수 없을 정도로 넓혀놓으면 매우 유용하다. 예를 들어, 외부 금리 정보를 입수한 후 다른 조건이 충족되면 은행에 실제 지급을 지시하는 스마트 계약을 상상해보라. 외부 데이터가 들어오고(이자) 나가는(지급 지시) 식이다.

체인링크와 관련해 흥미로운 일들이 더 있다. 나자로프는 외부 세계 데이터와 스마트 계약 사이를 중재할 탈중앙화 오프체인off-chain(블록체인 밖에서 거래 내역을 기록하는 방식-옮긴이) 노드의 미들웨어middleware(분산 컴퓨팅 환경에서 서로 다른 기종의 하드웨어나 프로토콜, 통신 환경 등을 연결하여 응용 프로그램과 그 프로그램이 운영되는 환경 간에 원만한 통신이 이루어질 수 있게 하는 소프트웨어-옮긴이) 층을 두면 노드들이 단순한 외부 데이터 전송을 넘어 블록체인상에서 실행하기 불가능하거나 어려운 작업들까지 수행할 수 있다는 것을 깨달았다.

스마트 계약의 작성 목적이 아주 구체적인 작업을 수행하는 것이었음을 기억하자. 본래부터 실제 세계에서 볼 수 있는 범용 컴퓨터 프로그램이 되도록 설계된 적이 없었다. 속도나 일부 집약적이고 무시무시한 연산 문제를 해결하는 범용 프로그래밍 언어가 가진 힘 때문인지는 몰라도, 스마트 계약이 오프체인에서 자신의 니즈를 가장 잘 충족할 수 있는 '사용 사례use-case'를 상상할 수 있긴 했다. 그다지 어려운 일은 아니었지만, 스마트 계약에 개발자들이 기대하는 만큼의 신뢰성을 주기 위해(뭔가를 계약과 체인 외로 이동하는 건 스마트 계약 개발자에겐 악몽 같은 일이다) 나자로프는 필요한 경우 노드에 하드웨어 기반의 안전한 컴퓨팅 환경이 존재하도록 지시했다. 그는 인텔이 개발한 기술을 이용하기로 마음을 정했다. 인텔은 노드 운영자들을 포함해 모든 사람의 감시 범위 밖에서 변조 불가능한 사적 연산 처리를 가능하게 해주는 안전한 기술로 인클레이브enclave(CPU에 들어가 하드웨어 보안을 담당하는 솔루션-옮긴이)를 제시했다. 여기에 대놓고 회의적인 목소리를 내는 사람들도 있다. 스마트 계약과 블록체인을 벗어나면 재앙이 기다리고 있다는 경고다. 일리 있는 경고일 수도 있으나, 탈중앙 네트워크 내 많은 노드가 동시에 '안전한 인클레이브' 코드를 실행한다는 사실은 일부 스마트 계약 개발자에게 허용 가능한 리스크만을 줄 뿐이다.

체인링크는 노드에 대한 '평판 등급'도 설정했다. 불량 데이터를 제공하거나 특정한 방법으로 응답하지 않는 노드는 무서운 벌점을 받아 최종적으로는 오라클 네트워크에서 강제 퇴출될 수 있다. 아울러 노드는 LNK라는 인센티브를 받기 때문에 그들의 성과 품질은 체인링크와 노드와 스마트 계약 개발자 사이의 관계에 반영된다.

체인링크와 노드 및 외부 데이터를 사용하여 수행하고 있는 흥미로운 일들을 살펴보자. 우선 실제 세계의 하드웨어 센서들을 사용해서 사물인터넷^{Internet of Things, IoT}이 하는 일들이 있다. 그리고 농작물에 대한 보험에 디파이 서비스를 적용하기 위해 환경 데이터가 노드에 스트리밍되어 검증된 후 온도나 습도 등의 정보가 필요한 계약으로 전송되는 경우도 그렇다.

체인링크는 또한 숫자가 필요한 어떤 계약에나 난수, 즉 특정한 순서나 규칙을 가지지 않는 수를 제공한다. 난수는 용도가 무한대일 정도로 적용 분야가 무수히 많다. 스마트 계약에 고유한 난수 생성기는 없으며, 생성기를 원한다면 오라클에 요청해야 한다.

체인링크 등은 스마트 계약에 뭔가를 구축할 수 있는 초대형 도구상자를 줌으로써 게임의 판도를 바꿔놓았다. 밴드^{BAND}, DIA, 텔러^{Tellor}, API3는 체인링크와 경쟁 관계다. 블록체인과 우리를 연결해주는 체인링크에는 혁신이 부족하지 않다. 모든 스마트 계약의 최대 80%가 체인링크 서비스를 이용하는 것으로 추정될 만큼 오늘날 체인링크가 시장을 지배하고 있다.

우리의 세계가 진정 예측 불가능한 곳임을 고려할 때, 체인링크는 디파이에서 중요한 역할을 할 것으로 보인다. 이는 결코 작은 성과가 아니다.

보험 부문에서 디파이와 스마트 계약의 적용 범위는 여전히 제한적인 것으로 나타났다. 이 부문의 '공격 표면^{attack surface}(컴퓨터 시스템이나 네트워크, 응용 프로그램 등에서 공격자가 악용할 수 있는 모든 요소-옮긴이)'은 앞에서 살펴본 은행과 거래소의 사례보다 일시적으로나마 작을 수 있다.

보험 업계를 소비자의 관점에서 살펴보자. 당신이 신차 보험을 들려고 한다. 보험회사에 전화해서 자동차와 당신의 신상에 대한 구체적인 정보를 알려주고 견적을 받는다. 견적은 자동차, 당신(사고 이력, 나이, 주소 등), 자동차의 용도(개인용 대 법인용) 등 다양한 요소를 반영한 결과물이다. 그 모든 정보가 보험회사의 내부 어딘가에 있는 보험계리 담당 부서로 보내지면 숫자가 계산돼 나오고, 그러고 나면 당신에게 조건별로 다양한 견적이 제시된다.

보험회사에는 예전부터 보험계리사와 특정 분야 전문지식을 갖춘 평가인("잠깐만요, 이 펜더의 움푹 들어간 부분은 저희가 보험으로 보상해드리지만, 문에 긁힌 상처는 해드리지 않습니다"라고 말하는 사람) 등 이런 서비스를 지원해주는 전문가들이 많았다. 또 지진과 같은 블랙 스완[black swan]에 버금가는 사건일지라도, 보험료를 내줄 수 있는 많은 자본과 신용을 확보해놓고 있다. 또 만약을 대비해 재보험을 들어놓기도 한다. 그 밖에 모든 것이 규정과 일치하는지 확인하는 일을 맡은 팀도 있고, 투자 수익을 내려는 주주들도 있다.

디파이 스마트 계약이 당신 차에도 보험을 들어줄 수 있다고 말해주면 좋겠지만 그럴 수는 없다. 디파이 보험은 외향적이 아니라 내향적 성격을 띠기 때문이다. 지금까지 디파이 보험은 암호화폐 생태계 내의 리스크를 보상해주고자 했다. 따라서 자동차, 집, 홍수, 지진 등은 커버 대상이 아니다. 적어도 아직까지는 그렇다.

휴 카프[Hugh Karp]는 호주에서 보험계리사로 일하다가 2001년 런던으로 향했다. 런던은 로이드 빌딩으로 대표되는 유서 깊은 보험의 중심지다. 로이드 빌딩의 소유주는 세계 최대 금융·보험회사인 로이드[Lloyd's]인데, 1688년 에드워드 로이드[Edward Lloyd]가 커피숍으로 시작해 지금에 이르렀다. 이 책에 등장하는 다른 사람들과 마찬가지로, 카프는 보험 업계에 입문하여 경력을 쌓아가다가 이더리움 스마트 계약과 보험을 결합하면 막대한 자본 풀과 글로벌 브랜드와 확고한 유산을 가진 전통 보험회사들을 능가하는 보험회사를 세울 수 있겠다는 생각을 했다.

카프는 디파이 앱이 줄지어 출시되는 것을 흥미롭게 지켜보면서 이 아이디어를 고민해봤다. 모두가 금융 앱에서는 혁신을 이뤘지만, 보험 업계에서는 누구도 혁신 기회를 잡지 못한 것처럼 보였다. 아마도 보험의 중심에는 리스크가 있는데, 이 리스크는 대학에서 보험계리학을 전공한 보기 드물게 용감한 보험계리사들만이 제대로 이해하기 때문이라서 그런 것 같았다.

그래서 카프는 알고 지내던 보험계리사 라이니스 멜바디스^{Reinis} ^{Melbardis}를 만나 이 문제를 두고 진지하게 논의했다. 블록체인, 탈중앙화, 스마트 계약의 힘이 보험 업계의 혁신에도 적합할까? 그는 이런 문제의식에서 출발해 넥서스뮤추얼이라는 회사를 세우기 위한 백서를 작성했다.

백서의 서론을 읽어보면 흥미롭다. 물론 전체적으로도 보험에 대한 깊은 이해, 합리적인 주장, 전략적이고 전술적인 의도로 빛난다. 뒤로 가면 백서에 아주 관심이 있는 사람을 제외하고는 이해하기 힘들 만큼 내용이 복잡해지지만 말이다.

백서는 약간의 역사적 맥락을 설명하면서 시작한다. 이런 내용이다. 보험회사가 발전하기 전에는 지역 사회가 공동 리스크를 완화하는 책임을 지고 있었다. 지역 사회 구성원들은 공동의 풀에 기부했는데, 이 풀에서 나온 자금을 《햄릿》의 구절로 빗대자면 '가혹한 운명의 돌팔매질과 화살로' 다친 개인들에게 나눠줬다. 이런 관행은 많은 곳에서 이어지고 있다. 예를 들어, 남아프리카에서는 지역 사회 기금으로 장례 비용을 지불하는 문화가 존재한다. 장례는 종종 대부분의 시골 사람이 감당하기 벅찰 만큼 아주 많은 돈이 들기 때문이다. 장례식보다 예측하기 힘든 불행에 대한 보상금은 원로들이 결정한다.

단언컨대, 지역 사회의 이런 제도는 확장하는 데 한계가 있다. 그래서 리스크로부터 보호해줘야 할 사람이 수천 명이 넘어가면 중앙화된 제도의 타당성이 커지기 시작한다. 보험회사들은 받은 보험료를 자본 풀에 넣어두고 있다가 유효한 보험 청구가 발생할 때 지급한다. 그러다 보니 일이 더 복잡해진다. 기본적 계산을 해보니 많은 종류의 리스크를 통합해놓으면 자본 풀을 보다 효율적으로 운용할 수 있다는 사실이 확인됐다. 예컨대 자동차 보험료가 들어오면 그 돈을 주택, 홍수, 오토바이, 영화 채권, 경영자 보험 등 보험회사가 보상해주기로 한 모든 것에 대해 보험금으로 지급하는 식이다. 물론 보험회사들은 언젠가 당신에게 줘야 할 보험금을 금고에 보관하지 않을 뿐만 아니라, 자동차 보험료만 따로 모아 보관하지도 않는다. 은행이 다양한 용도로 돈을 빌리길 원하는 익명의 타인들에게 당신이 맡긴 예금을 대출해주는 것과 같은 이치다.

백서의 저자들은 두 가지 문제를 적시한다. 첫 번째는 '대리점agency'과 관련된 문제다. 보험회사가 당신한테 보험료를 받으면서도 그것을 가지고 회사가 무엇을 할지 질문할 권리를 전혀 주지 않는다는 사실을 말한다. 물론 보험회사가 보험료를 가지고 과도한 도박을 하지 못하도록 법과 규제의 벽이 두껍게 처져 있지만, 여전히 돈의 용처는 불투명하다. 보험회사가 대규모 야외 행사를 계획하는 집단을 상대로 날씨 리스크 보장을 시작하려 한다고 가정해보자. 아마도 규제 당국은 허용할 가능성이 큰데, 보험회사 고객으로서 당신의 의견은 반영되지 않는다. 야외 콘서트가 취소돼 보험금을 지급해야 하는 상황이 되면, 보험사는 당신이 낸 보험료로 충당할 것이다. 이뿐만이 아니라 당신은 주주 배당금은 물론이고 경쟁이 심한 타국에서 신사업을 개시하는 것처럼 보험회사가 선택하는 투자 방법에 대해서도 아무런 의견을 낼 수 없다.

이 문제와 어느 정도 관련이 있는 두 번째 문제는 '투명성transparency'

이다. 당신이 보험을 들어둔 보험회사는 얼마나 안전할까? 그들은 리스크를 얼마나 잘 관리해왔나? 이런 점은 상장기업들에 대해서조차 매우 알아내기 어려운 문제다. 보험회사는 당신 같은 고객이나 일반인 누구에게도 이 사실을 알려주지 않는다.

이 두 가지 모두 '정보의 비대칭'이라는 문제를 안고 있다. 우리는 아는 것이 거의 없고, 그들은 모든 걸 알고 있다. 보험회사 입장에서 이런 비대칭은 탁 트인 비행기 활주로에 해당한다.

카프는 2017년에 넥서스뮤추얼을 세웠다. 그는 몇 가지 법적인 이유로 넥서스뮤추얼이 보험회사로 인식돼선 안 된다고 고집했다. 보험은 세계에서 가장 심한 규제를 받는 직종에 속한다. 카프는 넥서스뮤추얼을 P2P '재량권 뮤추얼 펀드discretionary mutual fund'라고 불렀다. 뮤추얼 펀드는 보험의 규제를 적용받는 대상이 아니기 때문이다. 이는 공공의 이익을 위해 기금을 모으고 광범위하게 보호해주던 커뮤니티 풀로 복귀하는 셈이었다. 아니면 아마도 카프가 구세계 전통적 보험의 오점에서 벗어나고 싶었던 것일 수도 있다. 하지만 명칭이 무엇이건 상관없이 넥서스뮤추얼은 최초의 디파이 보험회사로 꼽힌다.

그리고 출범 이후(처음에는 종잣돈을 가지고 출발한 후 나중에는 NXM 토큰을 제한적으로 판매해 자본금을 확충했다) 이 디파이 회사는 여러 중요한 면에서 앞서 논의해온 디파이 회사들과는 다른 길을 택했다.

넥서스뮤추얼은 어떻게 일할까? 초창기에 카프는 스마트 계약을 통해 지진 보험을 판매하려는 생각을 했지만, 디파이 사용자 세계와 지진을 겁내는 사람들의 세계가 그다지 교차하지 않는다는 사실이 곧 분명해졌다. 그래서 재빨리 방향을 바꿔 리스크 완화를 절실히 갈구하는 디파이 내 리스크 영역을 찾아냈는데, 바로 스마트 계약 자체였다. 앞서도 설명했듯이 스마트 계약은 프로그램이고 사람이 작성한다. 그래서 작성하다가 실수할 수 있고, 실제로도 실수가 일어난다. 이런 실수들은 악덕 행위자들에게 프로젝트 자금을 갈취당하거나 계약이 의도한 대로 작동하지 않아 돈을 잃는 결과로 이어진다. 다오, bZx, 얌^{YAM} 등이 실제로 그런 불행한 일을 겪었다.

스마트 계약 보험은 넥서스뮤추얼이 선보인 최초의 상품이었고, 곧바로 성공했다. 스마트 계약의 실수나 취약성은 집의 창문을 열어놔서 도둑에게 휴대전화와 은식기를 훔쳐 갈 기회를 주는 것과는 비교가 안 된다. 자본 규모가 큰 스마트 계약이라면 수억 달러를 날릴 수도 있다.

넥서스뮤추얼이 근래에 내놓은 보험상품들에는 프로토콜 자체의 보험도 포함됐다. 컴파운드처럼 엔드투엔드^{end-to-end} 전반에 걸친 디파이 프로젝트 보험을 뜻한다. 여기에는 오라클과 거버넌스에 대한 공격를 비롯해 점점 더 난해해지는 위협도 포함된다. 이 외에도 넥서스뮤추얼은 해커들이 가장 자주 이용하는 공격 벡터^{attack vector}인 암호화폐 거래소에 대한 보험도 취급하고 있다. 암호화폐 거래소는 기본 앱으로 향하는 입구이자 역사적으로 해킹에 가장 취약하면서 공격 욕구가 돋게 하는 침입 지점이다.

이는 넥서스뮤추얼이 극복해야 할 많은 난관 중 첫째로 꼽히는 문제였다. 스마트 계약과 그 밖의 앱을 실행하는 복잡한 소프트웨어의 내부 메커니즘을 감사하고 제어하기 위해선 보기 드문 기술을 습득해야 했기 때문이다. 오픈제플린^{OpenZeppelin}이나 트레일오브비츠^{Trail of Bits}처럼 이런 서비스를 영리 목적으로 제공하는 기업들이 있다. 넥서스뮤추얼은 건강증명서를 평가하고 제공하기 위해서 이런 중앙화된 기업 중 한 곳도 고용하지 않고(이런 기업들은 꽤 비싼 서비스료를 청구한다) 공적인 인센티브를 제시한다. 다시 말해, 기초 상품의 보안 리스크를 평가해보길 원하는 사람은 누구나 자신의 전문지식을 담보로 NXM 토큰을 걸 수 있다. 이들이 건 리스크에 대한 보장을 다른 멤버들이 사주면 보상받지만, 리스크에 대한 보험 청구가 있으면 처벌받는다. 따라서 보안 평가자는 기본적으로 평가 업무를 원활하게 수행하고자 하는 인센티브를 가지게 된다. 즉, 그들이 보험으로 보장하는 상품의 리스크를 올바로 평가하면 불필요한 지급을 하지 않아도 되므로 결과적으로 회사의 가치는 올라가고, NXM 토큰의 가치와 고객서비스 품질도 향상된다. 이에 보험료의 기본이 되는 리스크의 판단은 그럴 동기와 수단을 가진 사람들이 모여서 하게 된다.

전통적인 보험에서는 전례가 없는 참신한 방법이다. 이 방법을 전통 보험회사가 쓴다고 상상해보자. "전 세계 모든 적격자가 모여 우리 상품군의 리스크 계산을 도와줬으면 한다. 제대로 계산하면 우리 회사 주식을 드리겠다. 반대라면 우리에게 돈을 내야 한다"라는 식이 될지도 모른다.

NXM 토큰을 받을 자격이 있는 사람들은 스마트 계약 보험 보장을 사거나, 자본을 제공하거나, 프로토콜을 통치하거나, 보험 청구를 평가하는 참여자들이다. 이런 독립적 사람들을 '뮤추얼'이라는 주제에 어울리게 '멤버'라고 부른다.

지금까지 한 말은 앞서 논의한 디파이 프로젝트들과 달리 단순히 유동성 풀에 자금을 투입하기 위해 대중에게 인센티브를 제공하는 게 아니라는 뜻이다. 인센티브는 게임에 지분을 가진(또는 지분을 갖고 싶어 하는) 참여자에게만 제공된다. NXM 토큰은 공개 거래소에서는 구입할 수 없고, 넥서스뮤추얼 웹사이트에서 보험 보장을 사거나 어떤 방법으로든 부가가치 기여자로 승인될 경우에만 구입할 수 있다. 게다가 모든 NXM 보유자는 KYC를 통과해야 하므로 보유자의 신원과 KYC 요건 등이 알려진다. 익명성을 중시하는 세계에서는 충격적인 정책일 수밖에 없다. 이렇게 하는 이유는 규제 당국과 충돌하지 않기 위해서다.

여타 디파이 프로젝트들과 다른 점 두 번째는 넥서스뮤추얼이 적어도 아직까지는 '탈중앙화된 자율 조직'인 다오가 아니라는 것이다. 넥서스뮤추얼은 자칭 '디지털 협동조합Digital Cooperative'이다. 다섯 명의 전문가와 창업자로 구성된 핵심 자문팀이 다양한 사안을 중재하고 승인한다. NXM 토큰 보유자가 투표하고 이 팀원들을 교체할 수 있다는 점을 제외하면 구세계 기업과 이사회를 연상시키는, 피하고 싶은 중앙화된 방식이다. 또한 권한이 위임된 대의민주주의 방식이기도 하다.

그런데 넥서스뮤추얼은 한 가지 중요한 측면에서 무신뢰성 문제에 봉착했다. 현재 일부 보험 청구에 대해 적절성을 판단할 수 있는 자동화된 방법이 없는 것이다. 보험에 가입한 스마트 계약이 부당하게 이용돼 금전적 손실이 났다고 치자. 손실을 본 사람들은 넥서스뮤추얼에 보험금을 청구할 텐데, 이때 까다로운 문제가 제기된다. 스마트 계약이 어떻게 부당하게 이용됐는가 하는 문제다. 해킹을 당한 건가? 그렇다면 누가 해킹했나? 무시를 당했나? 계약 개발자들이 불법 행위를 저질렀나? 아무도 보지 못한 것을 본 교활하고 약삭빠른 제삼자가 공격한 것인가? 이런 질문들은 오직 인간의 전문지식으로만 답할 수 있는

데, 그런 지식을 구하긴 힘들다. 따라서 이처럼 복잡한 블록체인, 계약, 계산, 지갑, 인간 행동의 생태계에서 손실의 원인과 결과를 단정할 수 있는 스마트 계약을 상상하기는 어렵다. 바로 이 지점에서 현실의 복잡함이라는 무게에 짓눌려 무신뢰성이라는 유토피아적 목표가 무너져 내린다. 스마트 계약이 모든 것을 할 수는 없다.

이런 문제가 있다고 해서 넥서스뮤추얼의 가치가 아예 사라지는 건 아니다. 디파이가 제공하는 것 중 일부가 스마트 계약 범위 밖에서 트래픽돼야 한다는 점에서 극단적 디파이 마니아들의 불만을 살 순 있을 것이다. 그러나 우리는 이곳이 실제로 혁신을 위한 토대가 가장 비옥한 장소라고 주장한다. 두 세계의 장점을 모두 활용한 상품을 설계하면 되기 때문이다.

넥서스뮤추얼은 많은 면에서 참신하고 디파이 표준으로도 이례적인 것들을 모아서 제공했다. '상호^{mutual}' 성공으로 직접적인 인센티브를 받게 되는 전문가, 자금 제공자, 그리고 보험 보장 요구자로 구성된 상호 사회다. 이곳에서는 정보의 비대칭이 생겨나지 않는다. 모든 참여자는 자본 풀로 무엇을 하는지 알고 있다. 또 넥서스뮤추얼의 웹사이트 1면은 그들의 보험 보장 금액 등을 대담하고도 명확하게 기재해 놓고 있다. 이 글을 쓰고 있는 현재 보장 금액은 2,400만 달러다. 상호 참여자 중 회사가 일하는 방식이나 하는 일이 마음에 들지 않는 사람이 일정 수에 이르면, 자문위원회를 해산하고 새로운 위원회를 구성할 수 있다. 수백 년간 이어져 온 공식적인 보험회사 정책을 완전히 뒤집는 방식이다.

보장 금액 5억 2,400만 달러는 전통 보험 산업의 보장 금액에 비하면 새 발의 피에 불과한 수준이다. 넥서스뮤추얼과 이더리스크^{Etherisc}, 커버^{Cover}, 오피움^{Opium}, 에버타스^{Evertas} 등의 경쟁사는 아직 악사^{AXA}, 스테이트팜^{State Farm}, 알리안츠^{Allianz} 같은 전통 보험회사들을 위협하지 못한다. 그러나 넥서스뮤추얼 백서에 적힌 "전통 보험회사들이 받는 보험료 중 약 35%는 시스템 내 마찰 비용^{friction cost}(금융 거래를 실행하는 데 드는 직간접 비용-옮긴이)으로 쓰인다. 보험료의 65%만이 보험금을 청구한 고객에게 돌아가고, 나머지는 유통, 운영비(규제 포함), 자본 비용, 이익으로 사라진다"라는 문구를 생각해보자. 마지막 항목에서 언급한 보험회사가 가져가는 '이익'의 의미는 넥서스뮤추얼이 생각하는 이익과 다르다. 넥서스뮤추얼에서 모든 '이익'은 회사가 갖고 있을지, 투자할지, 분배할지 등 어떻게 쓸지를 결정하는 멤버들의 몫이다.

기본 디파이 기술로 촉진되는 정보나 힘의 불균형 붕괴가 고객에게 안겨줄 혜택은 차치하고, 전통적 시스템에서 벗어나 블록체인으로 이동함으로써 보험 업계가 얻을 수 있는 운용상의 비용 절감 효과만 생각해도 입이 떡 벌어질 정도다.

이 분야에 새로 등장한 기업들은 지속 가능한 사업을 추구하고자 자리를 잡기 위해 노력하는 중이지만 조만간 건강과 생명보험 같은 큰 목표는 물론이고 자동차, 주택, 기업 같은 물적 자산에 대한 보장으로 눈을 돌릴 것이다. 이는 불가피하며, 그 시기가 보험회사 경영진이 생각하는 것보다 더 일찍 올 수도 있다. 디파이는 보험 업계의 다른 분야에도 진출할 것이다.

CHAPTER 13

이더리움과
킬러앱

초기 디파이의 성공과 새로운 디파이 프로젝트의 지속적인 성장이 어떤 결과를 가져왔는지 살펴보자. 요약하자면, 이더리움 스마트 계약과 관련 프로젝트가 폭발적으로 증가하면서 수많은 거래가 유입되자 네트워크는 무게를 감당하지 못해 신음할 지경에 이르렀다. 네트워크를 이용하는 사람 누구나 내야 하는 일명 '가스비'로 불리는 수수료는 '거래 수수료가 낮은' 생태계라는 이더리움의 초기 주장이 조롱거리가 될 만큼 대폭 상승했다.

트위터 세상을 방문해보면 높은 수수료에 대해 얼마나 많은 불만과 비판이 제기되는지 알 수 있을 것이다. 그러나 다른 한편으론 이런 높은 수수료 때문에 스마트 계약 기능을 가진 완전히 새로운 블록체인에서부터 블록체인과 경쟁하려는 파라체인parachain과 릴레이 체인relay chain 같은 '병렬형 블록체인'에 이르기까지 새로운 발명이 대대적으로 이뤄졌다(파라체인과 릴레이 체인은 병렬적 구조로 존재한다. 전자는 파라체인의 정보교환을 조율하고 보호하며 검증하는 역할을 주로 맡으며, 후자는 디파이·탈중앙화 앱

dApp · 스마트 계약 등을 지원한다-옮긴이).

이더리움은 가장 인기가 좋은 블록체인이긴 하지만 상당 시간 확장성 논란에 휘말렸다. 무엇보다 혼잡 때문에 야기된 높은 가스료가 문제였다. 그래서 이더리움이 받는 부담을 일부 덜어주고자 수많은 프로젝트와 제안이 등장했다. 나중에 논의할 롤업rollup도 그중 하나다. 롤업은 간단히 말해서 '거래를 한 번에 묶어서 처리하는 것'을 말한다.

우리는 놀라울 정도로 짧은 시간에 병렬 통화 시스템과 새로운 금융 서비스 시스템이 탄생하는 상황을 목격했다. 기술 역사상 이 정도 규모의 변화를 목격한 전례는 드물다. 인쇄기에서부터 전기, 자동차, 라디오, TV, PC, 인터넷에 이르기까지 어떤 것도 이처럼 빠르게 변화하지 않았다. 불과 10년 만에 암호화폐 분야로 유입된 돈은 0달러에서 약 2조 달러로 불어났다. 1990년대 중반 빛을 본 휴대전화도 지금의 자리에 오르기까지 20년 이상의 시간이 걸리지 않았는가.

채굴장에서 엔지니어링, 기술, 인터페이스 문제와 씨름하는 디파이 혁신자들은 이것이 그들의 생활 주기 틀 내에서는 물론이고 앞으로 5~10년 뒤에 얼마나 큰 영향을 미칠지 인식하고 있다. 따라서 자전거의 보조 바퀴를 떼도 되는 지금 같은 시기에 핵심 기술 층의 속도, 처리량, 운영비는 시급히 해결되어야 하는 문제임을 모두가 알고 있다. 다만, 움직임이 더딘 관료주의나 산업단체가 해결할 수 있는 문제가 아니다. 그들에게 맡겼다가는 시간이 너무 오래 걸린다. 유망해 보였던 해결책이 전혀 그러지 않았다고 판명되더라도 지금 당장 해결책을 찾아야 한다.

우리는 디파이 기술이 가진 다음의 세 가지 이점을 계속 언급해왔다.

- 보안: 변조 방지
- 탈중앙화: 검열 방지
- 확장성: 성능의 현저한 저하 없이 임의의 수의 거래와 사용자를 지원하는 능력

2015년 비탈릭 부테린은 초창기 이더리움을 이끄는 10대였을 때 논란이 되는 주장을 한 적이 있다. 블록체인이 위 세 가지 요건을 모두 충족시킬 수 없다는 것이다. 두 가지 면에선 뛰어날 수 있지만, 한 가지 면에서 고통을 맛볼 수 있다는 것이 그의 주장이었다. 따라서 그는 최적화할 대상을 신중하게 선택할 것을 주문했는데, 이렇게 선택을 고민해야 하는 상황을 '트릴레마 딜레마Trilemma Dilemma'라고 불렀다.

부테린의 이런 의견은 지난 6년 동안 격렬한 논쟁과 더불어 소프트웨어 개발, 밀도 높은 학술 논문들의 탄생을 촉발했다. 트릴레마를 해결하는 기술을 찾아냈다는 주장도 많았으나 자세히 살펴본 결과 그렇지 못했다. 여기저기서 트릴레마의 본질이 아니라 변죽만 울렸을 뿐이다. 그러나 트릴레마는 다음과 같은 문제에 막대한 지력을 집중시키고 있다. 바로 '실제 문제를 해결하기 위해 보안, 탈중앙화, 확장성의 요건을 충분히 충족시키는 기술 아키텍처를 어떻게 구축할 수 있을까?'라는 문제다.

여기서 '충분히'는 무슨 뜻일까? 예를 들어 설명해보겠다. 블록체인에 거래를 검증할 수 있는 기계가 1대밖에 없다고 가정해보자. 이는 명백한 귀류법 문제다. 블록체인이 완전히 중앙화됐고, 모든 권력은 1대의 기계와 그 운영자의 손에 있고, 운영자는 악의를 가진 사람일 수

있다. 이제 익명의 기계를 1대 더 추가하여 거래를 확인한다고 해보자. 여전히 중앙화되어 있다. 익명의 기계 10대를 추가한다면? 그들이 모두 한통속이라서 자신들에게 유리하게 거래를 변경하지 않는 한 이 정도만 해도 나쁘지 않다. 익명의 기계 100대를 추가한다면? 괜찮다. 1,000대를 추가한다면? 점점 더 낫다. 그렇다면 2,000대는? 1,000대를 추가했을 때보다 더 탈중앙화될까? 그다지 많이는 아니다. 거기서 문제가 생긴다. 바로, 어느 정도의 탈중앙화가 충분한가 하는 것이다.

네트워크 속도, 처리량, 비용에 대해서도 비슷한 질문을 할 수 있다. '충분히 빠르다'는 얼마나 빠른 것이며, 몇 건의 단위 시간당 거래 건수라야 충분한 건수이며, 어느 정도 비용이라야 견딜 만한 것일까?

또 다른 예를 들어보겠다. 당신은 온라인으로 결제할 때 몇 초 안에 승인을 받고(신용카드 결제 속도 기준으로), 수수료가 감당할 만하기를 바랄 것이다. 한편 비교적 중요한 청구서를 처리하고, 결제하고, 정산할 때는 몇 분이 걸려도 괜찮겠지만 청구서 금액 대비 수수료는 적기를 바랄 것이다. 나아가 대규모 해외 상품 발송 건처럼 더 큰 금액의 물품인 경우라면 승인 시간이 조금 더 길어지더라도 개의치 않을 것이다. 만약 이때 거래 수수료로 100만 달러를 내야 한다면 이는 넘어야 할 고통의 문턱이 될 것이다.

이와 다른 문제인 보안은 블록체인이 외부에서 가해지는 공격에 대해 갖는 방어 수준을 말한다. 개별 거래에 적용된 암호 기술로 보호되는 경우 강력한 보안이 가능하지만, 51% 공격이나 시빌Sybil 공격 등 다양하고 많은 보안 위협이 존재한다. 51% 공격은 단일 주체나 조직이 네트워크 노드의 50% 이상을 통제하여 네트워크를 장악하려는 음모를 말하며, 시빌 공격은 특수한 목적을 이루기 위해 한 사람의 행위를 여러 사람의 행위인 것처럼 속이는 것을 말한다. 시빌 공격이라는 용어는 동명의 책에 등장하는 정신 분열적 특성을 지닌 다중인격장애 환자의 이름에서 유래했다.

이 '충분함'의 문제는 학구적인 암호화폐 연구원들 사이에서 독자적인 표현을 탄생시켰다. '취약한 주관성weak subjectivity'이라는 표현이다. 예를 들어, "내겐 그것만으로도 충분할 것 같다", "내겐 충분히 안전한 것 같다", "내겐 충분히 빠른 것 같다", "내겐 충분히 저렴한 것 같다" 등의 말이 '취약한 주관성'을 드러내 주는 말들이다.

디파이 개발자들에게 네트워크 속도, 처리량, 비용은 시급히 해결해야 하는 문제들이다. 네트워크 속도가 느릴수록, 그리고 특히 수수료가 높을수록 사용자의 반발이 커지기 때문이다. 모든 디파이 프로젝트는 사용자 수에 따라 성공 여부를 평가하며, 특히 유동성이 프로젝트를 먹여 살리는 엔진인 이상 이와 관련된 어떤 마찰도 프로젝트에 위협을 가한다. 트릴레마 중 이런 확장성 문제에 대부분의 디파이 이해관계자가 관심을 쏟고 있다.

그래서 위대한 경주가 펼쳐지고 있다. 사업의 미래가 여기 달린 것처럼 확장성 문제의 해결책을 연구·개발하는 아주 똑똑한 사람들이 넘쳐난다. 이런 생각은 어떤 면에서는 타당하다. 비트코인은 10분당 하나꼴로 블록을 만들고, 그 10분간의 거래 데이터인 '거래 이력'을 블록에 저장한다. 사토시가 그렇게 되도록 디자인했다. 따라서 완전히 리엔지니어링되지 않는 한 신속한 결제와 체결 수단이 될 수 없다(단, 몇 가지 현명한 솔루션이 비트코인의 빠른 결제를 이뤄냈는데, 그중 가장 유명한 것이

이어서 설명하는 라이트닝^{Lightning}이다). 이더리움은 초당 15건 정도의 속도로 거래 블록을 처리한다. 비트코인보다 훨씬 빠르지만, 초당 수만 건의 거래를 처리할 수 있는 비자 신용카드 시스템 등에 비해서는 여전히 느리다. 또한 이더리움의 수수료는 네트워크 부하에 따라 다르긴 해도 종종 거래 1건당 50달러가 넘는다. 2021년 5월 변동성이 컸던 기간에는 거래 1건당 수수료가 무려 500달러를 넘어서며 더 규모가 큰 기업 거래 수단으로 대접받을 가능성을 사실상 상실했다. 사람들 말대로 효과적인 확장성 솔루션이 킬러앱^{killer app}이 될 것이다.

이제 몇 가지 전문 용어를 들며 이야기하겠다. 비트코인이나 이더리움 같은 블록체인은 레이어 1^{Layer 1}이라고도 알려져 있다. 블록체인은 기본 배관, 더 공식적인 명칭으로는 '기본 합의 계층'이다. 그래서 블록체인을 표준화된 절차를 서술한 규칙 체계인 '프로토콜'이라고 불러왔다. 기본 배관 역할을 하는 블록체인은 토큰을 지갑에서 지갑으로 안전하게 옮기는 데 사용된다. 이더리움의 경우에는 컴퓨터 프로그램, 즉 블록체인에서 서비스를 제공하는 사람이 작성한 스마트 계약의 통제를 받는다. 그런데 사용자의 기대치가 올라가는 데 비하면 속도가 더딘 편이다.

이런 면에서 비트코인과 이더리움, 기타 블록체인은 인터넷과 같은 유형의 정보 네트워크다. 기본 프로토콜이 있고(인터넷의 경우 TCP/IP), 그 위에 앱 프로토콜이 층층이 쌓인다. 즉, '레이어드'된다. 사용자가 실제로 볼 수 있는 것이 이것이다.

확장성 문제를 해결하는 방법 중 하나는 더 나은 블록체인, 더 나은 레이어 1이나 기본 프로토콜, 더 빠른 합의 계층을 개발하는 것이다.

확장성 트릴레마 중 하나를 양보하는 일이 있더라도 말이다. 바이낸스 스마트 체인^{Binance Smart Chain}이라는 것이 있는데, 기본적으로 노드 수가 적은 이더리움의 복사본이다. 즉, 탈중앙화는 덜하며 처리량은 더 많다. 솔라나도 있다. 솔라나의 솔루션은 노드 운영 시 빠르고 강력한 고성능 연산력을 요구한다. 그런데 이때 필요한 컴퓨터 가격이 대당 3,500달러로 고가라서 감당할 수 있는 사람이 많지 않아 탈중앙화를 약화시킨다. 처음부터 고성능을 고려했기 때문에 낮은 사양의 컴퓨터로는 노드 운영 자체가 불가능하다. 대부분의 이더리움 노드는 저렴한 기성 컴퓨터에서 작동하는데, 본래 그렇게 작동하도록 설계됐기 때문이다. 반면 솔라나가 허용하는 3,500달러짜리 고성능 컴퓨터는 엄청나게 처리 속도가 빠를 것이다. 솔라나의 솔루션은 탈중앙화를 희생하는 대신 확장성을 향상해준다.

또한 폴카닷, 카르다노^{Cardano}, 스텔라^{Stellar}, 코스모스 등 새로운 종류의 레이어 1 블록체인들도 있다. 각 블록체인은 이더리움보다 속도가 훨씬 더 빠르면서 수수료는 훨씬 더 낮으며, 암호화폐 기술자들이 아주 좋아하는 새로운 고급 기능을 제공한다. 다만 이들은 이더리움에서 처리되는 가치와 코드의 일부만을 전송한다는 사실을 확실히 알아야 한다. 아무도 이용하지 않는 고속도로에서는 훨씬 더 빨리 달릴 수 있는 법이다. 시간이 지나면 그들이 정말로 이더리움이 가진 문제를 해결했는지 알 수 있을 것이다.

이 모든 블록체인은 어느 정도 이더리움을 몰아내려는 과정에서 만만찮은 도전에 직면해 있다. 첫 번째는 이더리움이 근 7년 동안 존재해오면서 암호화폐 세계에서 분명 가장 똑똑한 개발자들을 끌어모았다는 점이다. 그들은 모두 확장성 문제를 알고 있으며 그저 좌시하고 있지만은 않다. 둘째, 이더리움은 지금까지 100만 건이 넘는 스마트 계약을 체결했으며, 현재 매일 수십억 달러를 거래하는 디파이 프로젝트 중에서 가장 성숙한 프로젝트를 진행하고 있다. 공정하게 말하자면, 새로운 레이어 1 블록체인 중 일부는 큰 변화 없이 BSC 같은 이더리움과 호환되는 계약을 체결할 수 있다. 그러나 디파이 프로젝트들은 이더리움이 스스로 문제를 해결할 방법을 찾는 것을 선호한다. 본래 선구자에게는 더 많은 무게와 위신이 실리기 때문이다. 개발자들은 이미 이더리움에서 생성된 수백만 건의 스마트 계약에서 여러 기능을 이용할 수 있다. 새로운 체인 위의 레고 박스는 비어 있더라도 이더리움 위의 도구 모음은 방대하다.

디파이 스마트 계약 개발자들은 레이어 1 전쟁에 뛰어들고 싶어 하지 않는다. 그들은 단 하나의 승자와 속도, 경제성만을 원할 뿐이다. 인터넷 세계에서 그렇듯이 누구도 2등이 되기를 원하지 않는다.

실제로는 이더리움 자체(즉, 이더리움 재단이라고 불리는 조직의 핵심 마법사들)가 레이어 1 개선 작업을 하고 있다. 그 결과 이더리움 커뮤니티가 제출한 많은 새로운 접근법을 수용하고 신중하게 개발해서 출시 준비가 한창이다. 이것을 이더리움 2.0 또는 세레니티^{Serenity}, 아니면 축약해서 Eth2라고 부른다. 추진 중인 업그레이드는 기술적으로 난해하나 원리는 단순하다.

Eth2에는 두 가지 중요한 개선 사항이 있다. 첫 번째는 샤딩^{sharding}이다. 컴퓨터공학에서 수십 년 동안 사용되어온 것으로, 새로운 개념은 아니다. 샤딩이란 하나의 거대한 데이터베이스나 네트워크 시스템을 여러 개의 작은 조각으로 나누어 분산 저장하여 관리하는 것을 말한다. 단일 데이터베이스에 저장하기엔 너무 클 때 데이터를 구간별로 쪼갬으로써 노드에 무겁게 가지고 있던 데이터를 빠르게 검증하여 거래 속도를 향상시킬 수 있다. 샤딩을 통해 나누어진 블록들의 구간을 샤드shard라고 한다. Eth2에서는 특정 블록에서 검증이 필요한 거래 데이터가 64개의 샤드로 분할되어 64개의 자子 블록체인으로 전송돼 처리된다. 이에 따라 빠르고 저렴한 처리가 가능해진다.

이 과정에서 트릴레마의 보안을 유지하기 위해 많은 안전장치가 개발되어야 했다. 무엇보다도 누군가가 64개의 자 블록체인을 모두 조율해야 했다. 이렇게 전체 샤딩 작업의 지휘자 역할을 하는 것이 비콘체인Beacon Chain인데, 사실상 병렬 처리로 이전한 것이다. 물론 간단한 변화는 아니며, 수년간 개발 작업이 진행되어왔다. 그리고 이론적으로는 네트워크를 1,000배 확장해줘야 하나 실제로 그 정도 수준에 이를 가능성은 작다. 여러 기사와 의견을 바탕으로 온라인에서 비과학적으로 실시한 한 여론조사에 따르면, 거래량이 초당 15건에서 카드 거래 속도에 버금가는 초당 5,000건 정도로 올라갈 것으로 기대된다.

두 번째 중요한 업그레이드는 거래 검증에 대해 노드가 보상을 받는 방식이다. 전통적으로 채굴자들은 이른바 '작업증명Proof-of-Work, PoW'을 통해서 보상을 받아왔다. 모든 참여자가 블록을 나눠 가진 후 블록 내에 들어 있는 암호를 풀면, 즉 채굴하면 가상자산으로 일정한 보상을 받는 방식이다. 암호를 많이 해독할수록 많은 가상자산을 얻을 수 있다. 이 과정은 노드가 블록에 담긴 암호를 해독하고 검증해서 새로운 블록을 인정받게 하는 절차다. 다만 이때 많은 연산 작업이 필요해

그만큼 많은 전기가 소모되기 때문에 환경단체들의 눈총을 받아왔다. Eth2는 블록과 거래를 검증하는 데 필요한 연산 작업이 적어 PoW보다 에너지 효율적이면서도 속도는 더 빠른 '지분증명Proof-of-Stake, PoS'으로 이동하게 될 것이다. PoS는 암호화폐를 보유한 지분율에 비례하여 의사결정 권한을 주는 합의 알고리즘이다. 노드가 보유한 자산을 기준으로 권한을 분배하여 합의하고 보상을 분배한다(이더리움은 2022년 9월, PoS로 전환되었다 – 편집자).

탈중앙화를 추구하다가 수수료와 속도의 문제를 겪는 레이어 1의 확장성 문제를 보완하기 위해 등장한 방법이 레이어 2Layer 2다. 레이어 2는 레이어 1의 네트워크에서 부하가 걸리는 연산 작업 일부를 덜어낸 뒤, 그것을 레이어 1 위에 구축되어 있으면서 결정적으로 기본 층으로부터 보안성을 계승하는 두 번째 층에서 처리하는 솔루션을 말한다. 지금까지 암호화폐 공간 전반에서 다수의 프로젝트가 이런 솔루션을 시행해왔다.

유명한 레이어 2 중 하나는 비트코인 블록체인에서 처음 제안됐다. 앞서 잠깐 언급한 라이트닝인데, 비트코인 네트워크상의 참여자들이 10분이라는 길고 복잡한 블록 처리 시간을 기다릴 필요 없이 일련의 독자적 '결제 채널'을 통해 순식간에 비트코인을 결제할 수 있게 해준다. 기능성이 뛰어나고, 잘 작동하며, 사용자 수도 늘어나고 있다. 현재 과도한 사용으로 지친 이더리움을 지원하기 위해 유사한 레이어 2 솔루션들도 등장했다. 이런 레이어 2 솔루션 중 일부는 이더리움 재단이 직접 다단계 Eth2 프로젝트를 통해 조직하고 있다.

모든 레이어 2 솔루션은 레이어 1과 마찬가지로 복잡한 컴퓨터과학과 밀접하게 연결되어 있다. 그중 대부분은 앞서 간략히 설명한 롤업 방식을 따른다. 즉, 거래가 한꺼번에 묶여서 레이어 2로 이동해 실행된 후 레이어 1로 돌아간다. 레이어 1의 데이터 샤딩과는 다른데, 이때의 거래는 레이어 2에서 오프체인으로 처리되기 때문이다. 이로 인해 속도가 빨라져서 초당 최대 10만 건의 거래까지 처리할 수 있다. 우리가 여기서 언급하지 않은 조각들까지 포함하여 Eth2는 조만간 이 퍼즐의 모든 조각을 선보일 것이다. 다만 그전에 알테어[Altair], 런던[London], 머지[Merge]처럼 화려하면서도 불가해한 이름의 단계적 출시가 진행되고 있긴 하다.

우리는 '더 빠르고 저렴하게 만들자'라는 확장성 기술의 모든 세부 사항을 비암호화폐 개발자들이 완전히 이해하기에는 지나치게 어렵고 복잡하다는 사실을 뼈저리게 느끼고 있다. 마치 소립자 물리학을 이해하려는 것처럼 느껴진다. 기초 계산 방법을 제대로 이해하지 못하는 한 계속 모호한 상태로 남을 것이다.

정보 네트워크의 경우 어떤 새로운 기술이건 간에 예측 가능한 발전도 함께 고려해봐야 한다. 초창기 인터넷 시대에는 작은 파일 하나를 내려받는 데만 해도 많은 시간이 걸렸다. 초당 몇 비트 정도밖에 내려받을 수 없었기 때문이다. 당시에는 고화질 비디오 스트리밍은 고사하고 대용량 이미지 파일을 전송한다는 생각조차 터무니없었다. 네트워크 과학에 익숙하지 않은 사람들은 이 문제를 이메일이나 간단한 웹사이트를 보는 수준 이상의 용도를 가로막는 중대한 장애물로 간주했다. 하지만 정보과학자들은 생각이 달랐다. 해결하면 풀리는 기술적인 문제였다. 그들은 전화 통화에서 비디오 스트리밍에 이르는 모든 것을 가능하게 해준 HTTP와 코덱^{Codecs} 같은 프로토콜을 통해 인터넷을 확장했다. 그러자 인터넷은 처음에는 점진적으로 성장하다가 '네트워크의 가치는 사용자 수의 제곱에 비례하지만, 비용의 증가율은 일정하다'라는 '멧커프의 법칙^{Metcalfe's Law}'에 따라 기하급수적으로 성장했다. 멧커프의 법칙은 간단히 말해서 네트워크 사용자 수가 늘어날수록 그것을 사용하는 모두에게 엄청나게 유용해진다는 뜻이다.

우리가 1990년대 인터넷의 처리량이 가진 한계에 좌절해서 포기했다면 오늘날 넷플릭스나 구글 같은 경이로운 서비스를 누릴 수 없었을 것이다. 그저 확장성 문제가 해결될 때까지 네트워크에 계속 부담만 줬을 것이다.

마찬가지로 암호화폐의 확장성 문제를 해결해야 한다는 압박감 또한 상당했다. 또한 빠르면서 수수료가 싼 디파이가 가져올 경제적 가치가 크다는 점에서 '이더리움 속도 개선'이라는 무지개를 좇는 기업들도 많았다. 옵티미스틱^{Optimistic}, 아비트럼^{Abitrum}, 퓨얼네트워크^{Fuel Network}, 루프링^{Loopring}, 스타크웨어^{StarkWare}, 아즈텍^{Aztec}, 매터랩스^{Matter Labs}, OMG네크워크^{OMG Network}, 매틱네트워크^{Matic Network}, 가젤^{Gazel}, 립다오^{Leap DAO}, 커넥스트^{Connext}, 라이덴^{Raiden}, 페룬^{Perun} 등이 그들이다. 물론 이더리움 역시 노력하고 있다.

이들은 최고의 두뇌를 가진 기업들이므로 속도 개선 문제는 조만간 해결될 것이다.

BEYOND

BITCOIN

날카로운 눈을 가진 독자라면 지금까지 설명한 모든 내용이 토큰과 코인에 관한 것임을 알아차렸을 것이다. 우리는 지금까지 비트코인이나 이더리움, 그 외 많은 거버넌스 토큰이나 유틸리티 토큰 등에 대해 이야기했다. 이들과 실제 세계는 '토큰과 실제 달러의 교환', '오라클을 통한 외부 세계와의 커뮤니케이션'이라는 두 가지 방식을 통해 연결되어 온 것이 전부였다. 스마트 계약과 솔리디티, 기타 계약 프로그래밍 언어는 특정 조건하에서 블록체인 주소들 간에 토큰이 이동할 수 있게 해준다. 토큰의 가치는 트레이더들이 매매로 시세를 결정하는 자유시장의 마법에 따라 정해지면서 천진난만하게 변한다. 그렇지 않은 한 가지 예외적 토큰은 스테이블코인이다. 스테이블코인은 실질 화폐 가치에 단단히 고정되도록 설계됐지만, 다른 토큰들과 쉽게 상업적으로 교환될 수 있게 '토큰화'된다.

하지만 주식과 채권의 경우는 어떨까? 상품은? 옵션은? 선물과 스왑은? 암호화폐는 이들 시장에 어느 정도 침투해 있을까?

공교롭게도 상당히 침투해 있다.

오라클을 주제로 이야기했던 11장의 '1,000조 달러'로 돌아가 보자. 1,000조 달러는 전 세계 파생상품 시장의 규모로, 전 세계 모든 주식시장 규모의 10배가 넘는다. 그런데 파생상품이란 정확히 무엇일까? 파생상품은 주식과 채권 등 전통적인 금융상품을 기초자산으로 하여 기초자산의 가치 변동에 따라 가격이 결정되는 금융상품을 말한다.

선물을 예로 들어보겠다. 선물은 파생상품의 한 종류로 상품이나 금융자산을 미리 결정된 가격으로 미래 일정 시점에 인도·인수할 것을 약속하는 거래다. 지금의 유가와 3개월 뒤의 유가가 다를 수 있다. 따라서 원유 선물 계약은 정해진 기간 뒤에 유가가 얼마가 될 것으로 예상하느냐에 따라 결정된다. 미래의 가격은 오늘의 가격에서 '파생'된다. 유가가 상승할 것으로 예상한다면 투자자는 지금과 같은 가격에 원하는 물량의 원유를 살 수 있는 '콜옵션call option'을 매수하면 된다.

파생상품 거래의 대상이 되는 기초자산으로는 주식·채권·통화 등의 금융상품과 이자율 등이 가장 잘 알려져 있다. 하지만 원칙적으로 거래되는 시장만 있으면 무엇이든 기초자산이 될 수 있다. 농·수·축산물 등의 일반 상품은 물론이고, 신용위험 이외에 자연적·환경적·경제적 현상 등에 속하는 위험으로 합리적이고 적정한 방법으로 가격·이자율·지표·단위의 산출이나 평가가 가능한 것도 모두 기초자산이 될 수 있다. 파생상품을 기초자산으로 하는 파생상품(옵션선물, 선물옵션, 스왑옵션 등)도 있다.

파생상품 중 일부는 소수만이 이해할 수 있을 정도로 계산법이 복잡하다. 투자의 대가 워런 버핏은 이를 두고 금융 부문의 크립토나이트^{kryptonite}라고 했다. 대부분 파생상품은 시간을 기반으로 하며, 미래의 사건이나 날짜에 따라 가치가 달라진다. 그리고 그 가치는 현재 가격이 매겨진 자산에서 파생된다.

파생상품은 모든 성숙한 금융 시스템에 존재하며, 확실히 새로운 것은 아니다. 기원전 8000년에 제작된 수메르 점토판에는 당시 현재 가격에 기초하여 미래에 상품을 배달할 것을 약속하는 내용이 있다. 그때도 '선물 시장'이 존재했음을 시사한다. 중세 유럽과 일본에서도 곡물 가격 변동 위험을 헤지하기 위한 선물 시장이 발달했고, 미국에서는 최초의 파생상품 시장인 시카고상품거래소^{Chicago Board of Trade, CBT}가 1848년에 문을 열었다.

그렇다면 왜 사람들은 파생상품을 사려고 할까? 지금까지 파생상품의 가장 일반적인 용도는 미래의 손실에 대한 헤지, 즉 위험 회피였다. 농부라면 악천후를, 수입 또는 수출업자라면 환율 변동을, 금융인이라면 금리 변화에 따른 위험에 대비해야 한다. 더 큰 의미에서 파생상품은 상업적 행위자에게 마음의 평화를 파는 메커니즘이다. 수수료를 내면 장기적인 가치 안정을 얻을 수 있기 때문이다. 이는 파생상품 시장의 대표적인 두 참여 집단 중 한 집단에 불과하지만, 어쨌든 이 시장은 규제되고 공식화된 위험 완화를 추구하는 많은 참여자로 구성되어 있다. 앞서 언급한 것처럼 유쾌하지 않은 온갖 일이 일어나는 세상에서 거래가 잘 이뤄지고 있을 뿐 아니라 쓸모가 있다.

두 번째 참여 집단은 투기꾼이다. 이들은 투자 상품이 손해가 나지 않게 지키는 것이 목적이 아니다. 이보다 훨씬 더 단순하게, 가지고 있는 모든 정보나 데이터나 직관을 이용하여 자산의 미래 가격에 돈을 걸고, 자신과 반대로 베팅한 사람들 덕에 이익을 얻는 것이 목적이다. 이들은 헤지 거래를 하는 사람들의 반대편에서 시장이 돌아가게 하는 데 중요한 유동성을 제공한다.

주지하다시피 파생상품 시장도 위험하기 짝이 없다. 수익을 높이기 위해 차입자본(부채)을 끌어다가 자산 매입에 나서는 레버리지 전략을 활용하는 것이 이곳의 일반적인 관행이다. 이때 다행히도 가격이 본인이 생각한 방향으로 움직이면 큰 이익을 얻겠지만, 생각과 반대로 움직이면 거래가 강제로 청산될 수도 있다.

전통적으로 파생상품을 연구해온 사람들, 특히 독창적으로 모델링된 수학적 도구를 사용하여 상품을 만들고 테스트하는 사람들은 똑똑하기로 둘째가라면 서러울 정도다. 그들은 명문대 출신에다가 대형 금융기관에서 특별 대접을 받으면서 엄청난 임금을 받는다. 놀랍지 않게도, 그중 일부는 디파이의 급격한 부상을 보고 현재의 작은 기반에서 크고 빠르게 성장할 수 있으리라고 판단해 디파이 파생상품에 뛰어들고 있다. 그리고 일부는 낡은 금융 시스템을 새로운 시각으로 바라볼 수 있는 금융권 외부 출신 인사들이다.

결과적으로 많은 디파이 파생상품 프로젝트가 등장했는데, 그중 하나가 신테틱스다. 신테틱스는 대규모 디파이 프로젝트 중 하나다. 그러나 당연한 말 같지만, 신테틱스는 트레드파이의 미래형 파생상품과는 상당히 거리가 멀다. 호주 출신의 설립자 카인 워릭Kain Warwick이 기업 금융 섹터가 아닌 소매 및 소매 기반 결제 섹터 출신이어서 그럴 수도 있다. 어쨌든 소매 결제 시스템에 실망한 그는 스테이블코인을 만들려고 노력했다. 새로 등장한 스테이블코인들이 시장에서 더 손쉽게 받아들여지자 신테틱스는 피벗^{pivot}, 즉 방향 전환을 결정했다. 이 완곡한 표현에 익숙하지 않은 사람들을 위해 설명을 덧붙이자면, 피벗은 기본적으로 '우리는 실패했으니 이제 다른 것을 할 것'이라는 뜻을 가진 단어다. 신테틱스는 특정 자산은 암호화폐 세계에서 거래가 불가능하다는 점에서 '괴리'를 목격했다. 예를 들어 상품, 주식, 통화 같은 자산들 말이다.

그래서 그들은 매우 간단한 아이디어를 냈다. 사람들에게 (예를 들어 이더리움이나 비트코인 등을 통해) 신테틱스 풀에 투자하라고 요청한 것이다. 이 풀은 '부채 풀$^{debt\ pool}$'이라고도 불리는데, 블록체인 운영 주체가 책임을 져야 하는 '지분이 투입된 유동성 풀$^{staked\ liquidity\ pool}$'과 상당히 흡사하다. 각각의 유동성 공급자에게는 유동성 풀에 기여한 가치에 따라 SNX 토큰이 제공된다(SNX 토큰 자체의 가치는 시장에 의해 결정되며, 다양한 덱스에서 거래할 수 있다). SNX 토큰은 민터^{minter}라고 불리는 주조자에게 공급될 수 있고, 주조자는 트레이더가 필요로 하는 것에 따라 sXAU(합성 금), sTESLA(합성 테슬라 주식), sOIL(합성 석유) 등을 '주조'할 수 있다. 이것이 핵심이다. 즉, 신테틱스의 이 모든 합성자산을 통칭하는 신스^{Synths}의 가격은 실제 세계에서의 거래 가격과 똑같다. 신스의 가격은 체인링크의 오라클 네트워크처럼 앞에 나왔던 유용한 외부 오라클에 의해 끊임없이 제공된다. 신스의 가격은 기초자산에서 파생되므로 순수한 파생상품이다.

이 대목에서 당신은 누가 왜 이런 식의 거래를 하려고 하는지 궁금해할지도 모르겠다. 그 이유는 암호화폐 트레이더들이 실제 세계에서 기초자산 가격으로 거래할 수 있게 되어 있기 때문이다. 당신이 테슬라 주식을 소유하지 않아 회사로부터 배당금이나 안내문을 받지 못하더라도 테슬라 주가가 얼마인지는 알 것이다. 신테틱스가 없을 때는 상품이나 주식이나 채권에 대해 포지션을 취하고 싶어 하는 암호화폐 트레이더라면 전통적인 증권거래소나 파생상품 시장으로 가서 실제 법정통화를 가지고 거래해야 했다. 그런 전통적인 거래 자산과 디파이의 세계는 신테틱스가 등장하기 전까지 전혀 교차하지 않았다. 그런데 이제는 이렇게 점점 더 많아지는 자산(복수의 실제 자산과 기타 암호화폐를 포함해서) 거래를 주문 장부나 특히 계정이 없이도 같은 장소에서 모두 유동성이 풍부한 풀로부터 할 수 있게 됐다.

가격 변동, 유동성과 제시된 지분 인센티브, 수수료와 요금 부담, 다오 거버넌스 메커니즘 위험을 피하기 위해 부채 풀 기여금에 그 이상의 담보를 잡아야 했던 것처럼, 우리가 아직 언급하지는 않았으나 거래가 교착상태에 빠지는 걸 막기 위해 할 수 있는 힘든 일들이 다수 있다. 하지만 이런 일들은 앞서 다른 프로젝트들에서 언급한 일들과 크게 다르지 않다. 그리고 특히 중요한 점은 2021년 초 발표된 대로 신테틱스는 매수와 매도, 공매도 거래(특히 공매도는 가격 하락에 베팅하는 것으로, 시장 상승기와 하락기에 모두 이익을 추구하는 투자자들이 선호하는 방법이다)를 모두 하는 능력이 있어 똑똑한 투자자들에게 없어서는 안 될 투자 도구가 됐다는 사실이다.

신테틱스에서 파생상품 거래를 할 수 있게 됐다는 사실이 알려지자 다른 업체들도 뛰어들었다. 그중 일부는 골드만삭스가 출시한 정교한 상품과 유사해 보이는 상품들도 내놓았다.

대표적인 업체의 사례가 2020년 10월에 등장한 헤직^{Hegic}이다. 헤직은 옵션 보유자에게 미래에 정해진 가격으로 자산을 매매할 권리가 아니라 매매할 수 있는 옵션(콜옵션과 풋옵션)을 제공하는 옵션 사업을 하고 있다. 헤직이 내놓은 첫 번째 상품은 이더리움과 비트코인의 콜옵션과 풋옵션을 사고팔 수 있게 해준다. 트레드파이 전문 트레이더들은 옵션 거래에 정통한 전문가들이다. 옵션 거래는 '체결가', '인 더 머니^{in} ^{the} ^{money}(현재의 주가가 콜옵션 행사 가격보다 높거나 풋옵션 행사 가격보다 낮을 때의 옵션 계약—옮긴이)', '옵션 매도자'처럼 어려운 용어를 사용해야 하는 전문가들의 영역이다. 헤직은 '몰리 윈터뮤트$^{Molly\ Wintermute}$'라는 가명을 쓰는 한 익명의 여성이 개발했는데, 전통적인 거래소에서 옵션 거래에 많은 경험을 쌓은 사람인 듯하다.

헤직은 잘 알려진 기존 옵션 내부의 수리적·경제적 메커니즘을 대부분 해제하여 스마트 계약에 포함시킴으로써 이더리움과 비트코인 등에 옵션 거래 수단을 적용할 수 있게 해줬다. 트레드파이의 옵션은 모든 파생상품이 그러하듯이 엄격한 규제를 받는다. 옵션 트레이더는 인증을 받아야 하며, 최소한의 재무 건전성을 입증하고, 다양한 주의 사항과 배상 약관에 서명해야 한다. 그래서 개인 투자자는 옵션 시장에서 활동하기가 어렵다. 전통적인 금융의 접근성 면에서 또다시 불균형이 드러나는 지점이다. 그러나 헤직과 함께라면 옵션 거래를 할 수 있다. 신분증도, KYC도, 증거금도 필요 없다. 누구나 콜 또는 풋옵션을 매매할 수 있다. 그게 아니면 거래되는 옵션 '발행'을 보증하는 유동성 풀에 투자할 수도 있다.

디파이의 파생상품 기술 혁신 차원에서 어떤 일들이 일어나고 있는지 더욱 자세히 알아보기 위해 1년 전에는 사실상 없었던 이 분야의 몇 가지 활동을 간략히 살펴보겠다. 신테틱스와 약간 비슷하지만, 이론상 부패할 수 있는 오라클을 사용하지 않는 UMA가 있다. UMA는 담보가 부족해진 누군가를 발견하는 사람에게 보상해주고 거래를 청산해주는, 보다 인간적인 기술을 사용한다.

토큰 보유자는 많은 공적 소스 중 하나를 통해 블록체인을 즉시 점검하여 투자하는 데 문제가 있는 사람을 찾아내 당국에 통보할 수 있는 경비원과 같다. 이 기술을 사용하면 신뢰할 수 있는 오라클을 지원하는 가격 피드를 사용하여 대규모 거래소에 아직 상장되지 않은 자산에 파생상품을 적용할 수 있으므로 새로운 암호화폐 상품의 영역을 제대로 넓힐 수 있다. 이것은 논란이 있을 때만 호출되는, 오라클이 필요 없는 자치 시스템이다.

퍼페추얼 프로토콜Perpetual Protocol과 이와 유사한 덱스는 모두 전통적인 선물 및 옵션과 비슷하나 계약 만료일이 없어서 트레이더가 존재하는 한 계약이 유지되는 일명 '펍스perps'를 제공한다. 트레이드파이에서는 불가능하며, 서로 반대로 베팅하는 롱 트레이더와 숏 트레이더 풀뿐만 아니라 트레이딩 풀과 관련 파생상품의 안정성을 유지하기 위한 기발한 가격 책정 메커니즘을 통해 자금을 지원받는다.

dYdX도 있다. 이 얼마 안 된 분야에서 베테랑에 속하는 dYdX는 마진에서부터 옵션과 펍스에 이르기까지 다양한 파생상품을 제공한다. 또한 반브리지Barnbridge는 다양한 수익률 창출 수단의 변동성 위험을 헤지하는 여러 상품을 제공한다. 이처럼 이국적인 덱스들이 매달 또는 매주 등장하고 있다.

이 책 집필 도중 연의 안드레 크로녜에게 연락했을 때 그는 "디파이는 괴짜들을 위한 은행이고, 트래드파이는 은행가들을 위한 은행이다"라는 의견을 피력했다.

앞에서 이국적인 선택지들을 살펴본 이상 분명 다음과 같은 질문을 던져야 할 것이다. '디파이가 괴짜들을 위한 은행이고 트래드파이가 은행가들을 위한 은행이라면, 나머지 사람들을 위한 은행은 무엇일까?'

인터넷, 스마트폰, 앱에서 일어나는 과거와 현재의 기술 발전이 은행보다 좋은 예가 될지도 모른다. 서로 다른 기술을 가진 사람들이 그 기술을 사용하기 쉽게 만드는 방법을 발견하기 전까지는, 기술들이 발전하는 매 순간 괴짜들이 있었다. 예컨대 우버 앱은 사용하기 간단하지만, GPS에서부터 인터넷상에서 금융기관과 하는 거래를 대행해주는 서비스인 지불 결제 사업자^{payment gateway}에 이르기까지 앱을 데이터 과학과 연결해주는 여러 가지 기술의 뒷받침을 받고 있다.

파생상품은 지금까지 다룬 디파이 앱 중 가장 난해한 앱일 것이다. 그러나 그 밑바탕에는 가장 단순한 열망이 자리 잡고 있다. 주인을 위해서 돈을 가장 잘 쓰는 방법을 찾겠다는 열망이다. 우리는 이때 두 가지 문제가 해결되어야 한다고 생각한다. 우선 제 기능을 하지 못하고 접근성이 떨어지는 트래드파이 시스템을 재구상하여 시행해야 한다. 이 일은 분명 디파이 세계에서 진행되고 있다. 그런 다음에 소셜 디자이너들이 사용자들을 위해 복잡하다는 느낌을 주지 않는 인터페이스를 만들어야 한다. 둘 다 반드시 해야 하는 일이다. 이 일의 성패에 천문학적 자금이 달렸기 때문이다.

물론 지금처럼 100%가 넘는 수익률과 수천 퍼센트에 이르는 거버넌스 토큰의 가격 상승을 목격하며 흥분하는 시대도 언젠가는 끝나야 한다. 그때가 되면 지금보다 더 유연하고, 덜 비싸고, 더 접근하기 쉽고, 더 공정한 금융 시스템을 갖게 될 것이다. 그때쯤이면 초기 엔진을 만든 발명가들은 다른 것을 만지작거리고 있을 것이다.

BEYOND

BITCOIN

2021년 3월 11일 전 세계 언론은 NFT 인증을 받은 예술가 비플^{Beeple}의 디지털 작품 〈매일: 첫 5,000일^{Everydays: The First 5000 Days}〉이 6,900만 달러에 판매됐다는 사실을 앞다퉈 보도했다. 이 작품은 본래 2007년 제작이 시작돼 14년 동안 그린 5,000편의 작은 디지털 예술 작품들로 이루어져 있다. 5,000편 대부분이 유명인들과 문화적 밈^{meme}을 그린 것이며, 이 그림들을 하나의 디지털 이미지로 합쳐놓았다. 6,900만 달러는 역대 예술품 판매 가격 중 가장 높은 축에 속한다.

여론은 빠르게, 그러면서도 잔인하게 반응했다. NFT가 무엇인지 아는 사람은 거의 없었다. 대부분이 혹자에게는 평범해 보이는 작품까지 포함해서 디지털 예술품 가격을 충격적 수준으로 끌어올린 멋진 신기술이라는 것만 알고 있었다. 언론 보도 이후 며칠 동안 체육관, 식당, 가게 등 어디서나 가격을 믿기 힘들다는 반응이 쏟아졌다. 당연히 소셜 미디어에서도 6,900만 달러라는 가격 때문에 난리가 났다. "수천 개의 작은 디지털 섬네일을 하나의 큰 그림으로 합쳐놓았다고 그렇게 비싸게 팔린다는 것이 말이 돼?", "세상이 어떻게 돌아가는 거냐?", "NFT라는 회사는 누구 소유인가?" 등등의 질문이 이어졌다. NFT가 대중 앞에 처음으로 모습을 드러냈을 때에는 마치 죄인 취급을 받았던 것이다.

비플의 작품이 최초의 디지털 예술품은 아니었지만 가격 때문에 가장 유명해졌다. 이보다 더 전인 1980년대에 활동하던 일명 '팝아트의 제왕' 앤디 워홀Andy Warhol의 컴퓨터 이미지는 87만 달러에 팔렸다. 유튜브 동영상 〈찰리가 내 손가락을 깨물었어Charlie Bit My Finger〉는 76만 999달러에 팔렸다. 트위터 설립자인 잭 도시Jack Dorsey는 자신의 첫 트윗을 290만 달러에 팔았다. 2017년에는 이더리움 게임 〈크립토키티CryptoKitties〉에 나오는 드래곤이라는 고양이를 그린 아주 기본적인 디지털 그림 〈크립토키티CryptoKitty〉가 17만 달러에 팔렸다.

아마도 가장 이목을 끈 사건의 주인공은 인젝티브 프로토콜Injective Protocol이라는 그룹일 것이다. 비플의 작품이 판매되기 일주일 전인 2021년 3월 3일, 이들은 9만 5,000달러를 주고 구입한 그래픽 예술가 뱅크시Banksy의 작품에 이더리움 기반의 NFT 소유권 인증을 붙인 뒤 유튜브에서 실제 작품을 불태웠다(검은색 마스크를 쓴 사람이 작은 라이터를 들고 1~2분 동안 캠버스에 불을 붙이느라고 애쓰는 장면을 보여주며 긴장감을 더했다). 이 NFT는 나중에 원래 작품 구매가의 3배에 팔렸다.

이 사건이 일어나고 일주일 후에 비플 작품이 경매되며 NFT 업계에 난리가 나자, 대중 사이에선 물론이고 학계에서도 엄청난 논란이 일어났다. '대체 NFT라는 것이 무엇이고, 특히 이것이 미래에 어떤 의미가 있을까?' 그리고 이 책의 관심사처럼 'NFT가 디파이에 어떤 의미가 있을까?' 같은 질문들이 쏟아졌다. 이 질문들의 뿌리를 찾기 위해, 비트코인은 등장했지만 이더리움은 등장하기 전인 2013년으로 돌아가 보겠다.

사토시가 만든 백서의 세부 사항을 구현하던 최초의 비트코인 개발자들은 '메타데이터metadata'를 제공하는 옵션을 허용했다. 메타데이터란 데이터에 관한 구조화된 데이터로, 다른 데이터를 설명해주는 데이터를 말한다. 예를 들어, 제네시스Genesis 블록이라고 불리는 최초의 비트코인 블록에 포함된 '챈슬러라는 은행이 구제금융을 받게 될 두 번째 은행이 됐음을 전하는 2009년 1월 3일자 타임스 기사'라는 문구가 그것이다. 암호화폐 역사학자들은 이 문구의 의미를 깊이 고민해왔다. 거래 역시 중요한 거래 자체의 데이터 외에도 추가 데이터가 있을 수 있으며, 다수의 사람은 이 여분의 데이터 공간을 가지고 유용한 일을 할 순 없을지 궁금해했다.

그러다가 나온 단어가 NFT에서 두 번째 글자인 F에 해당하는 'fungible'이다. 이것은 '상호 대체 가능하다'라는 뜻이다. 예를 들어보겠다. 10달러짜리 지폐는 대체 가능하다. 즉 당신이 가진 지폐와 내가 가진 지폐를 교환할 수 있다. 그렇게 하더라도 우리 모두 쓸 수 있는 똑같은 10달러짜리 지폐를 갖고 있다. 하지만 비행기표는 대체 불가능하다. 내 이름이 적혀 있으므로 다른 사람이 내 표를 이용할 수는 없다. 피카소 작품 진본도 대체 불가능하다. 진본은 하나밖에 없기 때문이다.

비트코인은 대체 가능하다. 하나의 비트코인은 다른 비트코인과 같다. 비탈릭 부테린을 비롯해서 2013년에 비트코인 아키텍처의 새로운 용도를 캐고 다녔던 사람들은 오로지 특정 목적으로만 용도가 제한된 다른 유형의 비트코인은 존재할 수 없을지 궁금해했다. 그들은 그런 비트코인을 '컬러드 코인Colored Coins'으로 명명했다. 컬러드 코인은 블록체인에서 다른 통화나 관심 자산을 나타내는 토큰을 만들 수 있게 해주면서 비트코인의 기능을 확장하려는 시도가 낳은 결과물이다. 부동산, 주식, 계약, 수집품, 구독권, 보상 쿠폰 같은 현물자산을 컬러드 코인 형태로 나타낼 수 있다. 이를 위해 컬러드 코인은 비트코인 스크립트를 통해 비트코인 프로그래밍 기능을 활용한다. 기본적으로 비트코인 고유 식별 프로그램을 만들고, 새로운 토큰이나 컬러드 코인을 나타내는 속성을 할당한다.

하지만 안타깝게도 비트코인 아키텍처는 사실 한 가지 토큰 외에 여러 사용 사례를 목적으로 설계되지 않았다. 실제로 그런 설계가 가능하긴 했지만, 사용 가능한 도구를 고려했을 때 실행 및 유지·보수가 서툴고 어려웠다. 이런 문제가 카운터파티CounterParty라는 회사가 컬러드 코인과 유사한 토큰을 출시하고 교환을 허용하는 것을 막지는 못했지만, 그들의 계획이 순조롭게 진행되지는 않았다. 그들은 시대를 너무 앞서갔다. 카운터파티는 지금도 여전히 존재하고 그들이 발행하는 토큰인 XCP도 계속 거래된다. 그리고 NFT와 유사한 컬러드 코인에 대한 선도적인 아이디어는 계속 살아남아 이더리움에서 힘을 얻었으며, 마침내 또 다른 표준 이더리움 프로토콜로 개발되고 알려졌다.

NFT가 디파이로 발전해가는 과정을 살펴보기 전에 비트코인 블록체인에서 추진된 초기 시도보다는 현재 NFT가 무엇인지 재고할 필요가 있다. 현재의 NFT를 몇 마디로 정의하자면 '소유권 증명 보증secured certification of owership'이라고 할 수 있다. 암호로 보증되는 만큼 지구상에서 가장 강력한 소유권 증명이다. 하지만 이 정도 설명만으로는 부족하니 더 구체적으로 정의해보겠다.

- 첫째, 모든 NFT는 유일하며, 유일하다는 그 특성으로 구분된다.
- 둘째, 아주 작게 쪼개서 거래할 수 있는 비트코인처럼 세분화할 수 없다.
- 셋째, 예술가의 한정판 판화처럼 희귀하다는 점이 입증될 수 있어야 한다.
- 넷째, 다른 블록체인 토큰과 마찬가지로 소유자의 허락을 받아야만 전송할 수 있고 안전해야 한다. NFT로 등록된 경기장 시즌 좌석권의 소유권을 예로 들어보겠다. 좌석 수는 제한되어 있다. 이런 NFT는 모든 경기장 좌석과 같겠지만, 각 좌석 번호의 속성은 저마다 다르다.
- 마지막으로, 블록체인에서 각 NFT에는 항상 검증 가능한 공개 소유자가 있다.

즉, 이더리움 네트워크상의 NFT 토큰은 어떤 중요한 것의 소유권을 증명해준다. 어떤 소유권을 말하는 걸까? 쉬운 것부터 시작해보자. 디지털 예술 작품, 비디오게임 아이템, 비디오, 계약서, 접속 코드, 부동산 권리증서 등 디지털화할 수 있는 모든 자산에 대한 소유권을 말한다. 일단 디지털 형식을 띠면 암호화를 통해 자산의 '디지털 지문digital fingerprint'을 생성할 수 있다. 디지털 지문이란 NFT에 붙어 있는 디지털 자산 고유의 작은 숫자열(디지털 서명이라고도 한다)을 말한다. 그래서 NFT는 의심의 여지 없이 고유한 디지털적 특성과 연결되어 있다. 일방향 해시함수라는 암호 기술이 적용되기에 위변조가 불가능하다. 게다가 NFT는 오픈씨^{OpenSea}나 라리블^{Rarible} 같은 온라인 NFT 시장에서 자유롭게 거래할 수 있다. 당신이 내 최신 MP3 곡의 디지털 풍경화를 가지고 있고 내가 당신의 대체 가능한 이더리움에 어울리는 디지털 풍경화를 가지고 있다면, 서로 거래할 수 있다는 얘기다.

그리고 거래 환경은 점점 더 좋아지고 있다. 이더리움과 스마트 계약 세계에 있는 사람들은 규칙과 조건을 만들 수 있다. 두 가지 강력한 사례만을 제시하겠다.

첫 번째는 이런 식이다. '이 NFT가 판매자 A로부터 구매자 B에게 합의된 이더리움 가격으로 판매된다면, 가격의 5%를 주소 C로 보내라.' 즉, '주소 C'를 소유한 예술품 제작자는 NFT의 원작자로서 작품이 재판매될 때마다 자신에게 로열티가 계속 지급되도록 지시할 수 있다. 이런 일은 실제 세계에서 예술품이나 책, 개인 소유의 보물 같은 창조물의 개인적 판매에서는 일어나지 않는다. 하지만 앞으론 수십억 달러의 재판매 수익이 원작자의 지갑으로 자동으로 전달될 것이다. 오늘날 현실 세계에서는 상상할 수 없는 화수분이 생기는 셈이며, 예술과 재능의 금융 판도를 획기적으로 바꿀 수 있다.

두 번째는 이렇다. 이젠 클로드 모네^{Claude Monet}나 루치안 프로이트 ^{Lucian Freud} 같은 화가들이 그린 고가의 작품을 1,000개의 NFT 조각으로 잘라 1,000명의 투자자에게 1,000분의 1 가격으로 판매할 수 있다. 물론 벽에 걸어둘 수 있도록 작품 전체를 소유하진 못하겠지만, 예술품은 개인 소유물만큼이나 흔한 투자 대상이다. 그리고 이 작은 작품 조각의 소유주는 작품의 일부에 대한 소유권을 마음대로 거래할 수 있다. 트래드파이 업계에서도 '증권화securitization'라는 과정을 통해 이런 식의 거래를 할 수 있다. 그러나 단순성, 간결성, 개방성, 확실성 면에서 NFT와 스마트 계약을 따라오지 못한다.

컬러드 코인과 이후 NFT 표준에 관한 원본 백서에서 예견된 사용 사례와 상관없이, 시장은 자기 방식대로 기술이 어디에 도입될지를 결정한다. 그리고 비디오게임은 아주 큰 NFT 시장이다. 예컨대 〈크립토키티〉 게임에선 NFT를 사용하여 귀여운 동물을 구입할 수 있다. 또 〈에일리언 월드Alien Worlds〉라는 게임에선 자신이 구입한 아바타와 도구를 다른 플레이어들에게 비싸게 되팔 수 있다.

그리고 디센트럴랜드Decentraland 같은 일종의 하이브리드 게임 세계에선 플레이어가 주택 등의 구조물을 지어서 판매할 수 있을 뿐만 아니라 실제와 가상 기업 모두에게 구조물의 벽이나 지붕 등을 광고 공간으로 임대할 수 있다. 이런 거래 플랫폼은 실제와 가상 세계를 전례 없는 방식으로 결합한다. 즉, 실제 기업의 제품을 광고하기 위해 가상 부동산의 광고판을 임대할 수 있을 뿐 아니라, 결제에서도 실제 돈과 가상 돈이 함께 쓰인다. 이제 NFT가 디센트럴랜드에서도 자리를 잡았다고 할 수 있다.

NFT 시장 규모는 어느 정도이며, 어디에서 거래될까? 이 질문에 답해줄 수 있는 권위 있는 데이터 출처는 NFT 거래를 추적하는 논펀저블닷컴Nonfungible.com이라는 사이트다. 이 사이트는 주요 NFT 판매액, NFT 재판매액, 판매된 NFT 수, 판매가 일어난 사이트·게임·시장 등을 알려준다. 수치는 변동성이 있다. 프라이머리 시장^{primary market}(NFT를 만든 사람이 직접 판매하는 시장-옮긴이)과 세컨더리 시장^{secondary market}(NFT의 재판매가 이뤄지는 시장-옮긴이)에서 일어나는 NFT 일일 합산 매출은 적을 때는 1,000만 달러에서 많을 때는 1억 7,000만 달러로 차이가 크다. 중간값은 6,000만 달러 정도다(2021년 말 기준).

사이트에서 차트를 빠르게 훑어보니 프라이머리와 세컨더리 시장에서 판매되는 NFT 수는 일평균 3만 건 정도이며, '액티브 지갑^{active wallet}'이 평균 1만 5,000개인 것으로 보아 그 정도 숫자의 NFT 소유자(또는 단체)가 있음을 알 수 있었다. 더욱 흥미로운 것은 2020년에만 해도 NFT는 물론이고 NFT를 사는 사람이 워낙 드물어서 거래가 거의 이뤄지지 않았다는 점이다. 이번 장의 서두에서 이야기한, 비플의 디지털 작품 경매로 관련 업계가 불붙기 전까지 그랬다. 이후 누가 얼마를 주고 뭘 샀다든지와 같은 NFT 이야기로 신문이 도배되면서 세상이 떠들썩해졌다.

NFT를 판매하거나 이용자들이 자주 찾는 사이트들 중 상위 몇 군데만 살펴봐도 유익할 듯하다. 이 글을 쓰고 있는 현재 상위 20개 NFT 공급 업체 중 대표적인 곳은 다음과 같다. 괄호 안은 판매하는 상품이다.

- 크립토펑크^{CryptoPunks}(디지털 예술품)
- 소레어^{Sorare}(축구 선수 카드)
- 미비츠^{Meebits}(디지털 예술품)
- 더샌드박스^{The Sandbox}(가상 토지 위의 가상 빌딩)
- 아트블록^{Art Blocks}(NFT 소유자의 의뢰를 받아 컴퓨터로 제작한 예술품)

이 외에 디지털 아트, 스포츠 수집품, 가상 토지 및 건축 프로젝트를 판매하는 곳들도 있다. 그리고 이런 NFT를 구입하는 과정에서 수많은 로열티 토큰이 제공된다. 로열티 토큰은 공공 상장된 덱스에서 사용 또는 거래하거나 수익을 내주는 다른 풀에 재투자할 수 있다. 앞에서 소개한 여러 프로젝트에서 다뤘던 일들이다. 단순히 기존의 디파이 프로젝트들을 게임화했다고 보면 된다.

방금 소개한 NFT 공급 업체 중에서 크립토펑크는 자세히 알아볼 가치가 있다. 크립토펑크는 라바랩스^{Larva Labs}에서 일하던 캐나다인 프로그래머 존 왓킨슨^{John Watkinson}과 매트 홀^{Matt Hall}이 2017년에 실험적으로 시작한 NFT 프로젝트다. 이들은 작가 윌리엄 깁슨^{William Gibson}이 촉발한 사이버펑크 운동과 〈코드명 J〉, 〈블레이드 러너〉 같은 영화의 열성 팬이었다. 두 사람은 재미로 만든 자동 캐릭터 생성기를 가지고 초소형 블록 형태로 픽셀화한 얼굴을 만들었다. 얼굴들은 모두 가로세로 24픽셀 크기로, 이 중 일부는 비니를 쓰거나 귀걸이를 하거나 안경을 썼다.

무엇보다도 두 사람은 1만 개의 캐릭터에 고유의 디지털 서명인 해시(#)를 붙여서 나눠줬다. 크립토펑크는 NFT 프로젝트 중 가장 오래된 프로젝트이자 시조로서의 역사성을 인정받아 현재도 비싼 가격에 거래되고 있다. 크립토펑크는 이후 등장한 NFT 스마트 계약 규칙(현재 'ERC-721'로 불리는 표준)이 개발되는 데 영감을 줬다. 선글라스를 낀 채 블록 파이프 담배를 피우고 있는 남자 펑크 #7804는 비플의 작품이 팔리기 하루 전에 750만 달러에 팔렸다.

NFT 세계에서 흥미로운 발전 중 하나로 〈엑시 인피니티^{Axie Infinity}〉를 꼽을 수 있다. 2021년 NFT가 처음 대중의 관심을 받기 시작하면서 선풍적인 인기를 끈 비디오게임이다. 2018년 베트남에서 개발됐는데, 구식 아날로그 게임인 〈포케몬Pokemon〉과 닮았다.

〈엑시 인피니티〉 게임을 하려면 3개의 '엑시(귀엽고 작은 캐릭터)'가 필요한데 돈을 주고 사야 한다. 엑시는 NFT 캐릭터이며, 이것을 사고파는 시장이 존재한다. 일단 게임에 접속해 실력이 좋으면 교배를 통해 더 귀여운 캐릭터를 만들 수 있다. 그렇게 새로 생긴 엑시도 NFT 캐릭터로 거래할 수 있다.

엑시는 순수하게 게임 내 엔터테인먼트를 위해 사용되거나, 그것을 팔 수 있는 암호화폐 시장에서 실제 수익을 내기 위한 NFT 투자 수단으로 사용된다. 고통스러운 코로나19 팬데믹으로 대규모 해고 사태가 발생한 필리핀에서 이런 일이 가장 먼저 시작됐다. 플레이어들은 게임을 잘하면 새로운 엑시를 키워 NFT로 거래하여 돈을 벌 수 있다는 사실을 일찌감치 깨달았다. 실제로 일반직(최소한 웨이터 같은 하위직)에 종사하는 것보다 더 많은 돈을 벌 수 있었다. 이윽고 〈엑시 인피니티〉 플레이어들이 엑시 NFT를 거래해서 생계를 유지하는 완전히 새로운 경제 상황이 급속히 전개됐다(플레이어는 가상 부동산을 사고팔 수도 있다).

〈엑시 인피니티〉 게임이 필리핀을 넘어 인도네시아와 베네수엘라로 확산하면서 현재 전 세계적으로 이 게임의 플레이어는 100만 명이 넘는다. 플레이어들이 한 달에 2,000달러 이상을 버는 일이 드물지 않은데, 2,000달러 정도면 이 나라들에서는 꽤 높은 수입이다.

그리고 이 낯선 신세계에 덧붙여 미국의 유명 기술 투자회사인 앤드리슨 호로비츠는 수익 감소를 각오하고 최고의 〈엑시 인피니티〉 게임 플레이어들을 모아서 재정적으로 지원하며 게임에 참여시키는 '일드

길드$^{Yield\ Guild}$'라는 공동 사업체에 투자했다. '스칼러^{scholar}'라고 불리는 길드 회원들은 NFT 게임을 하면서 NFT 거래를 통해 돈을 벌 수 있다. 불과 몇 년 전만 해도 존재하지 않았던 이런 경제활동은 앞으로 다가올 일을 알려주는 전조임이 분명하다.

NFT가 처음 자리를 잡은 토대인 디지털 수집 시장이 별로 대단한 게 아니라며 비웃는 사람이 있을지도 모른다. 하지만 전 세계 수집 시장 규모가 3,700억 달러이고, 비디오게임 시장 역시 영화와 음악 시장을 합친 것보다 큰 1,700억 달러 규모라는 사실을 알면 생각이 바뀔 것이다. 이런 NFT 아이템 일부에 부여된 가치들이 거품처럼 보일 수도 있겠지만, 인류는 역사적으로 무형의 창조적 자산에 가치를 부여하면서 발전해왔다는 사실을 간과하면 안 된다.

과연 언제쯤이면 이 기술이 게임과 수집품의 세계에서 벗어나 현실 세계로 옮겨갈까? 우리에겐 NFT라는 안전한 소유권 토큰과 함께 NFT로 설계된 것에 조건과 경고를 붙이는 스마트 계약이 있다. 그렇기에 이 기술은 분명 게임, 스포츠 트레이딩 카드(포켓몬 카드처럼 수집을 목적으로 판매하는 작은 사진 카드-옮긴이), 가상 부동산 이외의 영역에서도 다양하게 쓰일 수 있지 않을까 예상한다.

앞에 나왔던 논펀저블닷컴의 상위 NFT 목록 중 13위(2021년 말 기준)는 처음으로 이런 사용 사례 이외의 기능을 가졌다. 바로 이더리움 도메인 서비스인데, 누구나 '.ETH' 도메인에 가입할 수 있고, NFT의 특성에 따라 도메인을 독자 소유할 수 있게 해준다.

누가 무슨 이유로 이 서비스를 이용할까? 이 서비스는 암호화폐 세계 안팎의 관리가 성가시고 길고 불가해한 지갑 주소, 개인 키, 패스프레이즈^{pasphrase}(디지털 서명이나 암호화, 복호화에 사용되는 패스워드보다 긴 문자열로 된 비밀번호-옮긴이) 및 기타 정보를 이더리움 블록체인상 한곳에 모두 모을 수 있게 해준다. 한마디로, 최고의 비밀번호 관리자다. 하나의 .ETH 주소에는 가상 세계를 안전하게 항해하는 데 필요한 중요 암호 및 기타 액세스 키^{access key}가 모두 들어 있다. 이에 못지않게 중요한 사실은 이것이 이더리움 블록체인 위에 있는 이상 명백히 안전하면서도 당신이 가진 '나만의 도메인명^{I-AM-ME.ETH}'과 블록체인상의 모든 스마트 계약 사이에서 마찰이 없고 변조가 불가능한 상호작용을 가능하게 해 준다는 점이다. NFT로 인증된 이더리움 도메인 이름 중 일부의 가치가 어느 정도인지 감을 잡고 싶다면 익스체인지라는 도메인명^{EXCHANGE.ETH}이 연간 50만 달러가 넘는 가치를 기록한다는 점을 생각해보면 된다.

그럼 계속해서 NFT의 사용 사례를 살펴보자. 디지털화된 부동산 권리증서에 NFT가 붙어 있다고 가정해보자. 오라클의 마법을 통해 NFT는 당신 이웃의 부동산 가격, 금리, 기타 주요 실제 데이터에 접근하여 권리증서의 가치를 매일 갱신할 수 있다. NFT 인증 스포츠 트레이딩 카드를 예로 들자면 이런 뜻이다. 우리는 오라클을 사용하여 선수들의 주간 통계를 갱신하면서 정적인 종이 카드는 줄 수 없는 동적인 가치를 카드에 부여한다.

이제 앞의 장들에서 살펴본 일부 디파이 프로젝트에 NFT가 가치를 부여할 수 있음을 알게 됐다. 다음의 예시들은 파인매틱스^{Finematics}라는 멋진 사이트에서 가져온 것이다. 이 웹사이트에 올라와 있는 디파이의 모든 문제를 다룬 동영상들은 복잡한 문제를 놀랍도록 단순하게 해준다.

우리는 지금까지 매끄러운 자산 거래나 대출 및 투자자 펀드 대출을 가능하게 해주는 대형 현금 단지인 유동성 풀과 자동화된 시장 조성자에 대해 많은 이야기를 해왔다. 유동성 풀은 이자에서 거버넌스 토큰까지 다양한 유형의 인센티브를 활용하여 투자자가 풀을 지원하도록 유도한다. 투자자가 풀에 기부하면 디파이 앱과 앱의 통화 수용 정책에 따라서 다이건 이더리움이건 그 밖에 무엇이건 보유한 암호화폐를 이전한다.

이런 풀은 NFT가 부가가치를 선사하리라고 판단하고 그것을 받아들일 수 있을까?

당신이 입체파 거장 호안 미로Joan Miro의 그림을 소장하고 있는데, 미로의 대리인이 NFT를 통해 당신의 소유권을 인증해주기로 했다고 가정해보자. 그림의 시장 가치가 100만 달러라고 치자. 예술품의 가치는 안정적이지 않지만 아마도 미로의 그림은 제법 예측 가능할 것이다. 이런 점을 고려할 때, 경제가 붕괴해 모든 예술품 가치가 폭락하는 만일의 사태까지 대비하기 위해 미로 그림의 NFT를 50만 달러의 가치로 받아들일 수 있을 것이다. 트레이드파이에서는 이 50만 달러가 '돈을 빌릴 때 인정되는 자산 가치loan-to-value'와 같다. 그런데 이제 당신은 당신에게 수익을 안겨줄 50만 달러의 그림 가치를 풀에 넣었고, 그러면서도 당신 집 벽에 걸려 있는 미로 그림을 즐길 수 있다.

쉽게 말해서, 당신은 미로 그림의 실제 가치를 담보로 암호화폐를 빌려 그것을 이자를 주는 크립토 토큰에 투자할 수 있다. 그리고 원한다면 투자금이 크립토 코인 형태로 영원히 머물면서 계속 불어나게 할 수 있다. 이것은 수백만 명이 누릴 수 있는 전례 없는 경제적 기회가 될 것이다. 일반적으로 담보로 잡아 가치를 추출하는 데 사용할 수 있는 자산은 주택이나 그 밖의 부동산으로 한정된다. 더구나 이미 담보로 잡혀 있는 자산은 담보 기능을 할 수 없다. 그리고 집에 담보 설정을 해본 사람이라면 누구나 알겠지만 비용도 많이 들고, 작성할 서류도 많고, 대출 승인이 날 때까지 초조하게 기다려야 한다.

물론 모두가 집을 소유하고 있는 것은 아니며, 더군다나 유명한 예술 작품을 소장한 이들은 더욱 드물다. 하지만 이 문제에 대한 기발한 해결책이 있다. 바로 다른 등급의 디파이 대출 프로젝트로 실현되는 P2P 대출이다. 예를 들어, 당신이 오픈씨 같은 NFT 시장을 통해 이더리움 2개를 주고 디지털 아트 한 점을 구입해 소유하고 있다고 가정해보자. 당신은 P2P 대출 사이트에 접속하여 "이 예술 작품을 담보로 잡고 이더리움 2개를 빌려줄 사람 없소?"라고 물을 수 있다.

이런 요청을 수용하는 사람(예컨대 이런 디지털 아트를 이해하고 정기적으로 수집하는 디지털 아트 마니아)이 있다면, 그는 당신의 NFT를 스마트 계약 에스크로 계좌에 넣고 이더리움 2개를 보내줄 것이다. 당신은 이렇게 받은 이더리움을 또 다른 유동성 풀이나 이자, 인센티브를 주는 AMM에 넣을 수 있다. 아니면 암호화폐 가격에 베팅하거나, 타히티로 휴가를 가는 데 쓸 수도 있다. 단, P2P 플랫폼에서는 대출 이자를 내야 한다. 이자를 내지 못하면 에스크로 계약은 NFT의 소유권을 P2P 대출자에게 이전한다.

방금 설명한 것은 암호화폐 전당포에 지나지 않는다. 당신이 할머니의 금반지를 맡기면 전당포는 당신에게 약간의 현금을 주고, 당신이 이자와 함께 현금을 돌려줄 때까지 반지를 보관한다. 영화나 TV 드라마 같은 데서 봐서 알고 있듯이, 퍽 조잡한 사업이다. 그러나 디파이와 NFT를 이용한다면 잠재적으로 좌초자산stranded asset(기존에는 경제성이 있어 투자가 이뤄졌으나 시장 환경이 변해 가치가 하락하고 부채가 되어버린 자산-옮긴이)에 묶인 수십억 달러를 풀 수 있는 새로운 방법이 된다. 또한 일반인들에겐 그들이 가진 소규모 자산을 자신을 위해 사용할 수 있게 해주는 방법이기도 하다. NFT파이NFTFi라고 불리는 새로운 디파이 프로젝트가 현재 그런 서비스를 제공하고 있다. 이 대출 플랫폼에서 차입자가 NFT 담보물을 게시하면, 대출자가 대출 여부를 결정하고 차입자는 다이 스테이블코인 등을 정해진 기간 빌릴 수 있다. 이 기간 내에 빌린 코인이 상환되지 않으면 담보로 잡힌 NFT는 코인을 빌려준 대출자에게 자동으로 귀속된다. NFT파이는 이미 수천 건의 대출을 실행했는데, 동네 전당포와는 달리 차입자를 신뢰할 필요가 없다.

　NFT와 관련하여 한마디만 더 하겠다. 2018년 1월에 NFT를 지원하기 위해 코드화된 이더리움 표준은 앞에서 잠깐 언급했듯이 'ERC-721'이라고 불린다. 이후 'ERC-1155'라는 프로토콜을 개발한 엔진Enjin이라는 프로젝트가 등장했다. 이는 같은 스마트 계약 내에서 대체 가능한 아이템과 대체 불가능한 아이템의 혼합 거래를 가능케 해준다. 원래는 게임 내에서 완전히 대체 가능하도록 설계된 금괴와 같은 비디오게임 코인뿐만 아니라 비디오게임에 등장하는 칼과 방패와 보물에 NFT를 붙일 수 있게 하려고 개발됐다.

　같은 스마트 계약 내에서 대체 가능한 아이템과 대체 불가능한 아이템의 혼합 거래가 가능해지면 어떤 일이 벌어질 수 있을까?

　2021년 8월 22일, 카드회사 비자Visa는 작은 픽셀로 이루어진 NFT

를 붙일 수 있는 크립토펑크 그래픽을 구입하기 위해 공개적으로 15만 달러를 지출했다. 자신이 트레드파이의 최대 업체임에도, NFT 시장이 커질 것으로 예상하며 그 속에서 중요한 역할을 하고 싶다는 것을 대대적으로 천명한 사건이라고 할 수 있다.

CHAPTER 16

기발한 아이디어로 뭉친
위어드파이 프로젝트

이더리움과 스마트 계약을 이용할 수 있게 되자 디파이는 빠르게 뿌리
를 내렸다. 전통적인 금융 서비스가 새로운 플랫폼에서 재구축되고 재
배치되리라고 예측한 전문가와 미래학자들이 분명 있었지만, 혁신은
많은 경우 전혀 예상치 못한 곳에서 등장하는 것처럼 보이기도 한다.
수십억 달러 가치의 자산을 운용 중인 일부 서비스는 대개 젊은이들의
창조적 두뇌가 이끌었다. 그들은 은행이 어떻게 발전해왔고, 접근이 통
제된 안전한 문 뒤에서 어떻게 일하는지를 피상적으로만 이해할 만큼
지나치게 젊었다. 일부 예외적인 경우를 제외하고 금융기관을 고객의
관점에서만 이해하던 이들인데, 자신들이라면 더 잘할 수 있다고 생각
했다.

디파이 혁신가 중에서 MBA 출신은 드물다. 컴파운드의 로버트 레
시너와 넥서스뮤추얼을 설립해 보험 업계의 변화를 주도한 휴 카프를
제외하면, 금융기관에서 공식적으로 일해본 사람은 극소수에 불과하
다. 대부분 설립자는 컴퓨터와 수학에 능통한 사람들로 변호사, 생화

학자, 물리학자 등 놀라울 정도로 출신 배경이 다양하다. 이런 사람들이 직접 겪어본 적이 거의 없는 산업과 싸우려고 한다니, 이 얼마나 즐거운 아이러니인가! 이런 산업, 특히 은행업 종사자들은 중앙화된 블록체인(허용된 블록체인permissioned blockchain이라고도 한다)을 내부적으로 사용해보려고 시도하는 정도 외에는 새로운 기술의 사용법을 찾는 데 별다른 관심이 없는 듯했다. IBM과 마이크로소프트 같은 주요 IT 기업들이 화려한 신제품을 내놓으면서 관심을 보이자, 금융기관들은 그들이 블록체인의 미래를 대비할 수 있게 도와줄 매력적인 신제품과 가치 제안을 들고 자신들에게 와줄 것으로 예상했다.

그러나 이런저런 세계 최대 IT 기업들은 시장, 사용 사례, 기술의 시대정신을 완전히 잘못 읽은 것 같았다. 그들은 탈중앙화 개념과 철저히 모순되는 인프라를 구축함으로써 블록체인을 단지 비효율적인 데이터베이스로 전락시켰다. 블록체인을 활용하는 데 관심이 있는 사람은 보기 드물었다. 그러다가 결국 2021년이 되자 IBM과 마이크로소프트는 블록체인 서비스를 조용히 종료하거나 대폭 축소했다. 과오를 인정한 셈이다. 더 놀랍게도, 그들은 블록체인이 존재하는 이유가 오로지 중앙 당국이나 제3의 중개자가 없는 네트워크에서 신뢰를 구축하는 것이라는 분명한 점을 간과했다. 그런 통제나 중개 권한을 삽입하면 작업증명이나 지분증명은 모두 무용지물이 된다.

참신한 안목과 열정적 야망으로 무장한 다양한 배경의 기업가들에게는 자신들이 공격하던 트레드파이 업계에서 수십 년의 경험을 쌓는 것이 오히려 야망을 실현하는 데 걸림돌이 될 수밖에 없었다. 그들은 처음부터 시작해서 무언가를 재창조하기를 원했지만, 오랫동안 쌓아온 금융 분야 경력은 그들의 바람을 오히려 꺾어놓았다.

다수의 암호화폐 프로젝트가 실패했는데, 시장에 새로운 암호화폐를 출시하려고 했던 프로젝트들은 특히 더 그랬다. 그들은 사실상 이더리움과 비트코인의 뒷자락을 붙잡고 있으면서도 새로운 옷을 가지고 유사한 무언가를 하려고 했다. 마찬가지로 많은 디파이 프로젝트가 생겨났다가 사라졌다. 그들은 진정한 혁신, 또는 반대로 구상부터가 틀렸거나 타이밍이 좋지 않았던 금융 서비스의 피해자들이다.

그러나 이 책에서 언급한 성공적인 디파이 프로젝트들 사이에서 통상 위어드파이WeirdFi라고 불리는 일련의 서비스가 생겨났다. 원래부터 위어드파이로 묶인 일부 프로젝트는 현재 규모가 커졌고, 성공했다는 걸 알 수 있다. 연 역시 좀 특별하다고 여기저기 알려진 이런 초기 프로젝트 중 하나다.

이 프로젝트 중에서 몇 가지만 소개해보겠다. 이 중에는 기술적 아키텍처의 인공물도 있고, 전체 디파이 생태계가 과대광고 단계를 벗어나 성숙 단계로 진입하면서 특이한 것들로 대체될 것들도 있다.

위어드파이에 대해 들려주고자 하는 첫 번째 이야기는 플래시론Flash Loan에 관한 것이다. 플래시론은 이더리움 내에서 또는 특정 앱들과의 협업을 통해 해주는 무담보대출이다. '눈 깜짝할 사이에' 진행된다고 해서 '플래시'라는 이름이 붙었다. 게다가 차입자는 대출을 상환하지 않더라도 아무런 문제가 생기지 않는다. 상환하지 않는 것이 불가능하기 때문이다.

플래시론은 원칙적으로는 이렇게 작동한다. 전체 블록체인 아키텍처는 한정된 크기의 '블록'으로 트랜잭션이 처리될 것을 요구한다. 블록이 가득 찰 때까지 다수의 트랜잭션이 추가되고, 이어 블록이 완성되어 2015년 이후부터 구축되어온 체인에 추가될 때까지 한 번에 한 트랜잭션씩 블록이 처리된다. 그런 다음 다시 다른 블록이 처리된다. 이더리움의 경우 블록을 처리(생성)하는 데 약 15초가 소요된다. 블록이 완성되기 전에 약간의 안 좋은 일이 생기면 모든 것이 롤백되고 블록은 체인에 추가되지 않는다.

여기에는 마법 같은 것이 없다. 즉 실제로 컴퓨터공학이 대부분 유사한 기능을 제공한다. 프로그램에 일련의 명령어가 제시되면, 프로그램은 각 명령을 순차적으로 실행하다가 모든 명령어가 정상적으로 완료된 경우에만 성공 신호를 보내게 되어 있다. 그렇지 않으면 오류 신호를 보내고 롤백한다.

플래시론은 다음과 같이 작동한다. dYdX와 에이브 같은 일부 디파이 프로젝트는 계약서에 무담보대출을 허용하는 기능을 만들었다. 투자자(또는 개발자)는 에이브에서 무담보로 돈, 예컨대 다이를 '빌릴' 수 있다. 이어 이더리움 1블록을 처리하는 데 드는 약 15초라는 짧은 시간 내에 이룰 수 있는 모든 목적에 해당 다이를 사용할 수 있다. 예를 들어, 한 거래소에서 다이를 다른 암호화폐로 교환한 후 다른 거래소에서 다시 다이로 교환하는 식의 재정 거래로 이익을 낼 수도 있다. 이모든 일이 블록 처리 시간 내에 마무리되면 원래 빌린 다이를 에이브의 적립금으로 반환하고, 투자자는 블록이 처리될 때 이익을 챙긴다. 여기에서 마법이라고 할 만한 것이 있다면, 다이가 투자자에게 실제 '대출'로 나간 적이 없다는 것이다. 투자자는 대출을 무기한 자유롭게 쓰러 다니지 못한다. 블록 처리가 끝나기 전까지 아주 짧은 시간 동안 대출금을 활용할 뿐, 실제로 그 돈을 자신의 지갑으로 옮기고 행복한 삶을 시작할 수는 없다.

우리는 디파이를 아는 사람조차 이 문제를 해결하기 어렵다는 것을 알고 있다. 그래서 현실 세계에서 플래시론과 유사한 무담보대출을 생각해보려고 애써봤다.

앨리스와 밥, 나오미와 존슨이 스콧의 주방에 앉아 스콧이 대접하는 커피를 마시고 있다고 치자. 여기서 스콧은 아주 똑똑하면서 엄격한 편이다. 이곳은 그의 집이고 자신이 정한 규칙을 엄격히 적용한다. 그러나 친구들을 좋아하고, 누구도 규칙을 지키느라 불편해하기를 원하지 않는다.

밥이 앨리스에게 묻는다. "1달러 있어?"

앨리스가 답한다. "응, 필요하면 빌려줄게."

밥이 나오미를 보고 "1달러는 몇 엔이야?"라고 묻는다.

나오미는 "110엔"이라고 답한다.

밥은 아이폰을 만지작거리느라 대화를 듣고 있지 않던 존슨에게 "내가 너한테 110엔을 주면 달러로 얼마를 줄 거야?"라고 묻는다.

존슨이 "1.03달러 줄게"라고 답한다.

밥은 옆에 서 있는 스콧을 향해 "이 정도면 괜찮지?"라고 묻는다.

스콧은 어깨를 으쓱하더니 "뭐, 문제없어. 다만, 내가 셋을 세면 모두 돈을 꺼내서 교환해. 얼른!"이라고 말한다.

그래서 순식간에 밥은 앨리스한테서 1달러를 받아 나오미에게 주고, 나오미에게 110엔을 받은 뒤 그 110엔을 존슨에게 주고, 존슨에서

1.03달러를 받는다. 모두 스콧의 감시 아래 이루어진 거래다.

이제 밥은 앨리스에게 1달러를 갚고 3센트를 자기 주머니에 넣는다.

만약 존슨이 110엔을 받는 대가로 97센트를 주기로 했다면, 밥은 손해를 보고 싶지 않았을 것이므로 존슨과 거래하지 않고 110엔을 나오미에게 되돌려줬을 것이다. 그러면 나오미는 1달러를 밥에게 되돌려줬을 것이고, 밥은 그 돈을 다시 앨리스에게 되돌려줬을 것이다. 앨리스가 밥에게 아무 조건 없이 돈을 빌려준 건 아니었기 때문에 애초에 돈을 떼일 위험이 전혀 없었다. 하지만 밥은 어쨌든 빌린 돈을 마음대로 이용했다.

이것은 디파이에만 있는 스릴 넘치는 무담보대출로, 얼마 전까지만 해도 개발자들만 이용할 수 있었다. 예상할 수 있겠지만, 이것을 악용하고 해킹하고 심지어는 남다른 경로로 획득한 정보를 통해 선행 매매를 하거나 그 밖의 금융 전쟁 무기를 사용하여 다른 플래시 대출자들의 의표를 찌르는 더 똑똑한 플래시 대출자들도 있었다.

그중 가장 똑똑한 사람들은 현재 리스크가 전혀 없는 돈을 엄청나게 벌고 있다. 이런 결과는 분명 '그것이 공평한가?'라는 질문으로 이어진다. 디파이의 목표는 금융 민주화를 위해 위대한 레벨러^{leveller}, 즉 모든 사람을 평등하게 하는 주체가 되겠다는 것이기 때문이다.

우리는 결과적으로 그렇게 될 것으로 확신한다. 하지만 그 과정에서 금융계라는 우주에 서로 두 공간을 잇는 가상의 통로인 웜홀^{wormhole}이 열리고, 웜홀을 먼저 찾아낸 사람 중 일부는 부자가 될 것이다.

다음으로 설명할 위어드파이 프로젝트는 한마디로 '손해를 볼 수 없는 복권'이다. 이런 프로젝트들이 몇 개 있는데, 그중 풀투게더 PoolTogether를 소개하겠다. 개념은 간단하다. 고객은 거버넌스 권한을 주는 풀POOL 토큰을 받는 대가로 다이 풀이건 USDT 풀이건 테더 풀이건 다수의 풀 중 하나에 돈을 넣는다. 그러면 풀투게더는 모은 고객 돈을 컴파운드처럼 이자를 주는 외부 디파이 프로젝트에 투자한다. 풀에 쌓인 이자는 상금으로 내걸려 시스템이 무작위로 선정하는 행운의 토큰 보유자에게 지급된다. 풀투게더 자체는 프로토콜이지만 외부 개발자들은 시스템 내에서 다양한 복권을 설계할 수 있다. 개발자들은 정해진 규칙을 따르는 한 다양한 보상과 상금 전략을 고민하면서 창의적으로 일할 수 있다. 그리고 물론 복권에 베팅한 사람들에게 주어지는 풀 토큰은 다양한 덱스에서 자유롭게 거래할 수 있다.

언뜻 놀라워 보일 수도 있다. 돈을 예치한 후 매주 게임을 해도 돈을 잃지 않고, 원하는 대로 인출할 수 있는 복권이라니! 그러나 이와 유사한 서비스는 가상 세계가 아닌 실제 세계에서도 존재했다. 1956년 영국 정부가 전쟁에 지친 영국인들의 저축을 장려하기 위해 만든 '추첨 채권Premium Bond'으로 불리는 저축 상품이 대표적 예다. 이 상품은 저축자에게 이자를 주지 않는 대신 매월 추첨을 통해서 비과세로 상금을 지급해 인기를 끌었다. 그런데 디파이에 있는 많은 것이 그렇듯, 풀투게더와 실제 세계에 있는 유사 서비스의 주요 차이점은 이용 방법에 있다. 풀투게더에서는 고객이 돈을 예금하거나 인출하기가 쉽고, 개발자는 자체 복권을 설계하고 내구 구조를 개방해서 검사를 받기가 쉽다.

2019년에 출범한 풀투게더는 이 글을 쓰고 있는 현재 고객에게 수억 달러의 상금을 줬고, 풀에는 근 2억 달러를 확보했다. 이 프로젝트는 순수한 디파이가 아니라 도박과 디파이를 뒤섞은 하이브리드적 성격이 강하다. 트래드파이에서도 이미 오래전에 이런 조합이 등장했는데, 때로는 불건전한 일을 겪기도 했다. 반면에 풀투게더는 디파이의 시각에서 바라볼 수 있다. 우선 이자 대신 상을 내걸어 유동성 풀을 조성한다. 풀 자체는 금융 서비스를 위해 돈을 쓰는 또 다른 디파이 프로젝트의 서비스를 돕는 역할을 한다. 즉 수익률, 스테이킹, 유동성 공급보다 '꽝이 없는 복권'을 더 잘 이해하는 사람들에게 유동성을 채굴하는 역할만을 한다.

기괴하기 이를 데 없는 또 한 가지 기술이 있는데, 바로 NFT다. 우리는 이미 무명의 아티스트가 그린 NFT 인증 예술품이 놀라운 가격에 팔리고 있다는 사실을 안다. 그런데 실존하는 물체에 NFT를 붙이는 방안까지 생각하면 세상은 더욱 복잡해진다. NFT는 디지털 객체digital obejct에 잘 달라붙는다. 제작자는 디지털 객체의 디지털 서명을 만들면, 즉 간단한 암호화 작업만 하면 된다. 하지만 어떻게 하면 물적 객체, 즉 물체의 디지털 서명을 얻을 수 있을까?

독일 베를린에 본사를 둔 룩랩스Look Labs를 생각해보자. 포브스닷컴Forbes.com에 따르면 2021년 중반 룩랩스는 세계 최초의 디지털 향수인 '사이버 오 드 퍼퓸Cyber Eau de Parfum'을 출시했다. 근적외선 분광법을 사용해 향기를 디지털화한 후 NFT로 암호화하는 방식을 택했다. 미래의 AI가 같은 방법을 써서 디지털 서명이 들어간 향수를 재현할 수 있다는 주장도 나오는 가운데, 이 새로운 'NFT와 물체' 사이의 세계에 기대를 거는 회사들도 등장했다. 그중 한 곳은 보스턴에 있는 더스트아이덴터티DUST Identity로, 이 회사가 독자 개발한 '복제 불가능한 형태의 다이아몬드 보안 태그Diamond Unclonable Security Tag, DUST' 기술은 나노다이아몬드 분말을 사용하여 물체와 디지털 기록을 안전하게 연결하여 물체를 검증하고, 인증하고, 궁극적으로는 믿을 수 있게 해준다. 이 디지털 기록에 NFT를 쉽게 붙일 수 있다.

위어드파이의 또 다른 분야에는 알케믹스Alchemix라는 회사가 있다. 알케믹스는 돈을 빌려주고 그 돈을 대신 갚아주는 회사다. 차입자는 갚을 필요가 없다. 불가능한 말처럼 들리지만 원리는 이렇다. 당신이 알케믹스에 약간의 다이를 넘겨준다. 알케믹스는 당신에게 다른 통화로 대출해준다. 그들은 당신이 건네준 원래 다이를 가져가서 연 같은 고수익 프로젝트에 투자하고, 투자로 번 돈을 당신의 대출금을 갚는 데 쓴 뒤 일부는 자기들 몫으로 남겨둔다. 마술이나 속임수처럼 보이지만, 높은 투자 수익률이 유지되는 한 이런 방식을 지속할 수 있을 것이다. 하지만 영원히 지속될 수는 없음이 분명하다.

ARCx는 어떤가? 이 프로젝트는 디파이 사용자에게 '평판 포인트'를 부여한다. ARCx의 주장은 이렇다. "당신이 거래는 하지 않고, 돈을 벌기 위해 얼마 안 된 이 산업의 혼란을 틈타 비효율적인 부분을 자신에게 유리하게 이용하려고 하면 오히려 경제적인 불이익을 당할 것이다. 하지만 디파이의 설립 취지에 맞게 참여한다면 더 높은 수익을 낼 수 있다." 음, 우리 저자들이 보기에 후자는 확실하지 않다.

마지막으로 이야기할 디파이 회사는 사블리에Sablier인데, 이상하다기보다는 특이한 회사에 속한다. 그들은 많은 앱과 함께 돈을 끊임없이 스트리밍streaming(돈을 계속 지불한다는 의미-옮긴이)할 수 있는 시스템을 구축했다. 돈을 스트리밍하는 시간 간격은 암호화폐를 선택할 수 있는 것처럼 유연하게 정할 수 있다. 예컨대 근로자는 분 단위로 급여를 받은 뒤 비트코인이나 이더리움이나 테더나 심지어 이자가 붙는 토큰으로 입금하게 할 수 있으며, 들어오는 돈을 가지고 무엇을 할지 결정할 필요가 없다. 금융계의 커다란 골칫거리 중 하나인 소액결제를 이 기술을 이용해서 하면 된다. 그리고 물론 충성 고객에게는 거버넌스 토큰 1~2개 정도를 선물로 준다.

지금까지 살펴보았듯 이 분야는 기발한 아이디어로 넘쳐난다. 괴생명체들이 항상 등장하면서 일부는 10대에게 해킹을 당하고, 일부는 디파이 해커톤^{hackathon}(팀을 이뤄 마라톤을 하듯 긴 시간 동안 시제품 단계의 결과물을 완성하는 대회-옮긴이)에서 집단 맹공을 당하기도 한다. 그리고 이 모든 것을 지켜보는 30대 암호화폐 전문가들은 계속해서 치밀하게 계획하고 개발해나간다. 우리는 지금이 1990년대에 인터넷이 자리를 잡고, 2000~2010년에 스마트폰이 자리를 잡던 때와 얼추 비슷하다고 생각한다. 그 시절에도 괴생명체들이 출현했는데, 어떤 면에서 그들은 지금 등장하는 이들보다 더 얌전했던 것 같다. 당시 그들 대부분은 디지털 채널을 통해 광고한 콘텐츠를 사용자들이 구매하거나 구독하게 하는 데 집중했을 뿐이다.

그러나 디파이는 사물의 본질에 더 다가간다. 즉 가치 창조라는 행위에 집중한다. 이곳에 존재하는 모든 종류의 생명체에는 에너지가 넘친다. 사람들의 관심을 끌 정도로 기괴한 생명체도 있고, 편견 탓에 멸종될 정도로 기괴한 생명체도 있지만 말이다.

매년 1월 말 스위스 동부 도시 다보스에서 연례회의를 개최하는 세계 경제포럼World Economic Forum, WEF 은 상상할 수 없을 만큼 냉철한 기관이다. WEF에는 세계 최대 기업 1,000곳이 회원으로 가입되어 있고, 연례회의가 열리는 며칠 동안 다보스는 정장 차림의 CEO들뿐만 아니라 연예계 유명 인사와 고위급 정치인들로 가득 찬다. 그러니 매번 뉴스 헤드라인을 장식하는 것도 별스러운 일은 아니다. 연례회의에서는 첨단 기술, 글로벌 민관 협력, 안보를 총망라한 중요 사안을 장시간 논의한다. 연례회의 이후에는 다양한 논문이나 글이 발표되는데, 대부분이 국가나 세계 경제 사안에 영향을 주는 연구로 이어진다.

그런 면에서 2021년 6월 WEF가 〈탈중앙 금융(디파이) 정책입안자 툴킷Decentralized Finance(DeFi) Policy-Maker Toolkit〉 백서를 발간했다는 사실은 다소 의외였다. WEF는 가끔 남용되는 것 같은 느낌을 주는 '4차 산업혁명'에 주로 초점을 맞추어 첨단 기술을 정기적으로 다뤄왔다. 그런데 생긴 지 얼마 안 돼 여전히 정체성을 찾기 위해 고군분투하고 있으며,

더 큰 세계에서는 들어본 적도 없을 신생 산업을 다뤘다는 사실이 놀라울 뿐이었다. 백서 저자들은 디파이의 리스크에 대한 견해를 개략적으로 제시하면서 디파이를 필요로 하는 독자를 보호하기 위한 규제 툴킷을 제안했다. 백서에서 디파이의 리스크를 설명하는 방식이 우리와 약간 차이가 있긴 하지만 오로지 뉘앙스, 강조 방법, 분류법의 차이에 불과하다. 이제부터는 우리 식대로 디파이의 리스크를 설명해보겠다.

디파이는 수백 년에 걸쳐 형성되어온 현대 은행 및 금융 시스템과 비교했을 때 완전히 새로운 것일 뿐만 아니라 체계도 갖추지 않았고, 대부분 검증되지도 않았으며, 규제 대상도 아니다. 또 계속 진화하고 변화하고 있기에 미래를 예상하기 어렵다. 시작한 지 불과 몇 년밖에 안 되는 디파이 프로젝트들은 일단 꽃을 피운 이후로는 어수선하게 성장해왔다. 이 과정에서 일부는 시들어 죽기도 했지만, 다수는 존재를 인정받았다. 오늘날 디파이는 1년 전과 비교해도 전혀 딴판으로 보인다. 내년에도 올해와 비교해보면 마찬가지일 것이다.

다시 말해, 살아남아 성장하면서 이미 수십억 달러의 고객 자금을 유치하고 있는 디파이 프로젝트의 리스크는 쉽게 평가할 수 없다. 디파이는 보험계리인에게는 악몽이다. 리스크 관리 전략을 강구할 데이터가 사실상 전무하기 때문이다.

대규모 프로젝트 대부분이 앞서 설명한 프로젝트를 포함해서 제2와 제3 세대 프로젝트를 출시하고 있다. '성숙한' 프로젝트에서도 보안은 물론이고 시스템 및 경제적 취약점 등의 문제가 발견돼 이후 문제들을 재검토하고 수정하여 새로운 버전에 적용했다. 하지만 아직 초기 단계에 불과하다. 디파이 산업은 헬멧도 안 쓰고 험한 지형을 질주하는 중이다. 질주 도중 다치는 사람도 있을 것이다.

이더리움과 비트코인 블록체인도 처음 출시됐을 때 대동소이했다. 젊고, 실험적이고, 검증되지 않았다. 비트코인 블록체인이 해킹당한 일은 아직 없지만, 외부와의 인터페이스는 수없이 해킹을 당했다. 거래소와 지갑이 주로 해킹 대상이었으나 노트북 운영체제인 '복사하여 붙이기 버퍼buffer(하나의 장치에서 다른 장치로 데이터를 전송할 경우 양자 간의 데이터 전송 속도나 처리 속도의 차를 보상하여 양호하게 결합할 목적으로 사용하는 기억 영역-옮긴이)'에서 지갑 주소를 대체하는 악성 프로그램을 쓰는 것 같은 기발한 해킹 시도도 있었다. 핵심 블록체인이 해킹당한 적이 없다는 건 이더리움도 비슷하다. 그러나 이더리움은 스마트 계약을 작성할 때 쓰는 솔리디티 프로그래밍 언어나 바이퍼Vyper 같은 언어와 함께 등장해서 디파이의 모든 앱을 포함해 모든 종류의 앱을 사용할 수 있게 해줬다. 이처럼 프로그래밍 언어가 추가되자 리스크들이 담긴 판도라의 상자가 열렸고, 일부 리스크는 다오 해킹과 같은 심각한 사고를 통해 진짜 리스크임이 확인됐다.

'핵심 개발자'로 불리는 비트코인 개발자들은 또한 새로운 프로토콜과 함께 코드베이스codebase(특정 소프트웨어 시스템, 앱, 소프트웨어 컴포넌트를 구축하기 위해 사용되는 소스 코드 모음-옮긴이)의 변경 사항을 꼼꼼히 검토하는 것으로 유명하다. 새로 제시된 것들에 대해 활발하게 논의하고 재구상한 뒤, 네트워크가 합의를 위해 재검토하기 전까지 오랜 기간 실험해보기 위해 '테스트넷Testnet'이라고 불리는 테스트 블록체인에 배치한다. 한편 비트코인의 실제 통화정책은 신성불가침한 것으로 여겨져서, 나카모토 사토시가 설정한 최초 버전부터 지금까지 불변의 상태로 남아 있다. 비트코인은 신뢰할 수 있고, 예측 가능하며, 변화에 둔감하다.

야생에서 실험이 진행되고, 정책이 그때그때 봐가며 대충 수정되는 것 같고, 프로토콜 변경이 자주 선포되는 디파이 세계는 그렇지 않다. 이곳에선 물론 모든 리스크가 돈을 훔치려는 악당들 때문에 생기는 것은 아니지만, 이 '부가 흐르는 강'을 해킹하려는 악당 중 일부는 세계에서 가장 똑똑한 사기꾼이라는 점을 강조해야겠다. 기술적으로 정교하기도 하고, 잘하면 수십억 달러를 빼낼 수 있다는 강력한 동기를 부여받은 암호화폐 해커 무리는 나라를 불문하고 어디서나 매초 암호화폐 표면을 조사하면서 취약점을 찾고 있다. 예컨대 북한이 사이버 범죄 단체로부터 많은 자금을 지원받고 있다는 소문도 있다. 그들이 고루한 랜섬웨어를 사용할지, 아니면 보다 정교한 뭔가를 사용할지는 아무도 모른다. 다만 해커들이 디파이 주위에 모여들고 있다는 것은 확실하다.

그래서 이더리움 네트워크에서는 전쟁이 한창이다. 한편에서는 계약상의 버그와 청산 기회는 물론이고 똑똑한 코드로 재빨리 가치를 끌어낼 방법을 모색하던 기회주의자들이 있다. 다른 한편에서는 취약점을 찾아 적극적으로 관련 당사자에게 연락하거나 버그를 직접 악용해보면서 정당한 소유자와 연락이 닿아 토큰이 반환될 수 있을 때까지 위험한 토큰을 안전하게 보호해주는 일명 '화이트 햇^{white hat}' 해커들이 있다.

그중 '삼츠선^{samczsun}'이라는 필명으로 활동하는 화이트 햇 해커는 2020년 9월 보안이 취약한 스마트 계약으로 묶여 있던 약 1,000만 달러 상당의 이더리움을 지키기 위해 밤샘 작업에 동참할 해커들을 끌어 모으기도 했다.

삼츠선은 블로그에 이런 글을 올렸다.

(스마트) 계약에는 시가 960만 달러 이상의 가치를 가진 2만 5,000개의 이더리움이 묶여 있다. 그 로직에서 버그를 찾아내는 데 성공한 사람은 아주 달콤한 소득을 올릴 것이다.

나는 이더리움이 어디로 전송됐는지 서둘러 코드를 뒤져보다가 두 건의 히트^{hit}(검색 결과-옮긴이)를 찾아냈다. 그중 하나는 이더리움을 하드코드된 토큰 주소로 전송해놓아서 무시해도 좋았다. 두 번째는 이더리움을 다른 곳으로 보내는 소각^{burn}(개인 키가 없는 암호화폐 지갑 주소로 화폐를 전송하여 다시는 사용할 수 없게 하는 것-옮긴이) 기능을 이용했다. 이 기능의 사용법을 추적한 결과, 누구나 무료로 자기가 가질 토큰을 만들어서 계약에 있는 모든 이더리움과 교환한 뒤 '소각'해버릴 수 있다는 것을 깨달았다. 심장이 쿵쾅거렸다. 갑자기 사태가 심각해졌다.

그래서 화요일 밤늦게 우리 해커들은 공동의 대의 아래 뭉쳐 960만 달러가 넘는 돈을 정당한 주인에게 되돌려주기 위해 끊임없이 노력했다. 우리는 지난 7시간 동안 온갖 노력을 기울여 지금처럼 트랜잭션을 보류시키면서 빙글빙글 도는 점이 뜨게 했다.

이런 로딩 표시기가 마침내 녹색 확인신호^{checkmark}로 바뀌자, 우리의 긴장된 침묵은 일제히 안도의 한숨으로 이어졌다. 우리는 한마디로 '어두운 숲 ^{dark forest}'을 빠져나온 것이다.

'어두운 숲' 은유는 공상과학소설 작가 류츠신劉慈欣의 3부작 《지구의 과거 기억Remembrance of Earth's Past》에서 따온 것이다. 류는 이 소설에서 우주에서 지적인 종족이 생존하는 가장 좋은 방법은 침묵함으로써 더 강한 존재들의 관심을 끌지 않는 것이라는 일명 '사회적 우주론'을 얘기했다.

그런 취약성이 드러났을 때는 조치를 취하는 것이 오히려 위험하다. 그랬다가는 오히려 네트워크의 나머지 부분에서 취약성을 노출시킬 수 있기 때문이다. 그래서 삼츠선은 자신이 모은 '오합지졸' 해커를 데리고 강력한 솔루션 구축에 나선 것이다.

하지만 범죄와는 무관하나 구멍, 깨진 유리, 벼랑 끝 같은 다른 위험도 있다. 어떤 위험이 있는지 전체적으로 살펴보겠다.

스마트 계약 버그

프로그래머가 아무리 똑똑하더라도 버그는 프로그래밍의 동반자다. 적어도 개발 기간에는 필요한 동반자라고 말하는 사람도 있을 것이다. 버그는 테스트 중에 프로그래머에게 무언가를 놓쳤음을 경고해주는 역할을 한다. 부족한 부분이나 예상치 못한 인풋, 하드웨어적 결함, 그밖에 의외의 상황 등이다. 또한 철저하게 테스트하고 유용한 툴을 사용했더라도 완제품이 나온 뒤 그동안 발견하지 못했던 버그가 확인되는 경우도 더러 있다. 아무리 훌륭하고 경험이 많은 프로그래머도 인정하는 사실이다.

스마트 계약도 마찬가지라서 버그를 확실히 박멸하기 위해서는 때때로 막대한 비용을 들여 외부 감사를 받아야 한다. 일단 스마트 계약이 작성되고 나면 빠르고 쉽게 수정할 수 없기 때문이다. 솔리디티의 디자인이 단기 계약을 기대했던 것도 이 때문이다. 프로그램 유지 기간이 길수록 버그가 발생할 확률은 올라간다.

버그가 반드시 큰 피해로 이어지지는 않으며, 종종 정직한 행위자가 감지하고 발견해내기도 한다. 그들이 계약 작성자에게 버그를 알려주면, 계약 작성자가 포크^{fork}(완전히 새로운 계약이란 뜻이며, 잠겨 있기 때문에 스마트 계약으로 패치를 보낼 수 없다)를 포함해 문제를 없애는 조치를 취할 수 있다. 하지만 때때로 나쁜 사람이 버그를 발견해서 토큰을 훔칠 방법을 찾아낼 수도 있다.

그렇다면 이런 일이 일어난 적이 있을까? 그렇다. 가장 유명한 해킹은 6장에서 언급한 다오 해킹이다. 이더리움 설립자들이 해킹이 일어나는 며칠 동안 공포에 질려 지켜보기만 하는 가운데 5,000만 달러가 사라졌다. 스마트 계약은 변경이 불가능하기 때문에 적어도 처음에는 속수무책으로 지켜볼 수밖에 없었다. 하지만 결국 멋진 반격을 통해 해킹을 막을 수 있었다. 그런데 이로 인해 이더리움은 앞에서 설명한 대로 '하드포크'라는 초강수를 두며 스스로를 재창조함으로써 프로젝트 전체가 무산될 위기에 빠졌다. 이 이야기는 역시 6장에서 언급한 카밀라 루소의《무한 기계》에서 묘사된 할리우드 스릴러의 모든 극적인 요소를 담고 있다.

물론 스마트 계약 버그는 범죄와는 무관한 시스템적 문제를 일으킬 수도 있다. 계약이 본래 수행하기로 되어 있는 기능을 수행하지 않는 경우가 이에 해당한다. 이런 경우 갑작스러운 신뢰 상실이나 계약 사용자의 신속한 이탈과 같은 심각한 연쇄 효과를 일으켜 토큰 가격의 붕괴를 초래할 수 있다.

이와 관련하여 유명한 사례 중 하나가 2020년 8월에 일어난 얌 프로토콜 붕괴 사건이다. 스테이블코인 기반의 수익 반납 앱인 이 디파이 프로토콜은 그 안에 다수의 혁신적인 요소가 내장되어 있었다. 독특한 스테이블코인 통화 알고리즘, 창업자 지분이 없고 초기 저가 토큰을 구하려는 벤처 자본가들을 단호히 거부하며 모든 참여자를 대상으로 얌 거버넌스 토큰을 '공정' 분배하는 방식, 그리고 불변의 거버넌스 계약이 모든 결정을 통제하는 완전한 온체인 거버넌스 체제 등이 대표적인 혁신 요소들이다. 이 프로토콜은 2020년 8월 11일에 출범하여 곧바로 엄청난 관심을 끌었고, 하루 만에 5억 달러에 달하는 유동성을 끌어모았다. 이들의 핵심적 혁신 중 하나는 얌 거버넌스 커뮤니티의 바람대로 프로토콜을 진행하기 위해 수익금의 일부를 개발 금고로 보내는 것이었다.

8월 12일 오후 6시까지는 모든 일이 순조롭게 돌아갔다. 돈이 풀로 몰리고, 얌 가격은 치솟고, 스테이블코인 통화 시스템은 잘 작동했다. 하지만 스마트 계약은 감사를 받은 적도 없고, 2주도 안 걸려 작성을 마친 것처럼 보였다. 이것이 화를 자초했다. 그리고 사실상 불가피하게, 수익 자본을 풀에서 개발 금고로 할당하는 '리베이스rebase' 실행 과정에서 버그가 나타났다. 그러자 스마트 계약에 포함된 거버넌스 투표 메커니즘이 작동 불능 상태에 빠졌다. 즉 시스템을 지배하는 사람이 사라졌고, 무엇보다 상황을 원상 복구할 수 없었다. 스마트 계약은 편집이 불가능하기 때문이다. 사태는 점점 더 심각해졌다. 거버넌스 문제 해결책을 시도하자 두 번째 버그가 발생했다. 아무리 해도 바꿀 수 없는 스마트 계약은 해결책을 실행할 수 없었다. 그래서 모든 것의 가치가 폭락했다. 스테이킹 참여자의 약 75%가 자금을 인출했다. 얌 토큰 가격은 하루 만에 고점인 160달러에서 1달러 아래로 고꾸라졌다. 13일 오전 8시가 되자 모든 것이 끝났고, 얌은 3일 동안 존재한 뒤 사라졌다.

얌의 창시자인 브록 엘모어^{Brock Elmore}는 트위터를 통해 "여러분 죄송합니다. 망했습니다. 오늘 정신없이 응원해줘서 고맙습니다. 저는 슬픔에 빠져 있습니다"라고 전했다.

맞다. 틀림없이 그랬을 것이다.

가장 큰 위험은 스마트 계약에 버그가 들어 있을 수 있다는 사실이 아니다. 이런 버그가 악인들에게 이용당하든 단순히 계약상의 신뢰를 무너뜨리든 간에, ATM 현금 탈취나 은행 백오피스에서 발견된 허위 계좌나 회사 재무상태표의 계산 오류보다 훨씬 더 큰 손실을 초래할 수 있다는 것이다.

이 같은 이슈는 2021년 8월 폴리^{Poly}(주로 중국에서 사용되던 블록체인들을 서로 연결하는 기술)라는 프로젝트에서 다양한 암호화폐 형태로 6억 8,100만 달러라는 엄청난 자금이 빠져나가자 전 세계 뉴스 1면을 장식했다. 이야기는 빠르게 퍼져나갔다. 이 충격적 사건은 암호화폐 커뮤니티를 훨씬 벗어나 전 세계 저녁 뉴스와 소셜 네트워크로 퍼지면서 큰 반향을 일으켰다. 이후 슬로미스트^{SlowMist}라는 중국의 사이버 보안 업체가 해커들의 신원을 추적하는 데 성공했다는 소문이 돌기도 했다.

해커들은 잡히면 장기 징역형에 처해진다. 해킹을 당하고 몇 시간 뒤, 폴리는 자신들은 화이트 햇이며 돈을 돌려줄 계획이라고 주장하는 해커들로부터 연락을 받았다.

해킹된 돈이 폴리로 다시 들어오기 시작했지만 들어오는 속도가 느려졌다. 그러자 해커들과 폴리는 포상금 지급 문제와 관련한 협상에 착수했고, 이후 몇 주 만에 폴리는 돈을 완전히 돌려받았다. 해킹의 자세한 의도와 동기는 지금도 여전히 불분명하지만, 두 가지는 확실했다. 첫째는 악의로 해킹을 한 해커들이 쉽게 선의의 해커들인 것처럼 위장할 수 있다는 것이고, 둘째는 해킹이 성공했을 때 얻는 이익이 엄청나다는 것이다. 그러니 역대급 한탕을 노리는 똑똑한 악당들은 점점 더 늘어날 것이다. 해커들은 폴리에 "우리는 전설이 될 것이다"라고 적은 메일도 보냈다. 그들 생각이 맞았다.

모두가 스마트 계약의 버그를 무서워한다. 그래서인지 완전 제3자 인증 업계가 갑자기 부상하면서 가장 뛰어난 인재와 똑똑한 도구를 사용하여 코드 감사 서비스를 제공하겠다고 장담하기도 한다. 12장에서 살펴본 넥서스뮤추얼처럼, 스마트 계약 보험 업계도 커지기 시작했다. 이처럼 스마트 계약 이용자들에게 보험 서비스를 제공하는 새로운 디파이 보험 프로젝트들이 등장하는 동안 전통 보험회사들은 그저 멍하니 서서 돌아가는 상황을 지켜볼 수밖에 없었다. 이런 사실은 시사하는 바가 크다. 디파이 보험 프로젝트는 스마트 계약에 압축되어 있는 새로운 보험상품이라고 말할 수 있다. 보증해주는 계약과 마찬가지로 그들 역시 이더리움 블록체인상에서 돌아간다.

결합성 리스크

앞에서 누구나 사용할 수 있는 단일 금융 스마트 계약을 지칭하는 머니 레고라는 용어를 설명했다. 이 모든 작은 스마트 계약(분명 친환경 계약이다)은 각기 다른 레고들과 상호작용하는 자립적·비자립적 금융 기능을 제공하고, 겹겹이 쌓여 훨씬 더 복잡한 금융 서비스를 제공하고, 무한대에 가까운 다양한 서비스를 제공한다. 이런 개념은 '앱 프로그래밍 인터페이스Application Programming Interfaces, API'라는 표준화된 게이트웨이를 통해 통신하는 '마이크로서비스micro-service'를 통해 전통적인 컴퓨터 프로그래밍에서도 오랫동안 존재했다.

그러나 솔리디티 등을 포함한 스마트 계약 언어는 '범용' 언어가 아니라는 점에서 약간 차이가 있다. 다시 말해, 스마트 계약들은 주소 간 가치 전송 같은 금융 업무를 처리하기 위해 설계됐다. 이런 머니 레고들을 서로 끼워 넣는 능력을 '결합성'이라고 한다. 금융 설계사는 레고 블록으로 쌓아 올리기만 하면 해결책을 구성할 수 있다. 따라서 단 한 명의 개발자라도 효율적이고 신속하고 쉽게 복잡한 금융상품을 만들 수 있다.

다음은 https://our.status.im/ 사이트에서 가져온 사례다. 지금까지 거론된 실제 디파이 프로젝트나 암호화폐 토큰은 무시하자. 그저 머니 레고 모델을 맛보기로 만들어본 것뿐이다.

1. 컴파운드에서 다이로 대출받는다.
2. 다이를 똑같이 둘로 나눈다.

3. 오아시스^{Oasis}(개인 정보 보호 기반의 레이어 1 블록체인 네트워크-옮긴이)에 절반을 넣어 8%의 이자를 받는다.

4. 디파이잽^{DeFi Zap}(사용자가 스마트 계약 및 탈중앙 앱과 호환되는 데이터 피드를 생성, 게시, 구독할 수 있게 해주는 플랫폼-옮긴이)에서 이더리움 레버리지 포지션에 나머지 절반을 넣는다.

5. 이더리움이 특정 가격 수준에 도달하면 위 두 곳에서 자금을 뺀다.

6. 대출금과 이자를 컴파운드에 되돌려준다.

7. 레버리지 포지션으로 번(이더리움 가격이 상승했다고 가정하고) 나머지 돈을 유지한다.

이 상품은 몇 시간까지는 아니더라도 며칠이면 구축, 테스트, 출시 준비까지 다 할 수 있다. 은행이 이처럼 복잡한 신상품을 만드는 데는 얼마의 시간이 걸릴 것으로 예상하나? 몇 달? 몇 년? 몇 명의 개발자가 투입될까? 그리고 개인 자본 제공자인 당신은 그런 상품의 내부 작동 원리를 볼 수 있을까? 어림없는 소리다.

결합성이 분명 강력하긴 하나 현재 스마트 계약 버그의 위험은 더욱 커지고 있다. 각각의 머니 레고는 버그가 없어야 하며, 여러 개가 연결된 머니 레고들은 비슷하게 상태가 양호한 또 다른 층을 추가해야 한다. 새로운 머니 레고 블록이 추가될 때마다 시스템의 복잡성은 커진다. 또한 솔루션 전체의 규모가 커지면서 상호의존성이 같이 커질수록 시스템의 리스크도 비선형적으로 올라간다.

리스크를 가중시키는 문제가 하나 더 있다. 디파이 프로젝트는 블룸버그 같은 기존 데이터 피드에서 제공하는 상품 가격이나 금리 등의 실제 데이터에 접근할 수 있게 해주는 체인링크 같은 오라클을 점점 더 많이 사용하고 있다. 그런데 이로 인해 공상과학소설 내용처럼 디파이와 현실 세계 간의 입구가 열리면서, 외부 데이터를 요청한 계약이 확인하기도 전에 데이터가 조작되는 등 온갖 피해가 초래될 수 있다. 오라클 제공사들은 이 문제를 잘 알고 있으며, 데이터를 검증하고 (당연히 탈중앙화 또는 최소한 분산형 합의 메커니즘을 통해), 데이터를 사용하려는 계약도 데이터를 신뢰할 수 있다는 데 동의할 수 있게 하려고 온갖 노력을 기울이고 있다. 그러나 외부 오프체인 세계와 디파이 온체인 세계 사이에는 적극적인 경계가 요구된다.

결합성 리스크 때문에 크고 작은 공포가 종종 발생할 것이다. 앞서도 말했듯이 이로 인해 다치는 사람들도 생길 것이다. 무엇이 됐든 성숙해지는 데는 시간이 걸리기 마련이다. 디파이가 미치는 강력한 기술적·경제적 영향을 예의 주시해온 저스틴 휴메난스키Justine Humenansky는 "결합성은 신속한 혁신을 가능하게 하지만, 머니 레고가 빠르게 머니 도미노가 될 수 있다는 것을 의미하기도 한다"라고 말했다.

뱀파이어 같은 재정 거래봇 ───

덱스는 한 토큰을 다른 토큰으로 맞바꿀 수 있게 해준다. 수많은 프로젝트에 걸쳐 수많은 유동성 풀이 분산되어 있기 때문에 덱스 생태계에 침입한 악성코드는 마치 뱀파이어처럼 은밀히 최적의 거래를 찾다가 약간의 토큰을 빼내 당신의 거래를 실행하기 전에 지갑으로 보낼 수 있다. 좋은 짓은 아니다. 악성코드가 주요 스마트 계약(물론 계약 코드가 투명하게 공개되어 있어 누구나 분석할 수 있으므로 악의적 행동을 빠르게 간파할 수 있다) 밖에 있을 수 있지만, 주문을 수집하는 웹의 프런트엔드 같은 곳에 숨어 있을 수도 있다. 이 모든 일이 매우 난해하고 기술적인 문제와 깊이 관련되어 있는데, 한 곳 이상의 덱스가 이런 행위를 한다는 비난을 받고 있다.

또한 트래드파이에서 재정 거래를 자동으로 거래해주는 봇[bot]인 재정 거래봇 거래와 이른바 선행 매매가 빈번히 일어난다는 사실에도 주목해야 한다. 또 가해자(대개 대형 투자은행)가 설사 돈을 훔치지는 않더라도 이런 식의 행위를 처벌받지 않은 채 수십 년 동안 자행해왔다는 사실도 마찬가지다. 트래드파이에서는 이것이 범죄 행위가 아니고, 디파이에서도 이런 봇을 범죄자로 간주하지는 않는다. 일반 트레이더에겐 다소 손해를 끼치는 일이지만 말이다. 어쨌든 자유의지론자적 컴퓨터 프로그래머에겐 관행을 근절할 기회의 영역일지도 모른다.

시스템적 리스크

우리가 말하는 시스템적 리스크란 전체 디파이와 암호화폐 공간에서 일어날 수 있는 리스크를 말한다. 이런 토큰 다수에서 나타나는 높은 가격 변동성은 예전부터 일반적인 일이었으며, 비트코인처럼 등장한 지 오래된 암호화폐조차 하루에 5%가 넘는 변동성을 보이곤 한다. 디파이 생태계를 위해 배치된 많은 작은 토큰들은 투자심리의 변화나 편

더멘털상의 이유로 야기된 갑작스러운 롤러코스터 장세를 더욱 쉽게 경험한다.

속도가 아무리 빠르건 간에 암호화폐 가격의 등락은 보유자 말고는 누구에게도 별로 신경 쓸 일이 아닐 것이다. 그러나 많은 디파이 프로젝트가 상호 연결되어 있다는 점에서 급격한 가격 변동은 강제 청산과 무서운 전염을 일으켜 발화 지점에서 멀리 떨어진 곳까지도 의도치 않게 중대한 결과에 맞닥뜨리게 하는 연쇄 반응을 촉발할 수 있다.

트래드파이 세계에서 우리는 이미 이런 사례를 수없이 목격해왔다. 2008년 일어난 서브프라임 사태 때는 부동산 업계를 넘어서도 큰 피해가 발생했다. 중소기업은 물론 대기업까지 많은 기업이 문을 닫았고, 여러 대륙의 경제활동이 위축됐으며, 전 세계적으로 수조 달러의 자산이 증발했다. 워싱턴에 본사를 둔 조사기관인 베터마켓$^{Better Markets}$은 2015년의 서브프라임 사태와 그에 따른 도미노 효과로 전 세계적 피해액이 무려 20조 달러에 달할 것으로 추산했다.

디파이에서는 이런 위험을 낮추기 위해서 할 수 있는 일이 거의 없다. 수학적 암호 세계에서 이런 리스크가 등장하자 일반인은 물론이고 심지어 디파이 신봉자들까지도 화들짝 놀랐다. 전 세계 인구 중 1억 명만이 디파이 세계에 발을 담그고 있는데 이 중 일부는 문제의 징후가 보이자마자 철수하곤 한다. 디파이 계약이 얼마나 안전하고 투명한지 논의해봤자 소용이 없다. 사용자들은 여전히 리스크를 회피하고 있으며, 오래된 전통 시장에서와 마찬가지로 이곳은 두려움에 지배되고 있다.

디파이 설계자들이 갑작스러운 가격 변동과 같은 시스템적 충격에 맞서 강력한 방어책을 구축하려고 애쓸지도 모르나 그런 충격은 계속해서 일어날 것이다. 그렇긴 하지만 2021년 6월 암호화폐 가격이 불과 몇 주 만에 반 토막이 났어도 시스템이 붕괴하지는 않았다. 암호화폐 생태계는 처음에 큰 충격을 받은 후 놀라운 회복력을 보여줬고, 충격이 확산되지 않았으며, 거래소와 유동성 풀은 계속해서 유지됐다.

밈적 피해

2021년에 일어난 금융 사건 중 가장 크게 주목받은 것은 레딧에 개설된 주식 토론 게시판 월스트리트베츠^{WallStreetBets}에 모인 개인 투자자들이 일으킨 사건이다. 다수의 개인 투자자가 힘을 합쳐 비디오게임 소매 유통 업체 게임스탑^{Game Stop}을 비롯해서 여러 기업의 주가를 급등시켰다. 이처럼 레딧이나 트위터 등에서 회자되며 유행하는 종목을 '밈 주식'이라고 한다. 어떻게 이런 일이 일어났는지는 구체적으로 드러나지 않았지만, 중요한 사실은 레딧과 그 밖의 소셜 채널을 통해 밈 주식에 대한 소문이 빠르고 강력하게 퍼졌다는 점이다. 예로, 밈 주식 중하나인 게임스탑의 주가는 2022년 1월 초 20달러에 불과했지만 몇 주만에 400달러 부근까지 치솟았다.

소프트웨어 엔지니어 빌리 마르쿠스^{Billy Markus}와 잭슨 파머^{Jackson Palmer}가 장난삼아 만든 비트코인류의 암호화폐인 도지코인 가격이 폭등할 때도 비슷한 일탈적 행동이 목격됐다. 파머는 자신은 도지코인으로 한

푼도 벌지 못했다고 말했지만 그 역시 장난삼아 한 말일 것이다. 일론 머스크가 올린 단 하나의 트윗이 도지코인 로켓에 연료를 공급한 격이었다. 도지코인은 본래 암호화폐 세계에서 낙오자에 가까웠다. 하지만 4개월도 채 안 되는 시간 동안 시가총액이 70배 급등하며 700억 달러에서 고점을 찍었고 시가총액 기준 다섯 번째로 큰 암호화폐가 됐다. 이런 가격 상승은 수백 건의 대형 거래가 아니라 수만 건의 아주 작은 거래로 주도됐다. 이는 개인 투자자들도 기관 투자자들만큼이나 쉽게 가격을 움직일 수 있다는 걸 보여준다. 머스크는 도지코인의 급등을 이끌었지만, 반대로 몇 차례의 가시 돋친 트윗으로 수백억 달러 상당의 비트코인 가치를 날려버리기도 했다.

이들 자산의 가격 상승이 지속될지가 중요한 것이 아니다. 그보다는 인터넷이 과거, 특히 소셜 미디어가 부상하며 도달 범위가 넓어지기 전에는 불가능했을 빠른 속도와 영향력을 가지고 밈과 잘못된 정보를 확산시켰다는 점이 중요하다. 그리고 밈적인 행동에는 힘이 있어서 때로는 수백만 명의 문화적 DNA 안으로 들어가 현실 세계의 행동을 이끈다.

이런 리스크는 디파이로도 확산될 것이다. 소문과 혼란과 비난받아야 할 '개미 꼬시기 작전^{pump-and-dump narrative}'은 등장 당시부터 지속돼온 암호화폐의 환경적 특징이다. 그리고 디파이의 미래에 가하는 정량화하기 어려운 리스크다.

규제

일반적으로 암호화폐, 특히 디파이에 대한 규제라는 주제는 전 세계 정책 입안자들 사이에서 커다란 실망을 불러일으켰다. 시민과 기업들이 암호화폐를 디지털 자산의 보관과 이전 문제를 해결해줄 더 나은 대안으로 생각하고, 관심을 쏟고, 투자하는 어느 나라에서나 매한가지였다. 앞서도 언급했듯이, 중앙은행과 정부 지도자들은 수조 달러의 자금이 트래드파이 세계에서 빠져나와 때로는 눈에 띄지도 않는 이 새롭고 낯선 세계로 흘러 들어가는 것을 보고 깜짝 놀랐다.

2010년대가 끝나기 전까지 암호화폐와 블록체인 금융 서비스로 유입된 돈은 몇백억 달러에 불과했다. 하지만 현재는 투자금이 수조 달러에 이르며, 이에 따라 규제 당국 입장에서도 완전히 다른 사안이 됐다.

결과적으로 우리는 노골적인 금지, 경고, 철회, 지도, 법률 집행, 폐지, 돌변 등 규제 당국의 섣부르거나 잘못된 정보에 근거한 반응을 접했다. 또한 그로 인해 일어난, 중국에서부터 인도와 미국에 이르는 전반적인 혼란을 목격해왔다. 도대체 무엇을 어떻게 해야 할지를 누구도 몰라서 벌어진 일이다.

암호화폐로 세금 납부를 허용함으로써 '세계 최초의 암호화폐 도시'라는 별칭을 얻은 스위스의 추크주부터 암호화폐를 이용해서 제재를 피하고 있는 이란, 비트코인 사용을 전면 금지한 튀르키예, 블록체인 기술과 암호화폐를 도입하기 위해 친화적인 법률 환경 조성에 앞장서온 와이오밍주까지 각자 자신만의 길을 걸어가고 있는 것 같다. 중국에서 여러 차례 그랬듯이, 정부 산하 조직들 간에 발표하는 암호화폐

정책이 모순되는 경우조차 종종 있다.

이 새로운 세상에서 곧바로 성공을 거둔 세금 규제 시도는 전통적인 금융기관에서 암호화폐가 법정통화로 반환되는 지점에서 일어났다. 즉, 암호화폐 거래소에서 은행으로 또는 그 반대로 자금이체가 이루어지는 경우다. 각국 정부는 이처럼 국경을 넘나드는 자금을 파악하면 자기 뜻대로 할 수 있다. 미국 등 일부 국가는 전통적인 금융기관으로 반환되지 않았을 때조차 모든 암호화폐 거래에서 발생하는 이익에 과세를 요구하는 판이니, 암호화폐가 법정통화로 전환되기까지 기다릴 생각도 없는 듯하다.

전 세계의 세법을 살펴보면 당혹스럽다. 이스라엘에서는 암호화폐를 자산으로 간주해 과세한다. 불가리아에서는 금융자산으로, 스위스에서는 외화로 간주해 과세한다. 아르헨티나와 스페인에서는 암호화폐로 얻은 이익은 소득세 부과 대상이다. 덴마크에서는 암호화폐로 이익을 거뒀을 때는 소득세를 내되, 손실을 냈을 때는 공제받을 수 있다. 그리고 영국에서는 기업이지, 비법인 기업unincorporated business(자본이나 주식의 전부 또는 대부분을 한 사람이 소유한 회사-옮긴이)인지 혹은 개인인지에 따라 세금이 다르게 부과된다.

세금 문제 외에도 금융과 통화 규제, 정책과 법률 등 온갖 문제가 있다. 이 역시 골치 아픈 문제들이다. '암호화폐 토큰의 정체는 무엇인가?'라는 논쟁은 여전히 계속되고 있다. 통화인가? 상품인가? 부동산인가? 공유물인가? 규제기관마다 생각하는 것이 다르며, 국가별로도 다르다.

간단히 말해서 전 세계적으로 암호화폐 규제와 관련한 혼란이 커지고 있다. 전례가 없는 거대한 혼란이다. 미래의 규제들이 언제, 어떻게, 심지어 어떤 힘과 세계적 권한을 가지고 마련될지는 불분명하다. 금융과 통화 문제를 둘러싼 규제는 한도 끝도 없다. 그런 규제는 소비자를 보호하고, 통화와 재정 안정을 유지하고, 경제에 최상의 성장 기회를 제공하고, 세금을 공정히 부과하는 것이 목적이다. 그래서 보험을 들어주고, 보호해주고, 지켜주고, 감독해주고, 규제가 잘 지켜지는지 감시해준다.

암호화폐에도 그렇지만 특히 디파이에 일부 규제를 적용하는 건 복잡한 문제다. 애초에 완전히 무규제로 시작했기 때문에 참여자들은 계속해서 그런 상태가 유지되기를 바란다. 전통적인 금융 규제와 법률 대부분은 암호화폐와 전혀 다른 산업을 대상으로 하여 마련된 것이라 암호화폐 세계에서는 부적절하거나 시행하기 어렵다. 2021년 8월 5일 SEC의 게리 겐슬러^{Gary Gensler} 위원장은 트위터를 통해 이 문제에 대해 고민해볼 여지가 있음을 시사했다. 그는 "대부분 16년 전에 채택된 규칙은 오늘날의 기술을 완전히 반영하지 못한다. 우리는 우리 주식 시장이 '공정하고, 질서 정연하고, 효율적인 시장을 유지하고 투자자를 보호하고, 자본 형성을 촉진한다'라는 미션에 따라 규칙을 재정비할 방법을 찾아야 한다"라고 적었다.

물론 암호화폐 시장의 참여자 다수가 실제로 규제로 보호받기를 원할 수도 있다. 세금을 정직하게 납부해야 한다고 믿으며, 선량한 시민으로서의 의무를 다하고자 하는 사람들도 있다. 그리고 정부 당국이 나라를 더 잘 통치할 수 있게 암호화폐 거래를 경제적 관점에서 바라봐야 한다고 믿는 참여자들도 있다. 하지만 감독받는 걸 꺼리는 사람들이 더 많다. 특히 국가의 간섭을 받지 않는 자유 통화 시스템을 꿈꿨던 이 분야의 초창기 자유주의적 선구자들 사이에서는 반감이 더욱 심하다.

2021년 8월, 이런 반감을 무마하기 위해 미국 상원에서 놀랄 만한 조치를 취했다. 상원 전체 회의에서 조 바이든 행정부가 제안한 1조 2,000억 달러 규모의 인프라 투자를 위한 법안을 찬성 69표 대 반대 30표로 가결한 것이다. 그간 논란이 됐던 암호화폐 브로커에 대한 세금 신고 의무화와 관련해 초당적으로 이뤄졌던 수정안의 내용은 포함되지 않았다.

법안의 핵심 쟁점 중 하나는 암호화폐 브로커를 '거래를 가능하게 하는 모든 사람'이라고 정의했는데 이 정의가 작업증명 채굴업자, 지분증명 검증자, 프로토콜 개발자까지 모두 포함되도록 확장될 수 있느냐 하는 것이었다. 법안 내용이 알려지면서 미국의 5,000만 암호화폐 보유자들이 일제히 격분하자, 수정안이 제안됐다. 이후 양당 의원들의 합의가 도출됐으나 법안 논의 종결 후 수정안을 기존 법안에 추가하기 위한 상원 만장일치 동의를 얻지 못하면서 인프라 법안은 기존 원안대로 처리됐다.

이는 암호화폐의 내부 작동 원리에 대한 상원의원들의 심각한 이해 부족을 드러낸 사건이다. 이 책을 여기까지 읽어온 사람이라면 동의하겠지만 암호화폐 세상은 참신하고, 복잡하고, 혼란스럽고, 끊임없이 진화하고, 기술적으로 난해하다. 이런 세상을 깊이 이해하는 사람이 있을 수 있지만 적어도 상원의원들은 그렇지 않다는 사실이 확인됐다.

인프라 법안이 기존 원안대로 처리된 데 대한 논란은 지금까지도 이어지고 있다. 이 사건이 일어난 뒤 몇 주 만에 미국 정부와 주 규제 당국은 코인베이스, 블록파이BlockFi, 셀시어스Celsius 같은 회사들의 디파이 활동을 겨냥해 다양한 조치를 취하면서 전쟁의 시작을 알렸다. 여기에 덧붙여 겐슬러 위원장은 앞으로 규제가 강화될 가능성마저 경고했다.

암호화폐 업계에 대한 규제는 아직 끝나지 않았고, 예측 가능한 방향으로 흘러가고 있지도 않다. 이보다 더 혼란스러운 일은 전 세계 사법 당국마다 각기 다른 규제를 적용하고 있다는 점이다. 어떤 나라의 사법 당국도 탈중앙화된 글로벌 클라우드에서 활동하는 업계를 감독하지 않는다. 그러나 현재의 위태로운 상황을 고려할 때, 우리는 이런 규제가 혁신가들과 규제 당국 및 자신의 텃밭이 위협받는다고 느끼는 대형 금융기관들 사이에서 심각한 적대 관계가 형성되기 전에 일어나는 그저 소규모의 충돌에 불과한 건 아닌지 의심하고 있다.

또한 국가의 개입에 반대하는 일부 프로젝트와 사람들이 규제를 피하기 위해서 또는 알 수 없는 이유로 익명성 속으로 더 깊숙이 들어가 숨을지도 모른다. 그게 아니라면 최소한 세금 문제에 대해서라도 앞에 나서서 이렇게 말할 수도 있다. "내가 가진 것과 내가 해온 일이 뭔지 봐라. 나는 숨길 것이 없다. 내가 당신에게 빚진 게 있나?"

그리고 시간이라는 문제도 있다. 어느 나라에서나 법과 규제가 마련되기까지는 시간이 걸린다. 백서, 녹서green paper(의회 심의용 정책 제안서-옮긴이), 공개 논평, 위원회, 공표, 공모, 수정안을 마련하는 데 모두 시간이 걸린다. 그렇지만 금융 혁신은 순식간에 일어나므로, 정책과 규제가 따라잡기 힘들 것이다. 이런 차이가 어떤 영향을 줄지는 전적으로 불확실하다. 그런데도 정부와 규제 당국은 디파이를 공격하고자 잘못된 정보를 토대로 만들어진 거대한 지팡이를 가지고 다닌다. 디파이 혁신은 매우 빠르게 진행되기에 측정은커녕 제대로 설명조차 할 수 없다. 이런 것을 과연 어떻게 규제한다는 말인가?

이런 부적합한 규제로 업계 전체에 제동을 걸 수 있을까? 우리는 그럴 수 없다고 주장한다. 한편에는 수천 년 동안 존재해온 것보다 더 좋고, 더 안전하고, 더 공정한 금융 시스템을 구축하는 똑똑하고, 젊고, 약삭빠른 혁신가들이 존재한다. 그리고 다른 한편에는 통제력을 유지하려 애쓰는 은행들과 정부가 존재한다. 우리는 혁신가들의 승리에 판돈을 걸 것이다.

다음 장에서는 블록체인 컨설턴트이자 전문가인 케이틀린 롱Caitlin Long이 이 두 세력 간 다툼의 '중간지대no-man's land'로 우리를 안내해줄 것이다. 그녀가 사실상 혼자서 질서에 이르는 길을 개척하기 위해 어떤 일을 했는지도 자세히 들려주겠다.

기술적 리스크 ⎯⎯

기술 설계라는 광범위한 카테고리와 관련된 리스크는 많다. 이런 리스크는 본질적으로 엔지니어링상의 문제이며, 대개는 더 나은 엔지니어링으로 해결될 것이다. 엔지니어링 문제들로는 다음과 같은 것들이 있다.

- 네트워크 과부하로 인한 비싼 요금: 13장에서 삼중고를 설명할

때 다룬 문제다.

- 개인 키 보호: 이를 위해 수백 개 기업이 계속 노력하고 있다. 홍채·음성·얼굴 인식 등보다 궁극적으로 생체인식 키가 인정받을 가능성이 크다.
- 사용의 용이성: 이것은 설계상의 문제다. 프로젝트가 이 문제를 해결하지 못하면 사용자를 잃게 된다.
- 인터페이스 악성코드: 여러 번 장애가 발생한 암호화폐 지갑과 같은 블록체인 시스템에 사람이 접촉하는 지점으로 파고든 경우
- 키의 암호 알고리즘을 뛰어넘는 양자 컴퓨팅의 위협
- 소규모 재정 거래로 수익을 얻기 위해 선행 매매를 하는 채굴자: 리스크가 그다지 크지는 않지만 실제로 매일 생긴다.

모두 일시적인 리스크들로, 대부분은 인터넷이 발달하던 시기에도 존재했으나 모두 해결됐다.

추가적인 네 가지 리스크 ⎯⎯

앞서 이야기한 것 외에 언급할 만한 네 가지 리스크가 더 있다.

첫 번째는 롱테일long-tail(몇 안 되는 소수의 사건이 결과의 대부분을 책임지게 되는 것-옮긴이) 리스크다. 누군가가 이더리움보다 뛰어난 블록체인(확실한 계약 언어를 섞어서)을 구축하면 어떻게 될까? 우리는 이미 그런 일을 목격한 적이 있다. 이더리움의 경쟁사로는 폴카닷, 솔라나, 카르다노,

BSC 등이 있다. 그들은 분명히 자신들이 더 나은 '쥐덫'을 가지고 있다고 주장할 것이다. 하지만 인생에서 일어나는 많은 일이 그렇듯, 땅이건 무엇이건 선점한 자를 쫓아내기가 가장 어렵다. 전 세계적으로 이더리움을 중심으로 사용자, 개발자, 프로젝트 및 지원 시스템이 활동하는 거대한 산업이 형성되어 있다. 우리는 롱테일 리스크가 크다고 생각하지 않으며, 예컨대 이더리움이 대체되는 것 같은 블랙 스완급 사건이 일어나더라도 디파이는 죽지 않으리라고 본다. 디파이는 단순히 더 나은 쥐덫으로 옮겨갈 것이다. 항상 최고의 기술이 아니라 최고의 이야기가 이기는 법인데, 현재 이더리움은 그러한 최고의 이야기를 가지고 있다.

두 번째는 거버넌스 공격 리스크다. 일부 디파이 프로젝트는 기본 프로토콜의 방향에 대해 투표할 권한이 부여된 토큰을 사용자에게 수여하거나 배포해왔다. 즉, 연 같은 경우 프로젝트가 완전히 분산되고 민주화된다. 원칙적으로 대다수의 토큰 보유자가 함께 뭉쳐서 방향이 틀렸거나 악의적인 행동을 취함으로써 원래 디파이 프로젝트를 몰라볼 만큼 위험한 프로젝트로 변형시킬 수도 있다. 그러나 이런 무신뢰 세계의 다른 많은 것과 마찬가지로 거버넌스 토큰을 소유하는 많은 당사자가 익명성을 유지한다는 사실 자체가 이런 일을 일으킬 가능성을 희박하게 한다. 다만 언젠가 이런 일이 일어난다면 암호화폐광들은 재미있는 영화를 보듯 할 것이다.

세 번째는 러그풀rug-pull 리스크다. 러그풀이란 양탄자를 뜻하는 '러그rug'와 '잡아당기다'를 뜻하는 '풀pull'의 합성어로, 위에 사람이나 물건이 있을 때 양탄자를 힘껏 잡아당겨 쓰러뜨리는 행위를 말한다. 비트코인 업계에서는 '코인 개발자가 투자자에게 사기를 친다'라는 뜻으로 쓰인다. 러그풀 리스크에는 두 가지 유형이 있다. 먼저, 익명인 경우가 잦은 프로젝트 개발자가 일종의 인센티브를 받고 프로젝트에 자본을 끌어들인 후 종적을 감춰버리는 '강력한' 러그풀이다. 다음으로, 개발자가 단순히 프로젝트를 포기하고 방치해버리는 상대적으로 '약한' 러그풀이다. 2021년 6월 포니웨일Ponywhale이라는 프로젝트에서 약한 러그풀이 일어났다. 익명의 개발자들이 그냥 종적을 감춰버린 것이다. 이 두 가지 유형의 러그풀은 모두 자본 공급자들을 곤경에 빠뜨리면서 프로젝트에 큰 피해를 줬다. 우리는 이런 이야기를 통해 익명성의 유혹에 넘어가지 말고 설립자가 누구인지 알아야 한다는 교훈을 얻었다.

네 번째는 간과되기 쉬운 '개발자와 인센티브 사이의 불일치' 리스크다. 개발자들은 종종 급여 대신 토큰을 받거나, 출시 전 프로젝트 개발에 기여한 대가로 무료 토큰을 받는다. 토큰이 최종적으로 대중에 공개되면 그들이 보유한 토큰은 때로는 인생을 바꿔놓을 만큼의 가치를 지닐 수도 있다. 그런데 시간이 지나 토큰 코드에 버그가 있다는 사실이 발견될 수도 있다. 개발자들은 오래전에 이 프로젝트를 떠났고, 토큰은 이미 오랫동안 팔린 상태라면 어떤 일이 일어나겠는가? 그러니 개발자들은 훨씬 더 오랫동안 책임을 져야 한다. 개발자들이 굳이 자기가 만든 기차에 올라탈 필요가 없다면 코드의 버그 위험은 더 커진다.

재무 리스크   ———

광범위하게 봤을 때 재무의 범주에 속하는 리스크가 많지만, 지금까지 논의한 리스크들과 구분하기 모호한 경우도 있다. 지금까지 논의한 리스크 중 어떤 것이든 구체화되면 재무적인 영향을 미칠 것이다. 금융 거래에서 결제 불이행이 발생하는 거래상대방 리스크도 재무 리스크지만, 유동성 풀과 디파이와 AMM의 즉각적인 결제 특성을 고려했을 때 이런 리스크는 관리 가능한 것으로 드러나리라고 믿는다.

재무 리스크 중 대표적인 것이 암호화폐 대출을 받는 사람들의 담보를 둘러싼 우려다. 담보가 충분하지 않다면 어떻게 될까? 암호화폐 시장은 높은 변동성으로 유명한데, 급격한 가격 움직임 탓에 담보의 청산 가치가 대출금보다 낮아진다면 어떻게 될까? 2021년 6월 암호화폐 시장이 반 토막이 났던 때를 떠올려보라.

그리고 '자산 수탁^{asset custody}' 리스크도 있다. 암호화폐 세계에서는 자산을 개인 키와 교환할 수 있다. 즉, 개인 키가 있으면 자산에 접근할 수 있다. 대부분 사람은 자신의 키를 기억하는 걸 귀찮게 생각하기 때문에 대형 기관에서 이를 서비스로 제공하는 경우가 늘고 있다. 그러나 수탁 기준은 아직 정해지지 않았으며, 수많은 기술과 프로세스가 이 시장을 차지하기 위해 경쟁하고 있다. 이 중에는 100% 디지털인 경우도 있고 일부만 디지털인 경우도 있다. 이는 제삼자의 수탁 방식이 더욱 표준화되고 변조가 불가능해질 때까지 리스크 영역으로 남는다.

그리고 마지막으로 돈 세탁에 활용될 리스크도 있다. 이런 문제는 디파이에만 국한되지 않고, 암호화폐 업계도 초기부터 돈세탁 문제에 끊임없이 시달려왔다. 그러나 체인어낼리시스Chainalysis 같은 기업과 힘을 합친 연방과 지방 정부가 고해상도 현미경을 가지고 블록체인 업계를 자세히 들여다보기 때문에 돈 세탁업자들이 활개를 치기가 예전보다 어려워졌다. 체인어낼리시스는 매년 사이버 범죄 보고서를 발표하는데, 2021년 보고서에서는 암호화폐 트랜잭션의 약 2%가 범죄를 지원하는 것으로 추산했다. 유엔에 따르면 비암호화폐 세계에서는 세계 GDP의 5%에 이르는 돈이 해마다 세탁되고 있는 것으로 추산된다. 국회의원들이 이 문제에 대해 경적을 울리고 있긴 하지만 긴급히 해결해야 할 새로운 위기는 아니다.

아날로그 세계와 마찬가지로 지능적인 사이버 범죄자들이 법망을 피하는 새로운 방법을 찾고, 지능적인 경찰이 이에 맞서 범죄를 해결하기 위해 더욱 정교한 적발 도구를 사용하는 세상이 도래할 것이다. 세상은 항상 그래왔다.

이번 장 첫머리에서 언급한 WEF 백서에는 "디파이는 참신함과 자금이체 및 복잡한 상품 제작의 용이성으로 디파이 프로토콜 창조자나 거래소 운영자 또는 제3의 조작자에게 남용될 가능성이 크다"라고 적혀 있다. 맞는 말이긴 하지만 남용 정도를 평가하거나 완화하기는 어렵다.

결론 ───────

우리 주변에 깔린 리스크가 지금 이 시간을 흥미롭게 해주고 있다. 일부 불행한 사람들이 돈을 잃고(이미 여러 프로젝트에서 여러 가지 이유로 이런 일이 일어났다), 일부 프로젝트가 부풀려진 기대나 성과 저하의 무게를 견디지 못해 추락한 뒤에는 어떤 일이 벌어질까?

이 모든 고통 뒤에는 가치가 더 커지고, 더 단단한 디지털 갑옷으로 무장한 디파이 서비스가 등장할 것이다. 트래드파이 업계는 이 중 다수를 '위험한 서비스'라고 무시하면서 고객들에게 멀리하라고 권할 것이다. 그들은 이런 서비스들을 마치 철봉에서 뛰어내리거나 놀이터의 흙을 집어먹는 것 같은 이상한 행동을 하는, 재능은 있으나 시끄러운 아이들처럼 여길 것이다. 하지만 그런 아이들이 지금 무럭무럭 자라고 있다.

CHAPTER 18

와이오밍주의 핀테크
샌드박스

케이틀린 롱은 웃음이 많은 편이다. 그녀의 유튜브 인터뷰를 보면 좋은 친구 같다는 생각이 든다. 그녀는 열정적이고, 잘 웃고, 직설적이고, 수다스럽다. 또 법, 암호, 금융 규제와 관련된 난해한 문제들에 대해 놀랄 만큼 박식하다. 그리고 승마와 말에 대해서도 잘 안다. 그녀를 보면 아이들 파티를 계획하는 일이든 회사나 정부를 운영하는 일이든 성공시키기 위해 한결같은 노력을 기울이리라는 느낌이 든다.

　그녀는 사실 앞서 열거한 것보다 아는 것이 훨씬 더 많다. 하버드 로스쿨과 하버드대학교 행정대학원인 케네디스쿨에서 공부했고, 살로몬 브러더스^{Salomon Brothers}, 크레디트스위스^{Credit Suisse}, 모건스탠리^{Morgan Stanely} 등 월스트리트의 수많은 금융회사와 블록체인 기술 회사인 심비온트^{Symbiont}에서 20년 넘게 일해왔으니 어쩌면 당연한 일일 것이다. 그녀는 미국의 주 중에서 가장 인구수가 적은 와이오밍 출신으로 현재도 그곳에서 살고 있다. 그래서 말에 대해 잘 아는 것이다. 와이오밍은 국립공원과 온천으로는 유명하지만, 분명 첨단 금융 기술의 요람은 아니다.

인터뷰 진행자들은 롱에게 와이오밍에 대해서뿐만 아니라 그녀가 20년 넘게 동부 해안의 일류 금융회사들의 최고 자리에 있다가 고향으로 돌아온 이유를 자주 물어본다. 그녀는 대개 미소로 답변을 피해 가지만, 가족과 뿌리가 있는 곳이어서다. 그녀는 항상 와이오밍에 한쪽 발을 담그고 있었다.

그녀가 와이오밍으로 돌아온 또 다른 이유는 암호화폐 때문이다.

롱은 2010년대 초 모건스탠리에서 일할 때 비트코인을 처음 접했는데, 그때는 '가망이 없다'고 생각하고 재빨리 무시해버렸다. 그저 오랫동안 확립되어 깊이 뿌리를 내린 규범을 뒤집으려는 순진한 프로그래머들의 시도 정도로만 봤다. 하지만 비트코인은 사라지지 않았고, 트래드파이 시스템의 심각한 약점을 블록체인 기술로 해결할 수 있다는 점을 알게 되면서 비트코인에 대한 관심이 커졌다.

그러던 2013년쯤 어느 날, 그녀는 당시 모건스탠리의 최고기술책임자^{CTO}인 브라이언 비숍$^{Bryan\ Bishop}$을 찾아가 이야기를 나눴다. 롱은 비숍에게 비트코인에 대한 견해를 물었다. 비숍은 사토시의 첫 번째 메일 수신자 명단에 올라 있었던 인물로, 비트코인에 대한 정보가 많았고 관심도 많았다. 롱은 당시 상황을 떠올리면서 "해고당하지 않게 세간의 눈을 피해 업무가 끝난 후 비트코인 관련 회의와 모임에 참석했다"라고 말했다. 2014년 당시 비트코인 관련 모임에 월스트리트의 고위 임원이 참석한다는 것은 전통 금융기관들의 눈에는 신성모독 행위나 다름이 없었다.

롱은 미국의 금융 규제에 정통했다. 그녀는 초기 암호화폐 기술의 미래가 어떻게 될지를 재빨리 알아챘다. 그녀는 지금도 그 점에 주목하고 있다. "기존 은행들이 바퀴에 모래를 뿌리고 규제 당국은 상황을 더디게 만들 수 있지만, 암호화폐 기술은 누가 봐도 뛰어난 금융 기술이다. 중개자 없이 실시간 총액결제real-time gross settlement (금융기관 간 지급액과 수취액을 상계하지 않고 지급지시 건별로 총액을 결제하는 시스템-옮긴이)를 할 수 있게 해주기 때문이다. 반면 법정통화 시스템은 많은 중개자의 도움을 받고도 지연된 차액결제net settlement (금융기관 간 자금 결제를 당일 거래 마감 시간까지 보류했다가 마감 후 수취액과 지급액을 상계하고 차액만을 결제하는 시스템-옮긴이)를 해준다." 이는 곧 블록체인 시스템은 구식의 국가 청산·결제 시스템과 달리 사실상 실시간 결제를 통해 통화 이동 속도를 최대 100배까지 높여줄 수 있다는 말이기도 하다. 그런 만큼 돈이 시스템을 통해 훨씬 더 빨리 흘러갈 것이다. 트래드파이에서는 이렇게 하기 위해 예금의 10배에서 20배까지 대출해줄 수 있는 레버리지가 활용되지만, 사고 위험이 큰 방법이다. 실시간 결제 시스템은 레버리지의 필요성을 낮추고, 경제활동을 활성화하고, 시스템 내 불안정성을 대폭 감소시킬 것이다.

이것이 바로 은행가이자 규제 전문가인 롱이 바라던 시스템이다. 비트코인은 다른 사람들에게는 감시에서 벗어난 개인적 자유나 단순한 투기 수단 같은 의미였다. 그러나 롱은 오랫동안 축적된 경험을 토대로 어떤 새로운 금융 시스템에도 기존 금융 시스템과 이어지는 다리가 필요하며, 개인 및 기관 모두와 원만한 관계를 유지해야 한다는 것을 알고 있었다. 트래드파이가 가만히 앉아서 항복하지는 않을 테니, 암호화폐가 성장하려면 다리를 건설해야 한다. 규제 당국과 금융기관이 기대하는 모든 점을 사전에 고려하면서 천천히, 그리고 신중하게 말이다.

롱은 블록체인 생태계를 통한 실시간 총액결제가 금융 부문을 발전 시킬 중요한 기회라고 판단했다. 동시에 해결해야 할 문제들도 발견 했는데, 첫 번째는 암호화폐 자산의 소유권 및 후견권과 관련된 '수탁' 문제였다. 놀라울 정도로 난해하면서 법적 분쟁의 소지가 큰 문제다. 두 번째는 규제 당국이 이 새로운 생태계를 수용할 법안을 작성하게 하는 일이었다. 그래서 그녀는 계획을 세웠다. 처음에는 다소 모호했 지만, 점차 구체화됐다.

롱은 2017년 강세장이 도래하기 전부터 몇 년 동안 비트코인을 축 적해왔다. 이윽고 강세장이 도래할 무렵, 보유하고 있던 비트코인 일 부를 모교인 와이오밍대학교에 기부해 후배 여성 공학자들에게 장학 금을 수여하는 데 쓰기로 마음먹었다. 하지만 와이오밍주는 자금이체 를 둘러싼 혼란스럽고 불분명한 법규 때문에 비트코인을 받을 수 없 다고 통지했다. 롱은 과거 와이오밍주 입법부에서 인턴으로 일한 적이 있어서 입법 절차에 대한 지식이 어느 정도 있었다. 몇 군데 전화를 걸 어 법을 고치는 일을 돕기로 하고, 우선 자금이체법을 고치는 일에 합 류했다. 규제 당국과 대화하고, 법안·법규·규정·정책을 꼼꼼히 읽 고, 적고, 자신의 입장을 정리하고, 변호사·정치인·기술자들과 대화 하고, 생각하고, 주장을 분명히 밝혀야 했다. 한마디로 유능한 사람들 이 으레 하는 온갖 일을 해야 했다.

롱의 노력으로 마침내 자금이체 관련 규정이 수정됐다. 그녀는 그 과정에서 와이오밍주 고위층 인사들과 친해졌다. 그들은 롱에게 자신 들이 어떤 일을 더 해줄 수 있는지, 혹시 뉴욕으로 돌아가고 싶은 건 아닌지 물었다. 그러고는 "여기는 뉴욕보다 더 좋은 말들이 많다"라거나 "더 좋은 공원이 많다"라거나 "당신이 여기 계속 머무르게 하려면 뭘 어떻게 해주면 될까? 좋은 생각 있으면 말해달라"라면서 그녀를 붙잡으려고 애썼다.

그녀는 몇 가지 제안을 했다. 첫째, 전 세계에서는 아니더라도 미국 내에서 가장 진보된 암호화폐 규제 체계를 구축하자. 둘째, 암호화폐 취급 은행들이 자신감을 갖고 당당히 운영할 수 있도록 기반을 다지자. 셋째, 기존 은행들과 그 밖의 이해관계자들을 대화에 참여시키자. 넷째, 암호화폐에 반감을 갖고 비명을 지르며 거부하지 말자 등이다. 롱의 제안을 규제 당국이 승인했고, 결국 '와이오밍 블록체인 태스크 포스Wyoming Blockchain Task Force'가 탄생했다.

이후 2년 만에 와이오밍 주의회는 암호화폐와 관련된 법안을 무려 13개나 통과시켰다. 규제 부문에서 보기 드문 엄청난 속도였다.

우선 암호화폐 자산을 정확히 정의하는 일부터 시작했는데, 이는 빈 캔버스나 다름이 없었다. 전례가 거의 없었지만 재산권에 대한 와이오밍주와 롱의 열정적 관심을 고려할 때 재산권 보호가 암호화폐 자산의 정의에 포함되는 건 당연해 보인다. 그들은 이보다 훨씬 더 나아가서 수탁의 의미를 정의하고, 개발이 끝난 뒤 제삼자가 저지른 불법 행위(컴퓨터 코드를 표현의 자유로 정의함으로써)와 관련된 소송으로부터 은행의 '보관인 임무'를 허가하는 메커니즘과 암호화폐 소프트웨어 엔지니어를 보호해주는 메커니즘을 고안했다. 또한 암호화폐에 상업적인 통화 규제를 적용했고, 암호화폐 자산과 개인 키의 차이점(나중에 알려졌지만 유사점도 함께)을 규정했으며, 판사가 개인 키의 공개를 강제할 수 있는 조건을 정했다. 이 밖에도 암호화폐 거래소를 자금이체법 적용 대상에서 제외하여 P2P 거래의 불확실성을 없애는 한편, 혁신가들이 어떤 암호화폐법에도 저촉되지 않고 3년 동안 실험할 수 있는 일명 '핀테크 샌드박스fintech sandbox' 법을 만들었다. 샌드박스란 아이들이 모래사장에서 걱정 없이 뛰어놀듯이 스타트업이 맘껏 뛰놀고 실패해도 지원해주는 것을 말한다.

아마도 가장 중요한 법은 '스피디speedy' 또는 'SPDI'라고 불리는 특수목적예금기관Special Purpose Depository Institution에 대한 특별은행법일 것이다. SPDI는 암호화폐 거래소 같은 암호화폐 관련 기관으로부터 예금을 받을 권한은 있으나 대출을 해주지는 않는 기관이다. 그동안 암호화폐 기관과 거래하던 기업과 개인은 거래 종류와 상관없이 전통 은행들이 이 무규제 환경 속에서 경고를 발동하면 은행 계좌가 잔인하게 폐쇄되는 쓰라린 경험을 맛봤다. 하지만 이제 SPDI의 등장으로 그런 문제에서 벗어나게 됐다. SPDI는 대손충당금 적립 비율을 100%로 유지함으로써 연방예금보험공사Federal Deposit Insurance Corporation, FDIC의 감독을 피할 수 있었다. 그런데 사실 SPDI에는 대출 리스크가 없으므로 이런 감독은 다소 불필요했다.

이런 일련의 법규로 만들어진 법적 틀은 광범위하고 전례가 없었다. 무엇보다 법적으로 확실한 환경이 조성됨으로써 크라켄, 리플Ripple, 솔라나 등 대형 암호화폐 업체들은 활발한 상업적 활동을 펼칠 수 있었다. 이들 모두 본사를 와이오밍주로 이전했다. 아울러 그동안 없었던 판사들의 판결 로드맵도 만들어졌다.

롱은 암호화폐 산업에 우호적인 규제 환경을 마련하는 데 앞장서고 있는 와이오밍주에 대해 자신의 소셜 미디어에 야단스러우리만큼 많은 글을 올렸다. 그 글들을 보면, 그녀가 완전히 새로운 법적 체제 구축을 주도하고 지원했다는 사실 외에도 이런 작은 혁명 중 어떤 것을 가장 자랑스러워하는지 확실히 알 수 있다. 바로 개인 키 소유자가 디지털 자산을 '직접' 소유할 수 있게 해주었다는 것이다. 키가 내 것이면 코인도 당연히 내 것 아니냐고 생각하겠지만 사실은 아니다. 미국은 물론이고 대부분 국가에서 잘 알려지지 않은 사실인데, 유가증권을 구입했을 때 실제로는 차용증서를 구입한 것이다. 즉 브로커가 발행자한테 차용증서를 구입하고, 그 증서를 당신이 브로커한테 구입한 것이라는 얘기다.

놀랍게도 현금 역시 마찬가지다. 당신이 가지고 있는 돈은 단지 중앙은행이 발급해준 차용증서일 뿐이다. 즉, 이는 파산 같은 극한 상황이 터졌을 때 당신 것이라고 여기고 있던 것에 대한 권리를 잃을 수도 있다는 뜻이다. 이를 법률 용어로 뭐라고 할지는 약간 불분명하다. 임치^{bailment}(수치인이 임치인인 상대방을 위해 위탁받은 것을 보관하는 계약-옮긴이) 같은 어려운 단어를 갖다 붙일 수 있을지 모르지만, 와이오밍주에선 당신이 디지털 자산 소유자라면 직접적으로 그리고 실제로 소유함을 의미한다. 그것은 이제 당신 재산이다. 특히 미국에선 누구도 거래소에서 매수한 유가증권을 직접 소유할 수 없으며 판사가 제삼자에게 양도할 수 있다는 사실을 고려할 때, 실로 혁명적인 일이 아닐 수 없다.

이런 면에서 롱이 SPDI인 아반티은행^{Avanti Bank}(2022년에 커스토디아은행 ^{Custodia Bank}으로 사명을 변경했다-옮긴이)을 세운 건 당연했다. 그녀는 규제를 마련하는 일뿐만 아니라 와이오밍주 모델을 다른 주에 수출하는 데도 적극적이다. 네브래스카주가 와이오밍주를 바짝 뒤따르고 있다. 물론 금융 분야에서 막강한 영향력을 휘두르는 미국의 주 정부들에는 여전히 감독기관들이 있다. 암호화폐와 디파이 서비스를 전국적으로나 세계적으로 확산시키기 위해서는 지금보다 많은 대규모 기관들이 유사한 암호화폐 틀을 구축해야 할 것이다.

예를 들어 미국에는 연준, 통화감독청Office of the Comptroller of the Currency, OCC, FDIC 등 초강력 금융 규제기관이 존재한다. 이들은 규제와 관련된 컨설팅을 해주는 등 서로 협의하며 일한다. 하지만 2021년 2분기에 OCC가 전통적인 은행들이 암호화폐회사와 거래해도 괜찮다는 것을 시사하는 '해석'을 내놓자 모두가 흥분했다. 곧바로 연준과 그 밖의 기관들은 은행들에 암호화폐회사들과 거래할 예정인지를 묻는 서한을 보냈다. 예를 들어, 뱅크오브아메리카도 그런 서한을 받았다. 그런데 이런 문의는 부정행위의 증거를 찾아냈다는 걸 알리는 통보까지는 아니더라도 비난하거나 벌점을 주거나 신용등급을 낮추겠다는 신호로 여겨질 수 있어 은행들은 또다시 긴장했다.

연준, OCC, FDIC는 국가와 주 차원에서 활동하는 수십 곳의 기관 중 단 세 곳에 불과하다. 우리는 규제의 복잡성을 더 거시적인 차원에서 설명하기 위해 와이오밍주의 사례를 들었는데, 모든 국가에는 규제에 관여하는 기구가 있다. 영국에는 금융행위감독청Financial Conduct Authority, FCA, 건전성감독청Prudential Regulation Authority, PRA, 금융정책위원회Financial Policy Committee, FPC가 있다. 세무 담당 기관도 다수 있다는 사실은 말할 것도 없다. 유럽연합European Union, EU에는 유럽금융감독시스템European System of Financial Supervision, ESFS이 있다. 이들이 전체 통화와 금융 서비스 시스템의 규제를 조정하고 구체화하는 역할을 담당한다.

2021년 6월 5일 미국 마이애미에서 세계 최대 비트코인 콘퍼런스인 '비트코인 21$^{Bitcoin\ 21}$'이 열렸다. 많은 기대 속에 열린 개막식 프레젠테이션에서 모바일 결제 앱인 스트라이크^{Strike}의 CEO 잭 말러스$^{Jack\ Mallers}$는 엘살바도르가 비트코인을 합법적으로 발행하기 위한 법안을 의회에 제출하기로 했다고 발표했다. 이후 완벽히 할리우드식으로 타이밍을 맞춘 영상이 재생됐다. 영상에 등장한 나이브 부켈레$^{Nayib\ Bukele}$ 엘살바도르 대통령은 비트코인을 달러와 동격으로 만드는 새로운 통화법안을 제안하겠다고 발표했다. 그는 "다음 주에 비트코인을 법정통화로 만드는 법안을 의회에 제출할 것"이라고 말했다. 실제로 이 법안은 일주일 뒤에 의회를 통과했다.

20대인 말러스는 개인 사업가로 엘살바도르에 머물면서 200만 국외 거주자와 엘살바도르 국민 사이에 저비용 송금을 가능하게 해주는 서비스를 제공했다. 국외 거주자의 송금 건 대부분은 미국에서 온 것이었다. 인구 600만 명의 소국인 엘살바도르 국민 중 80% 이상이 정식으로 은행 거래를 하지 않고 있으며, 국외 거주자가 송금하는 돈이 이 나라의 주요 수입원이다. 그런데 송금 수수료와 기타 간접비라는 명목으로 송금액의 절반이 빠져나가는 등 해외에서 국내로 송금하는 데 많은 비용이 들었다. 말러스는 수천 명의 엘살바도르 국민이 거래 수수료가 사실상 무료인 비트코인 송금 시스템을 이용하게 하는 데 성공했다.

이 소식은 곧바로 부켈레 대통령에게 전달됐고, 대통령은 대화를 나누기 위해 말러스를 초대했다. 그리고 몇 달 뒤에 앞서 소개한 발표가 나왔다.

암호화폐 업계 사람들은 이 발표를 열렬히 환호했다. 한 국가 전체가 비트코인을 쓰기로 한 것이기 때문이다. 업계 밖의 사람들은 대부분 "엘살바도르는 가난한 소국인데, 뭘 하건 누가 신경이나 쓰겠어?"라는 반응을 보였다. 하지만 롱은 다른 시각에서 봤다. 이 보수적이고 냉정한 금융·규제 전문가 눈에 그것은 엄청난 일이었다. 부켈레 대통령의 발표 이후 몇 시간이 지나지 않아 흥분한 그녀는 자신의 트위터에 열렬히 환영한다는 메시지를 올렸다. 그녀의 폭풍 트윗은 며칠 동안 계속됐고, 다른 사람들도 가세했다. 그리고 법이 통과되자 트위터에서는 정말 난리가 났다. 이 사건의 의미(엄청난 일이라는 데는 모두가 동의했다)보다는 그것이 무엇의 전조인지를 두고 격렬한 논쟁이 벌어졌다. 엘살바도르 다음은 어느 나라일까? 미국이 보복할 것인가? 한다면 얼마나 빨리, 어떤 형태로 할 것인가? 국제통화기금International Monetary Fund, IMF에선 뭐라고 할까? 이번 결정이 엘살바도르에 재정적인 재앙을 몰고 올까?

그로부터 며칠 뒤인 6월 9일 미국 상원 은행위원회Senate Bank Committee 청문회가 화상 회의를 통해 공개적으로 개최됐다. 청문회에서 엘리자베스 워런Elizabeth Warren 상원의원은 비트코인(그리고 더 넓게는 이더리움과 디파이도 포함해서) 사용을 엄격하게 제한하고, 심지어 완전히 금지해야 한다고 주장했다. 실로 충격적인 발언이었다. 그녀는 비트코인과 관련된 범죄, 기후 재앙, 세계 경제 불안 등 끔찍한 일들이 곧 닥칠 것이라고 경고했다. 그다지 아름다운 광경은 아니었다. 그 후 불과 24시간 만에 세계에서 가장 영향력이 강한 금융감독기구인 바젤은행감독위원회 Basel Committee on Banking Supervision가 비트코인과 디파이(엄격하게)와 스테이블코인(덜 엄격하게)을 규제하는 방법에 대한 권고 사항을 담은 보고서를 발표했다. 그러나 '엄격한 규제'가 반드시 나쁜 것만은 아니다. 이것이 새로운 산업이고 리스크가 존재하니 리스크가 가라앉을 때까지만 철저히 감시하겠다는 뜻이기도 하기 때문이다.

같은 날인 6월 10일 IMF의 지침이 발표됐다. IMF는 은행들이 암호화폐 세계에서 활동할 수 있더라도 암호화폐를 가장 위험성이 큰 자산으로 간주해야 한다는 조건을 달았다. 즉, IMF는 모든 암호화폐 자산은 동일 액수의 법정통화로 바꿀 수 있는 담보를 100% 확보해놓아야 한다고 밝혔다. 일부 논객은 이를 두고 "마침내 암호화폐 합법화의 길이 열렸다"라고 떠들어댔지만, 반대로 암호화폐 업계가 큰 타격을 받게 됐다고 말한 사람들도 있었다. 어쨌든 그날 비트코인 가격은 올랐다.

이처럼 양극단에서는 싸움이 벌어지고 있다. 롱과 같은 사람들은 조심스럽게 앞으로 나아가면서 최소한 와이오밍주에서라도 탄탄히 길을 낼 수 있었다. 그러나 국가 차원에서는 새로운 전쟁이 발발하고 있다. 이는 유럽뿐 아니라 다른 나라들에서도 마찬가지일 것이다. 누가 글로벌 공급을 통제하고, 그것을 어떻게 감시하고, 그런 감시를 할 권한이 누구에게 있으며, 수집된 정보로 무엇을 할 수 있는지도 그 못지않게 중요하다. 많은 면에서 세계적 영향력이 줄어들고 있긴 하지만 미국은 아마도 새로운 변화에서 잃을 것이 가장 많은 나라일 것이다. 달러가 세계의 기축통화이기 때문이다. 미국은 글자 그대로 '피비린내 나는 싸움'을 하지 않고서는 양보할 것 같지 않다.

그러나 엘살바도르와 같은 나라들에서는 좋건 나쁘건 간에 어쨌든 다른 이야기가 만들어졌다. 그 이야기는 미국의 패권을 상징하는 것처럼 보이는 달러의 강력한 영향력에서 벗어나야 한다는 필요성이 일부 바탕이 돼 만들어졌다. 처음에는 암호화폐 금융을 의심과 거부의 시선으로 바라봤던 나라들조차 엘살바도르의 사례를 본 뒤 "어쩌면 이것이 우리가 자유로워지는 방법일 수도 있다"라고 말할지도 모른다. 비트코인을 합법적으로 발행하겠다는 엘살바도르의 발표가 나오고 나서 아르헨티나, 파라과이, 파나마 등 주변국들 또한 비트코인을 법정통화로 채택하는 방안이나 관련 법안을 검토하기도 했다. 우리는 앞으로 엘살바도르가 더 많은 동지를 얻게 될 것으로 예상한다.

그때 롱은 뭘 하고 있을까? 미소를 머금고 암호화폐 은행을 운영하는 데 전념하고 있을 것이다.

지난 10년 동안 핀테크 분야에서 많은 혁신이 일어났다. 핀테크는 '금융'과 '기술'을 결합한 서비스 또는 그런 서비스를 제공하는 회사를 말한다. 금융 기술 서비스가 곧 디파이인 것은 아니지만, 디파이와 아주 관련이 없는 것도 아니다. 핀테크와 디파이는 새로운 기술을 활용하여 트래드파이의 비효율성을 제거하면서 함께 발전해왔다. 지난 수십 년 동안 전통 금융기관과 거래할 때 겪었던 것보다 더욱 친근하고 효율적인 방향으로 고객 경험을 재구축함으로써 이런 발전을 이루어냈고, 결과적으로 거대한 시장이 열렸다. 예를 들어, 지난 10년간 핀테크 분야에 투자된 돈만 약 1,400억 달러에 이르는 것으로 추산된다. 고객들은 두 팔을 벌려 핀테크를 환영했다.

　사람들은 종종 핀테크와 디파이라는 단어를 혼용하는데, 핀테크는 디파이가 아니며 암호화폐와도 아무런 관련이 없다. 그렇더라도 핀테크는 디파이의 발전에 기여할 것이고, 둘 사이의 기술적 통합이 불가피하다는 것만은 확실하다.

핀테크와 디파이의 관계를 좀 더 명확히 정의하기 위해 핀테크 전문가인 윌 비슨Will Beeson의 이야기를 해보겠다. 비슨은 네오뱅크를 설립해 성공적으로 운영함으로써 유명해졌다. 네오뱅크는 오프라인 지점이 없다는 사실만 빼고는 전통 은행과 상당히 흡사하다. 네오뱅크가 제공하는 서비스는 현대적이면서 때로는 특이하게 설계됐다는 느낌을 주는 PC와 휴대전화 인터페이스를 기반으로 한다. 비슨은 국제재무분석사Chartered Financial Accountant, CFA로서 씨티은행을 비롯한 트래드파이에서 은행가로서 경력을 쌓다가, 자신의 링크드인LinkedIn 페이지 최상단에 자랑스럽게 소개해놓은 바와 같이 "은행 업계에 싫증이 나서 뭔가 변화를 주기 위해 노력해야 한다는" 필요성을 느꼈다. 은행 업계를 떠난 그는 기술로 무장한 다양한 스타트업 은행들에서 고문으로 일하다가, 영국과 미국에서 각각 알리카와 벨라라는 네오뱅크를 설립하는 데 기여했다.

우선 약간 미묘한 문제를 짚고 넘어가자면, 모든 네오뱅크가 핀테크 기업이긴 하나 모든 핀테크 기업이 네오뱅크는 아니다. 성공한 핀테크 기업 중 하나인 페이팔은 네오뱅크가 아니라 단순히 인터넷을 기반으로 한 신용카드 결제 회사다. 페이팔 외에도 레미트리Remitly(송금), 허드슨리버트레이딩Hudson River Trading(알고리즘 트레이딩), 브레인트리Braintree(결제 통합), 벤모(P2P 결제), 트루어코드TrueAcord(채무 수집), 트랜스퍼와이즈TransferWise(글로벌 소매 자금이체), 레볼루트(카드, 글로벌 비즈니스 자금이체 및 주식 거래) 등이 모두 핀테크 기업들이다.

이런 수백 개의 '버티컬vertical(특정 니즈가 있는 고객들에게 특정한 상품이나 서비스를 제공하는 것-옮긴이)' 핀테크 기업은 말 그대로 틈새시장을 깊숙이 공략해서 성공을 거뒀지만, 그중 일부는 은행 서비스와 전혀 관련이 없다. 네오뱅크는 프런트엔드를 뛰어넘어 광범위한 상품과 서비스를 제공하며, 일부는 기존 은행 서비스를 그대로 제공하면서 전통 금융기관과 직접 경쟁한다.

비슨은 팟캐스트 '더 핀테크 블루프린트The Fintech Blueprint'에 출연해서 "네오뱅크는 규제를 받는 은행 인프라 위에서 흥미로운 소비자 경험을 창출한다"라고 말했다. 실제로 핀테크는 트래드파이보다 더 나은 소비자 경험을 제공함으로써 기존 트래드파이 서비스에 만족하지 못하는 충성 고객을 빼내는 데 상당 부분 집중해왔다. 핀테크의 이런 영업 방식을 깎아내리려는 의도는 없지만, 핀테크가 트래드파이의 핵심적인 서비스를 혁신하려고 애쓰는 모습을 보기 힘든 건 사실이다. 물론 디파이 세계에서는 개선된 인터페이스 뒤에서 전통적인 은행 서비스를 제공하는 데 그치지 않고 아예 재설계하고 대체하는 걸 중시한다.

핀테크 분야에는 '리번들링rebundling'이라는 개념도 있다. 다양한 금융 서비스 중 몇 가지에만 초점을 맞춰서 서비스를 제공하던 기존 기관과 차별화하면서 더 전문적이고 체계적인 시스템을 구축하여 서비스를 제공하다가 점차 주변 사업 모델로 확장하는 것을 가리킨다. 예를 들어, 런던에 본사를 둔 커브Curve(8장에 나왔던 암호화폐회사 커브와는 다른 회사다)는 모든 결제 카드를 하나로 통합하여 고객에게 다른 은행 등으로부터 얻을 수 있는 것보다 더 많은 보상과 기타 금융 서비스를 제공한다. 핀테크 투자자들이 좋아하는 이런 리번들링은 차세대 금융 서비스의 전형으로 여겨지지만, 암호화폐나 심지어 블록체인 기술은 전혀 사용하지 않는다.

비슨에 따르면 영국·EU(그리고 그 외 나라들)와 미국의 네오뱅크 환경 사이에는 흥미로운 차이점이 있다. 영국의 은행 규제기관인 금융행위 감독청^{FCA}은 물론이고 EU 내 규제·감독기관들은 전통적인 '대형' 은행 분야에서 적극적으로 경쟁을 조장해온 것으로 나타났다. 그들은 은행의 전통적인 수익원에 균열을 내는 소비자 친화적인 일련의 법을 시행하고 있다. 오픈뱅킹^{Open Banking}(은행의 핵심 금융 기능을 표준화해 다른 사업자에 개방하는 은행권 공동 인프라-옮긴이) 규제에서부터 새로운 네오뱅크의 민첩한 패스트트랙 승인까지 사례가 다양하다. 이런 은행 중 일부는 소비자 상호작용 측면 외에 차입 및 대출 같은 핵심 서비스에서도 경쟁하기 시작했고, 최신 오픈소스 소프트웨어 스택을 사용하여 클라우드에 인프라를 구축함으로써 대형 온프레미스^{on-premise}(소프트웨어를 서버에 직접 설치해 쓰는 방식-옮긴이) 데이터 센터와 기술 인력 및 중개자를 겹겹이 둔 기존 은행보다 더 비용 효율적으로 운영할 수 있게 됐다.

미국에서는 주와 연방 정부 사이의 권리관계가 매우 복잡하다. 그 때문에 경쟁과 규제 환경 역시 복잡해서 네오뱅크가 처한 상황이 영국이나 EU에서보다 녹록지 않다. 결과적으로 미국에서는 네오뱅크가 뭔가 다른 것을 의미하게 됐다. 즉 신규 진입 업체들은 기존 은행들의 핵심 서비스와 연계하여 단순히 그 위에 효율적이고 매력적인 인터페이스를 켜켜이 쌓는 데 만족해야 한다.

금융에는 '도는 돈^{money-in-motion}'과 '쉬는 돈^{money-in-rest}'이라는 개념이 있다. 전자는 결제, 지출, 이체 등의 거래에 따라 이동하는 돈이다. 여기선 속도가 가장 중요하며, 서비스 제공사들의 비즈니스 모델은 수수료 기반이다. 후자는 은행에 가면 일반적으로 보게 되는 예금이나 장

기투자를 위해 일단 넣어놓고 인내심을 가지고 기다려야 하는 돈을 말한다. 고객들의 예금을 끌어오는 데는 이자가 가장 중요한 역할을 하기에 서비스 제공 업체들은 고객들에게 더 높은 이자를 주기 위해 투자 수익을 높이고자 애쓴다.

지난 10년 동안 핀테크 부문에서는 주로 '도는 돈'을 거래해왔다. 이유는 명백하다. 고객을 확보하거나 거래를 끌어모으기 위해 은행 라이선스가 필요하지 않으며, 페이팔처럼 고객의 거래를 신용카드사나 전통 은행으로 넘길 때 약간의 수수료를 취할 수 있어서다. 따라서 핀테크 업체들이 이뤄낸 최초의 혁신 대부분은 수수료로 수익을 낼 수 있는 '도는 돈'을 중심으로 일어났다. 업체들은 직관적인 인터페이스와 젊은 디자인으로 가득 찬 멋진 앱을 만들기 위해 노력했다. 이런 앱들은 은행들이 만든 앱보다 훨씬 더 사용하기 쉽고 재미도 있었으며, 이를 만들어내는 디자이너들은 은행 앱 디자이너들과는 다른 종족이었다. 그들은 고객의 경제적 욕구뿐만 아니라 고객이 원하는 대화 방식을 더 잘 이해했다. 또 은행들은 이해하는 데 애를 먹는 것으로 보이는 '소셜'에 대한 이해도도 높았다. 아울러 디자인·컨설팅 회사인 IDEO나 구글 같은 기업들이 개척한 디자인적 사고와 사용자경험^{UX} 개발 원칙도 잘 이해하고 있었다. 이 원칙은 최근까지도 은행들에는 낯선 개념이었다.

이런 사용자 중심의 접근법은 보다 광범위한 의미의 핀테크 업체인 네오뱅크에서 계속됐다. 앞에서 설명한, 비슨이 공동창업한 미국의 신설 네오뱅크인 벨라가 완벽한 사례다. 벨라 웹사이트를 방문하면 CEO의 환영 동영상이 나온다. 동영상 아래 제목란에는 "우리 회사 CEO

안젤로^{Angelo}가 벨라가 어떻게 다른 회사인지 알려주고 싶어 합니다"라고 적혀 있다. 성은 없이 그냥 안젤로라고 이름만 적혀 있다. 이윽고 화면에 안젤로가 나타난다. 이탈리아인처럼 보이는 남자다. 피부는 햇볕에 그을렸고, 표정은 친근하며, 상당히 잘생겼다. 너무 젊지도 않고, 그렇다고 너무 늙지도 않았다. 그가 말하기 시작하는데 이탈리아 사람 특유의 억양이 느껴진다. 미국 기업에서 일하는 이탈리아계 CEO다.

그가 무슨 이야기를 하는지 들어보자. 금리? 아니다. 고객서비스? 아니다. 그는 벨라의 신용카드가 얼마나 예쁜지 말하고는 카드에 키스한다. 그러고는 신용카드를 사용하면 직접 쓰거나, 다른 벨라 고객에게 전달하거나, 좋은 곳에 기부할 수 있는 '충성 고객 보상 포인트'를 받게 된다고 설명한다. '카르마^{Karma} 포인트'라고 불리는 포인트다. 안젤로는 말하는 도중 심지어 욕설을 내뱉기도 하는데 이는 '삐 소리'로 처리된다.

이런 접근 방식과 트래드파이 은행 간의 차이는 더할 나위 없이 크다. 네오뱅크는 고객의 마음을 사로잡고 있다. 프런트엔드에서 고객에 대한 지식을 보여주는 대가로 짭짤한 수수료를 챙기는 대신, 뒤에 앉아 있는 지루하고 고루한 전통 은행에 결국 고객의 돈을 넘겨야 하는 처지긴 하지만 말이다. 어쨌든 그들의 앱 자체가 단순하고, 매력적이며, 사용하기 즐겁다는 것은 말할 필요도 없다.

적어도 아직까지는 디파이에서 이런 식으로 고객에게 집중하는 모습은 뚜렷이 드러나지 않았다. 디파이에서 추진된 다수의 프로젝트가 킬러 사용자 경험을 구축하려고 적극적으로 노력해왔지만 결과는 뒤죽박죽이었다. 다수의 고객을 끌어들이길 원한다면 어느 정도 도움이 필요할 것이다.

핀테크와 디파이의 뿌리를 함께 살펴보면 둘 사이의 차이를 이해하기가 어렵지 않다. 디파이는 거의 전적으로 '기술 너디즘$^{tech-nerdism}$(모든 것을 제쳐두고 오로지 기술에만 정통하고 관심을 보이는 행동-옮긴이)'을 통해 성장했다. 디파이의 창시자들은 주로 암호의 원리를 이해하고 코드화할 수 있거나, 적어도 암호의 역학을 이해할 수 있는 사람들이었다. 이들은 애초부터 돈 문제에 관심이 있었다. 비트코인과 이더리움의 본질이 통화 시스템이기 때문이다. 따라서 디파이의 창시자들은 구화폐 시스템이 어떤 서비스를 제공하는지, 그리고 그런 서비스를 암호화폐가 제공하려면 어떻게 해야 하는지를 주로 살펴봤다.

그러던 중 알게 된 것이 너무 낡았거나, 다른 시대에 맞게 설계됐거나, 암호화폐에는 적용되지 않는 규제를 수용하기 위해 설계됐거나, 정당한 대우를 받고 싶어 하는 고객의 바람을 무시하는 시스템이라는 것이었다. 한마디로 스마트 계약 시스템하에서 상상할 수 있는 서비스를 구현하지 못하는 시스템이었다. 그래서 그들은 처음부터 그들만의 시스템을 만들었다.

핀테크와 네오뱅크 창시자들은 다른 무언가를 봤다. 그들은 핵심 기능이 철저히 보호되어 바뀔 가능성이 낮은 은행 시스템뿐만 아니라 지루한 규제를 열심히 지키면서 중요한 일을 하고 있다는 것을 보여주기 위해 노력하는 은행들을 목격했다. 그래서 그들은 다른 목표를 세웠다. 은행의 핵심 기능을 활용해야 한다면, 대부분 은행이 아직 받아들이지 못한 온갖 신기술을 활용해서 고객 만족도를 최대한 높이기로 했다.

이는 완전히 다른 목표였다. 이제 디파이 세계와 새로 설계된 핵심 금융 서비스로부터 등장하는, 새로 프로그램되어 연결된 생태계에 적용되는 핀테크 사용자 경험과 마케팅 지식이 얼마나 뛰어날지 상상해보자.

혹시 당신은 인터넷 시대의 초창기인 2000년대 초반에 어떤 일들이 일어났는지를 어렴풋이나마 기억하는가? 이때 이미 이 새로운 기술은 무엇으로도 막을 수 없는 상업적·기술적 모멘텀을 가지고 있었고, 미래 언젠가는 전 세계 인구 대다수가 사용하게 되리라는 사실이 분명했다.

그러면 인터넷이 전 세계로 확산되자 언론이 앞다퉈 경고했던 일도 기억나는가? 인터넷 때문에 에너지가 엄청나게 소비돼 모든 것이 파괴되고 온갖 경제적 문제가 야기될 거라며 호들갑을 떨지 않았던가. 1999년 5월 31일자 포브스닷컴에 실린 '석탄을 더 캐라: PC가 오고 있다'라는 제목의 기사가 대표적인 예다. 기사는 "2메가바이트의 데이터를 이동시키려면 (전기를 생산하는 데 필요한 화석 연료인) 석탄 1파운드가 필요하다"라면서 경보음을 울렸다. 2004년 보스턴 컨설팅 그룹은 "인터넷이 전 세계 전기의 10%를 사용하고, 탄소 배출의 2%를 차지한다"라면서, 앞으로는 상황이 더욱 악화될 것이라는 경고를 담은 보고서를 발표했다. 똑똑한 사람들이 앞다퉈 예측, 추정, 모델을 쏟아냈다. 우리는 인터넷 탓에 에너지의 미래가 어두워졌다는 소리를 들었다. 에너지 가격이 엄청나게 상승하는 것으로 그치면 그나마 다행이고, 최악의 경우 모두에게 재앙이 닥치리라는 소리였다.

인터넷은 실제로 많은 에너지를 사용하지만 문명을 끝장낼 만큼은 아니다. 인터넷 연결을 위해선 컴퓨터, 라우터, 데이터 센터, 해저 케이블, 위성, 방송송신탑, 광섬유와 배관 등 많은 곳에 에너지를 써야 한다. SNS에 졸업 사진을 올리거나 유튜브에 고양이 동영상을 올리거나 넷플릭스에서 영화를 스트리밍하는 등 데이터를 주고받는 데 에너지가 필요한 건 말할 것도 없다. 하지만 미국 에너지부 보고서에 따르면 인터넷은 1990년대에 예상했던 것보다 훨씬 더 적은 양의 에너지만을 사용했다. 2020년을 기준으로 보면 전 세계 에너지의 약 2%만을 사용 중이다. 과거 단순 계산을 토대로 한 예측이 틀렸다는 얘기다. 과거 예측은 중간에 있을 수 있는 수많은 변수를 제대로 고려하지 않고 주먹구구식으로 셈한 것에 불과하다.

오늘날 신기술 반대자나 정치적으로 불만을 품은 사람을 제외하고는 누구도 인터넷을 사용하는 데 쓰이는 에너지가 자원 낭비라고 주장하지 않을 것이다. 인터넷은 유용하다. 따라서 인터넷처럼 유용한 서비스를 이용하기 위해 에너지를 쓰는 건 타당한 일이다.

그런데 2021년 5월 13일, 일론 머스크는 트위터를 통해 다음과 같이 밝혔다. "테슬라는 비트코인을 사용한 차량의 구매를 중단했다. 우리는 비트코인 채굴을 위해 화석 연료, 특히 석탄 사용이 빠르게 증가하고 있다는 점을 우려한다."

암호화폐 채굴과 에너지 사용에 대해 우려를 표명하는 글들이 이미 쏟아져 나왔지만, 머스크의 트윗은 암호화폐 시장 역사상 최악의 경우에 해당하는 폭락을 초래했을 뿐만 아니라 대중의 관심이 암호화폐의 에너지 소비 문제로 쏠리게 했다.

암호화폐의 에너지 사용 문제를 둘러싸고 과거 인터넷 초기와 유사한 논란이 벌어지고 있는 것 같다. 다만 이 논란은 찬반 양측 간에 신랄한 모욕이 오가고, 종종 이데올로기에 눈이 멀어 사실을 호도하는 끔찍한 싸움으로 번지기도 한다. 트위터에는 악플이 넘쳐나고, 유명 기관의 학자들이 서로 으르렁대고, 평소 같았으면 냉정했을 분석가들이 서로 거친 말들을 쏟아내고, 언론은 취재의 깊이가 다르거나 기자의 편향 탓인지 서로 크게 엇갈린 보도를 한다.

이런 논쟁의 본질을 제대로 이해하려면, 먼저 서로 연결된 문제들을 분리해서 볼 필요가 있다. 에너지를 누가, 얼마나 많이, 어디서, 어떤 목적을 위해 사용하는가? 그리고 에너지 사용이 사회에 충분한 가치를 주는가?

에너지 사용을 둘러싼 우려는 암호화폐 기술 생태계의 한 축으로 향해 있다. 바로 채굴이다. 트랜잭션을 검증하고, 그에 대한 보상으로 코인을 주조하기 위해선 상당한 컴퓨터 연산력이 요구된다.

잠시 숨을 고르고 채굴에 대해 좀 더 자세히 설명해보겠다. 사토시는 비트코인의 '주조' 또는 '생성' 방법에 대해 고민해야 했다. 금이 희소성이 있고, 채굴하기 어렵고, 채굴에 돈이 많이 들기 때문에 가치가 있듯이 이 작업을 어렵게 만드는 것이 가장 중요했다. 이 '어렵게 만드는 방법'에 대해 고민하다가 찾아낸 해결책이 '컴퓨터를 사용해서' 비트코인을 주조하기 어렵게 만드는 것이었다. 컴퓨터는 본래 더 많은 연산 작업을 수행할수록 더 많은 에너지를 쓴다. 그래서 사토시는 암호화폐를 채굴하고자 하는 사람이라면 누구나 비트코인을 주조하기 위해 풀어야 하는 암호 문제를 고안했다. 본래 이것은 에너지를 사용하는 수학적인 '게싱 게임guessing game(정답 알아맞히기 게임-옮긴이)'이기도 하다. 이 게임은 중요하다. 게임에서 풀어야 할 '퍼즐'이 너무 쉬우면 가치가 떨어질 테니 말이다. 이 게임은 그렇게 허술하지 않았다. 비트코인 주조 경쟁에 참여하는 채굴자들의 수가 늘어날수록 퍼즐의 난이도가 자동으로 올라가서 주조 과정을 통제하는 효과를 냈다. 채굴 시에는 실제 세계의 채굴을 본떠서 의도적으로 에너지를 쓰게 했다.

채굴자들은 퍼즐을 먼저 풀기 위해 경쟁한다(모두가 퍼즐을 풀어야 하며, 승자는 항상 무작위로 정해진다). 승자는 노력한 대가로 약간의 암호화폐를 인센티브로 받게 된다. 또한 3장에서 설명한 비대칭 암호화라는 마법을 통해 비트코인 네트워크('노드'라고 한다)상 나머지 모든 비채굴 트랜잭션 검증자들은 매우 적은 연산 능력만을 써서 승리한 채굴자의 결과를 확인할 수 있다(3장에서 설명한 대로 이 알고리즘은 한 방향으로는 계산하기 쉽지만 반대 방향으로는 계산하기 어렵다).

바로 이런 방식을 통해 트랜잭션이 정직하게 유지되고, 비트코인이 주조된다. 이 모든 일은 자동화되어 있다. 채굴을 원하는 사람은 1대 이상의 컴퓨터를 사서 무료 채굴 소프트웨어를 내려받은 후 전원을 연결해 켜면 된다. 간단하다.

채굴자들이 비트코인을 주조하기 위해 계산하는 수학 퍼즐은 중요한 연관함수를 가지고 있다. 지금까지 근 50년 동안 디지털 화폐 주조와 관련하여 다양한 시도가 제안되고 개발되어왔다. 이런 시도를 무용지물로 만든 문제들이 많았지만, 3장에서 소개한 디지털 화폐 환경에서 동일한 금액을 두 번 지불하는 리스크인 '이중 지불' 문제가 가장 극복하기 힘들었다. 사토시가 찾아낸 해결책(사실 1990년대에 해시캐시 Hashcash라고 불리는 비트코인을 개발한 애덤 백의 이전 연구를 기초로 했다)은 너무 부담이 커서 이중 지불을 할 수 없도록 일종의 '블록체인 공격'을 하는 것이었다. 단, 이런 식의 공격을 하기 위해서는 공격자가 채굴 네트워크의 상당 부분을 제어해야 하고, 연산 비용이 보상을 초월해야 했다.

채굴에는 본래 많은 비용이 들지만, 보안 기능 때문에 그런 것이지 설계상의 버그 때문에 그런 건 아니다. 이와 관련해 분석해봐야 할 문제가 몇 가지 있는데, 우선 디파이의 에너지 소비(비트코인의 에너지 소비와 반대되는) 문제와 관련된 책임 주체부터 따져보자.

앞서 설명한 바와 같이 이 책에서 언급한 주요 디파이 프로젝트 대부분은 이더리움 블록체인을 기반으로 한다. 이더리움 블록체인이라는 운영체제 위에 디파이 혁신의 모든 보물이 올려져 있는 셈이다.

따라서 디파이도 지분증명을 사용한다면 에너지를 많이 소비하지 않을 것이다. 디파이는 작업증명 채굴 방식에 의존하지 않는다. 다만 비트코인 블록체인 위에서 디파이 프로젝트를 실행하려고 노력할 때는 예외지만, 그런 경우가 많지는 않다. 여기서 우리는 에너지와 탄소 발자국, 기후변화 등의 문제 때문에 이 주제에 대해 잠깐 논할 가치가 있다고 생각한다. 이것은 모두에게 중요한 얘기다.

우선, 어떤 암호화폐가 채굴을 통해 주조되는가? 비트코인이 그렇다. 라이트코인LiteCoin 같은 다른 코인들도 그렇지만, 비트코인의 채굴 활동이 가장 활발하다. 그리고 에너지 논쟁이 불붙는 것은 비트코인 채굴자들 때문이다. 머스크의 트윗이 올라오기 훨씬 전인 2018년에 이미 하와이대학교 교수 카밀로 모라Camilo Mora 등이 〈네이처 클라이밋 체인지Nature Climate Change〉에 게재한 논문에서 이 문제를 거론했다. 모라 교수의 논문은 다음과 같은 놀라운 결론으로 끝을 맺었다.

> 우리 논문은, 널리 채택된 다른 기술의 채택 속도로 사용된다고 가정했
> 을 때 비트코인이 앞으로 30년 이내에 지구 온도를 2℃ 이상 끌어올릴
> 수 있을 만큼 많은 이산화탄소를 배출할 수 있다는 것을 보여준다.

이 논문에서 동원된 가정과 기법은 발표 이후 수년간 여러 측면에서 틀렸거나, 오해의 소지가 있거나, 논리적 오류가 있는 것으로 밝혀졌다. 하지만 지구 온도를 2℃ 이상 높일 수 있다는 전망이 알려지자 곧바로 시끄러워졌다. 케임브리지대체금융센터Cambridge Center for Alternative Finance에서 실시한 연구 등 이후 다른 기관들이 진행한 추가 연구들 역시 비트코인이 기후를 파괴하고 더 가치 있는 명분을 위해 사용될 에너지를 끌어다 쓴다는 견해를 더욱 확고히 했다. 또 다른 경고도 등장했다. 2017년 12월 시사 주간지 〈뉴스위크Newsweek〉는 '비트코인 채굴로 2020년까지 전 세계 에너지 고갈 가능성'이라는 제목의 기사를 내보냈다. 분명 이 예측은 틀린 것으로 드러났다. 그 밖에도 비트코인의 에너지 사용량이 소규모 국가들의 에너지 사용량을 넘어섰다고 떠들어대는 기사가 넘쳐났다. 예컨대 2021년 2월 영국의 BBC 뉴스는 비트코인이 아르헨티나보다 더 많은 에너지를 사용한다고 주장했다.

이 문제와 관련해서 유명한 투자 전략가 린 올던^{Lyn Alden}의 관점은 공유할 만한 가치가 있다. 그녀는 스완비트코인닷컴^{swanbitcoin.com} 블로그에 이런 글을 남겼다.

> 페이지뷰를 올리거나 정치적 이익을 얻기 위해 과장해서 말하기 쉬운 법이다. 예를 들어, 비트코인 네트워크가 일부 국가보다 더 많은 에너지를 사용한다고 흔히들 말한다. 그 말은 사실이지만 구글, 유튜브, 넷플릭스, 페이스북(현 메타^{Meta}), 아마존, 크루즈 산업, 크리스마스 조명, 가정용 건조기, 자가용 제트기, 아연 산업, 그리고 기본적으로 여러 대형 플랫폼이나 산업도 마찬가지다. 이 목록 중 비트코인의 에너지 사용량은 크루즈 산업의 에너지 사용량과 가장 비슷한데 비트코인 사용자 수가 더 많고, 네트워크의 확장성도 훨씬 더 뛰어나다.

어쨌든 케임브리지를 비롯한 기관들의 연구는 수많은 근본적 오류를 범한 것으로 드러났다. 예를 들어, 케임브리지 연구는 트랜잭션 건수를 연산력과 관련 에너지 사용량인 '해시 레이트^{hash rate}'와 혼동하면서 트랜잭션이 '블록'으로 묶인다는 사실을 무시했다. 이는 그들이 내린 결론 중 일부가 크게 틀렸음을 의미한다. 또 다른 오류는 채굴자들이 앞으로 100년 동안 동일한 채굴 장비를 사용하리라고 가정한 것이다. 시간이 지남에 따라 연산 속도가 더욱 빨라지고 에너지 효율은 올라가는 세상에서 이는 심각할 정도로 잘못된 가정이다. 게다가 이런 연구들은 시간이 흘러도 트랜잭션의 성장 추세가 한결같이 유지될 것으로 예측했는데, 이는 정말로 그러리라는 증거를 제시하라는 논쟁에 휘말릴 수 있다. 새로운 기술이 출현하고 업그레이드된 사용 패턴이 시스템에 도입됨에 따라 시간이 갈수록 비트코인의 트랜잭션 증가율도 변하기 때문에 증가율이 미래에도 지금과 '똑같은 추세로' 유지될 수는 없다. 혁신은 항상 예측을 다시 하게 한다.

판테라캐피털Pantera Capital의 투자자인 폴 베라디타키트Paul Veraditlakit는 2021년 5월 13일 자신의 링크드인 페이지에 이전에 실시된 연구의 모든 오류를 깔끔하게 정리한 글을 남겼다. 그중 단연 으뜸은 로런스버클리국립연구소Lawrence Berkeley National Laboratory 소속 연구원 에릭 R. 마사넷Eric R. Masanet 등이 쓴 〈믿기 어려운 예측이 비트코인의 단기 이산화탄소 배출량을 과대평가하다Implausible Projections Overestimate Near-Term Bitcoin Co2 Emissions〉라는 제목의 논문에서 인용된 글이다. 모라의 논문이 발표되고 1년 정도 뒤에 나온 이 논문은 모라의 연구를 다음과 같이 직접적으로 언급했다.

연구 결과들은, 저자들의 연구가 우리가 앞에서 설명한 주요 오류를 피했다면 비트코인 탄소 배출량에 대해 훨씬 다르면서 덜 놀라운 결과로 이어졌을 것임을 보여준다. 그래도 어쨌든 우리는 트랜잭션에 대한 혼란, 관련되지 않은 40개 기술과의 비교, 채굴 장비의 진화 무시 등 연구 설계 자체에 결함이 있다는 것을 알게 됐다. 오류들을 정정하는 것만으로 저자들의 잘못을 덮고 넘어갈 순 없다. 이런 점에서 우리는 모라 등이 만든 시나리오에 근본적으로 결함이 있으며, 그것이 다른 연구원이나 정책 입안자 또는 대중에게 심각하게 받아들여져서는 안 된다고 주장한다.

이런! 어쨌든 이 연구들은 뒤로하고 비트코인의 에너지 사용에 대해 우리가 아는 것과 모르는 것, 그리고 무엇보다 중요한 '미래에 바뀔 것'이 뭔지를 살펴보자.

채굴자들은 경쟁우위를 유지하기 위해 자신들이 하는 작업을 비밀에 부치는 경향이 있다. 그래서 종종 수백 또는 수천 대의 기계가 비치된 대형 채굴장을 운영하는데, 어떤 '종류'의 전력이 사용되는지에 대한 정보는 많지 않다. 다만 투자회사인 코인셰어스^{CoinShares}가 실시한 한 연구에 따르면 재생 전력이 전체 채굴에 사용되는 전력의 73%를 차지하는 것으로 추산된다. 반면 케임브리지는 채굴자들의 39%가 이처럼 재생 에너지를 사용했다고 밝혔다.

데이터는 많지 않고, 재생 에너지 사용 데이터에 대한 분석도 제각각이다. 그러나 재생 에너지 사용률을 39%로 낮게 잡아도 여전히 대부분 국가의 재생 에너지 사용률에 비해선 높은 편이다. 미국의 에너지 믹스$^{energy\ mix}$(인구 증가와 더불어 급증하는 전력 사용량을 감당하기 위하여 조정되는 전력 발생원의 구성비-옮긴이)와 비교했을 때도 2배 높은 수준이다.

어쨌든 이 모든 일이 2021년 5월 몇 주 사이에 바뀌었다. 먼저 머스크의 트윗이 나왔고, 이 트윗을 계기로 그와 비트코인 맥시멀리스트$^{bitcoin\ maximalist}$(앞으로는 비트코인이 유일한 암호화폐로 남으리라고 믿는 사람-옮긴이) 투자자인 마이클 세일러$^{Michael\ Saylor}$, 그리고 미국 채굴자들을 대표하는 그룹 간의 만남이 성사됐다. 여기서 적어도 채굴자 단체는 '친환경' 채굴을 약속했다. 이 무렵 일어난 두 번째 주요 변화를 이끈 건 채굴자들을 중국에서 쫓아낸 중국 입법자들의 엄중한 조치였다. 우리는 그들이 이 행동을 후회할 날이 오리라고 예상한다. 채굴자들은 채굴용 컴퓨터를 상자에 담아 다른 나라로 보냈다. 그들은 추방 당시 자신들에게 가해진 친환경 압력에 주목했을 것이다. 역시 비슷한 시기에 일어난 세 번째 사건은 엘살바도르가 비트코인을 디지털 화폐로 받아들인 것이다. 이어 이 작은 나라는 가능한 한 많은 친환경 전력을 사용하겠다는 의지를 피력했다.

암호 채굴 작업에서 가장 큰 비중을 차지하는 비용이 에너지 비용이다. 기계와 인건비와 임대료가 차지하는 비중은 상대적으로 매우 작다. 채굴자들이 너나없이 세계에서 가장 저렴하게 에너지를 쓸 수 있는 곳을 끊임없이 찾아다니는 것도 모두 이윤을 내기 위해서다. 장소와 관련해서 부연 설명하자면, 암호화폐 채굴 장소는 굳이 인구 밀집 지역이나 전력 공급이 원활한 전력망 근처에 있을 필요가 없다. 즉, 전통적인 에너지 요구 조건을 따르지 않아도 된다는 것이 큰 차이점이다. 인터넷 회선과 저렴한 에너지만 있으면 되고, 전력망은 상관이 없다.

이것은 채굴자들에게 직접적인 경제적 효과를 가져온다. 그들은 에너지를 거의 사용 또는 저장하지 않거나, 낭비하는 곳으로 간다. 그런 곳의 에너지 가격이 가장 저렴하기 때문이다. 이로 인해 집에서 채굴하는 사람 수가 꾸준히 감소했고, 대부분의 인구 밀집 지역에서 멀리 떨어진 전문 거점에서 채굴이 이루어지고 있다.

이런 사례는 많다. 수력 발전이 대표적인 사례다. 전 세계에는 수백 개의 수력 발전소가 있으며, 그중 다수는 전력망에 투입할 수 있는 전력보다 더 많은 전력을 생산한다. 발전소에 있는 기계로 가득 찬 창고는 매우 저렴한 전력을 얻을 수 있어서 어떤 것으로부터도 전력을 빼앗거나 전환하지 않아도 된다. 창고는 사용하지 않으면 버려지는, 가치가 떨어진 전력을 사용하고 있다. 이 점은 강조할 만한 가치가 있다. 채굴에는 전력망이 아니라 전력만 필요하다. 다른 모든 전기 소비자와 구분되는 특이한 점이다.

또 다른 예로, 채굴과 연관성이 없을 것 같은 새로운 사업을 생각해 보자. 에너지 가격이 낮거나 시판 운송 여력이 부족할 때 에너지 시추 현장에서 천연가스를 고의로 태워버리는 행위를 플레어링^{flaring}이라고 한다. 사진이든 동영상이든, 시추 작업 현장의 굴뚝처럼 생긴 거대한 연소방산탑에서 가스가 연소되며 불꽃이 뿜어져 나오는 장면을 본 적이 있을 것이다. 이처럼 가스가 연소될 때 지구온난화의 주범인 메탄이 배출된다. 메탄은 이산화탄소에 비해서도 지구 환경에 미치는 악영향이 훨씬 더 크기 때문에 이런 플레어링 작업은 규제 당국, 투자자, 환경단체 등의 중점 감시 대상이다.

플레어링을 에너지 낭비로 생각하는 사람도 있을 것이다. 남은 천연가스를 태우지 말고 포집해서 비트코인 채굴 용도로 쓰는 것도 분명 가능하지 않을까? 미국의 온라인 경제 전문 매체인 쿼츠닷컴$^{qz.com}$에 실린 기사에 따르면, 세르히 게라시모비치$^{Sergii\ Gerasymovych}$라는 이름의 러시아 암호화폐 채굴자가 2019년에 그런 유레카의 순간을 경험했다. 그는 천연가스를 태워버리는 대신 가스터빈에 집어넣어 전기를 만든 다음 몇 미터 떨어진 데 세워져 있는 휴대용 컨테이너에 설치된 암호화폐 광산에 보내자는 생각을 해냈다. 수익은 에너지 업체와 채굴자가 서로 사이좋게 나눈다는 생각이었다. 이렇게 하면 에너지를 다른 어딘가에서 가져오거나 훔치지 않아도 됐다. 또 공해 감소 효과도 있다. 모두가 상생할 수 있는 아이디어였다. 그러자 가즈프롬^{Gazprom}, 에퀴

노르^{Equinor}, 와이오밍오일가스^{Wyoming Oil and Gas} 등 정유·가스 업계의 많은 기업이 EZ블록체인^{EZ Blockchain}(게라시모비치의 회사)과 업스트림데이터 ^{Upstream Data} 및 크루소에너지솔루션즈^{Crusoe Energy Solutions} 같은 채굴 업체들과 제휴를 맺고 뛰어들었다. 이 특별한 해결책에 대해 비판이 나오긴 했으나 이내 수그러들었다. 실제로 환경을 오염시키고 착취하는 구식 석유·가스 업체의 수익에도 도움이 됐기 때문이다.

게라시모비치가 찾아낸 해결책이 여전히 화석 연료에 의존하고 있기는 하나, 찾을 수 있는 곳이면 어디서든 폐기된 에너지 부산물을 이용해 채굴할 수 있다는 사실이 중요하다.

에너지 사용과 관련해서 가장 적극적으로 비트코인 업계 대변인 노릇을 한 인물이 닉 카터^{Nic Carter}다. 미국 기업 캐슬아일랜드벤처스^{Castle Island Ventures}의 총괄 파트너인 그는 무엇보다 암호화폐에 관한 모든 것에 대해 신중한 사상가이자 작가다. 2021년 올린 블로그 포스트에서 '비경합성 에너지^{nonrival energy}'라는 신조어를 처음으로 사용한 인물이기도 하다. 그는 그것을 전력망까지 도달하지 못했을 수 있지만 다른 누구로부터도 기존 에너지를 빼앗지 않아도 되는 잉여 에너지로 정의했다. 앞서 언급한 태워버리는 가스 포집이 좋은 사례다.

2021년 5월 중국이 비트코인 채굴을 강하게 금지했을 때, 중국의 암호화폐 채굴자들은 신장·쓰촨·내몽골·윈난 등 인구밀도가 낮아 특히 수력 발전 에너지 등 에너지가 대규모로 초과 공급되고 있어도 남는 에너지를 보낼 곳이 없던 지역에서 채굴 활동을 하고 있었다. 닉 카터의 표현에 따르면 이런 에너지가 '비경합성 에너지' 또는 '좌초 에너지^{stranded energy}'다. 많은 채굴자가 이런 곳에서 채굴 활동을 하는 이유는 수급 불균형으로 에너지 가격이 낮기 때문이다. 그리고 그런 에너지 중 일부는 수력을 생산하는 댐 안의 담수만큼 깨끗하다(물론 석탄이 일부 섞여 있긴 하다).

채굴자들은 망설임 없이 가장 저렴하게 에너지를 공급받을 수 있는 곳으로 이동할 것이다. 이동은 컴퓨터를 상자에 넣어 다른 곳으로 운반한 뒤 전선을 꽂으면 끝날 만큼 간단하다. 재생 에너지와 수력 발전 전력이 석탄 같은 일명 '더러운 에너지' 가격을 가차 없이 떨어뜨려 주는 역할을 계속하면서 우리는 채굴 에너지 인프라가 친환경 인프라로 변하는 광경을 끊임없이 보게 될 것이다. 이는 이미 2021년 말에 새로운 친환경 채굴 벤처·스타트업들이 등장하면서 분명히 드러났다. 〈포브스〉는 8월 13일 자에서 라이엇Riot, 스크럽그래스Scrubgrass, HODL랜치HODL Ranch처럼 자금력이 풍부한 신규 벤처기업을 중심으로 한 친환경 암호화폐 채굴 열풍을 다뤘다.

친환경 암호화폐 채굴이 주는 경제적 확실성 이상으로 중요한 것이 지배구조 문제다. 환경 영향 민감도는 'SGI'로 줄여서 불리는 '지속 가능한 거버넌스 지수Sustainable Governance Indicators' 기준으로 기업 지배구조의 성과를 평가하는 중요 요인이다. 그리고 암호화폐 채굴을 둘러싼 논란이 상당했다는 점에서 이는 이제 민감한 문제다. 노르웨이 억만장자 크웰 잉지 뢰케Kjell Inge Røkke가 세운 시티Seetee라는 친환경 암호화폐 기업 같은 개별 프로젝트에서부터 결제 업체 스퀘어Square가 출범한 1,000만 달러 규모의 청정에너지 투자 이니셔티브Clean Energy Investment Initiative에 이르기까지 친환경 채굴을 위한 움직임에 힘이 붙고 있다. 2015년 전 세계 200여 개국이 모여 체결한 파리기후협정Paris Agreement에 영감을 받아

2021년에는 암호화폐기후협약$^{Crypto Climate Accord, CCA}$이 체결됐다. 협약 참가 기업과 단체들은 2030년까지 암호화폐 업계를 100% 재생 에너지 업계로 변환하겠다는 목표를 내걸며, 끊임없이 제기돼온 암호화폐의 지속 가능성 문제에 대응했다.

약간 낙관적인 목표인가? 그럴지도 모르지만 목표로 향하는 길은 이미 열렸다. 아울러 암호화폐 채굴용 칩인 ASIC 칩은, 1970년대 이후 칩이 줄곧 그래왔듯이, 에너지 효율성이 점점 더 급속도로 개선될 것이 확실하다.

지구 에너지 수급의 균형을 맞추기 위해선 따져봐야 할 사례가 하나 더 있다. 지금 이 순간에도 비트코인 채굴에 쓰이는 에너지는 확실히 걱정거리다. 하지만 인류의 발전에서 맞닥뜨리기 마련인 수많은 걱정거리와 마찬가지로, 완화할 길이 제법 많은 걱정거리다. 앞으로 비트코인의 트랜잭션은 확실히 늘어나면서 현재 우리가 목격하는 에너지 부하가 더욱 심해질 수 있다. 그러나 오늘날 수치를 기준으로 단순히 미래를 선형적으로 추정했다가는 로마클럽$^{Roma Club}$이 제시한 인구 예측처럼 끝이 개운치 않을 것이 분명하다. 로마클럽 예측에 따르면 우리는 모두 오래전에 기아와 전쟁으로 죽었어야 했다. 이는 아주 똑똑한 사람들조차 당황스러울 만큼 틀릴 때가 있음을 보여주는 사례다. 혁신은 단순한 예측을 벗어나 제 갈 길을 간다.

이제 가장 중요한 질문에 답할 시간이다. 현재와 미래에 친환경 에너지를 포함해서, 어쨌든 암호화폐 채굴을 위해 에너지를 쓸 만한 가치가 있는가? 이런 에너지 소비가 우리 모두에게 어떤 면에서 유용한가?

비트코인과 그 외 금융 서비스 간의 에너지 사용량을 비교하는 글이 많다. 그중 일부 분석은 얄팍한 수준이라고 해도 과언이 아니다. 예를 들어, 비트코인 1회 거래 때 사용되는 에너지는 비자 카드 1회 거래 때 사용되는 에너지와 비교되곤 했다. 단 이런 비교를 할 때 신용카드 거래는 그보다 훨씬 더 큰 통화 시스템의 작은 조각에 불과하다는 사실을 간과해버리곤 한다.

방금 말한 '더 큰 통화 시스템'은 무엇일까? 은행과 그 메인프레임, 신용카드, 부채 청산 인프라, POS 단말기, ATM, 지폐와 동전, 중앙은행, 스위프트 네트워크, 상점 계산대에 돈을 넣는 서랍은 물론 통화 시스템을 운영하고 지키고 집계하고 감시하고 규제하는 수십만 명의 사람들이 존재하는 시스템을 말한다. 이 외에도 끝없이 이어진다.

일각의 주장대로 자국의 법정통화와 금융 시스템을 수호하는 세력까지 고려했을 때, 통화 시스템의 에너지 사용량은 계산하기조차 힘들지도 모른다. 2021년 4월, 미국 인권재단 전략기획실장 알렉스 글래드스타인Alex Gladstein이 써서 상당한 조회수를 기록한 글이 있다. '페트로달러Petrodollar에 숨겨진 비용'이라는 제목이었는데 그는 달러 탄소 발자국을 제대로 평가하려면 전 세계적으로 달러 보유고 기준을 보호하는 비용까지 포함해야 한다고 주장했다. 페트로달러는 중동을 포함한 주요 산유국들이 원유 및 관련 상품을 수출해서 벌어들이는 돈을 말한다. 이 모든 것이 에너지 사용량과 탄소 배출량을 고려할 때 암호화폐 금융의 비교 대상이 되어야 할 '굼뜬 공룡'이다.

이것이 불공평한 비교일까? 아니라고 본다. 비트코인, 이더리움, 디파이 및 그들이 속한 더 큰 암호화폐 금융 가족은 처음부터 끝까지 완전한 모습을 갖춘 통화 시스템을 상징하면서 전통적인 글로벌 시스템의 에너지, 인력, 금전적 비용의 극히 일부만으로 운영된다. 그러면서 구 시스템 내 구석구석에서 치열하게 경쟁하고 있다. 더 안전하고, 더 공정하고, 더 빠르고, 더 단순한 금융으로 말이다.

이는 채굴 반대 활동에 맞서는 가장 강력한 반론이다. 암호화폐를 위해 에너지가 사용되고 있다. 그것도 많이. 전 세계 인터넷망을 구축하는 데도 에너지는 사용됐다. 그리고 이제는 모두를 위해 금융 분야에서 평평한 경쟁의 장을 만드는 데 에너지가 사용되고 있다.

그렇다면 암호화폐에 이렇게 에너지를 쓸 만한 가치가 있을까? 의심할 여지 없이 '그렇다'가 답이다.

CHAPTER 21

전통 은행들의
출구전략

2021년 6월 18일 아이언파이낸스^{Iron Finance}의 디파이 유동성 프로젝트는 뱅크런에 버금가는 암호화폐 인출 사태에 휘말렸다. 60달러 위에서 거래되던 이 회사의 거버넌스 토큰 타이탄^{TITAN}의 가격은 불과 몇 시간 만에 0달러로 폭락했다. 토큰의 가치가 완전히 사라진 것이다. 아이언파이낸스는 아이언^{IRON}과 타이탄 2개의 토큰 메커니즘에 기반한다. 아이언은 달러에 고정된 스테이블코인이다. 타이탄은 담보 토큰으로, 아이언의 수급 변화 때문에 발생하는 시장 유동성을 흡수하기 위해 고안됐다. 여기서 이 프로젝트의 구체적인 내용을 설명하는 것은 부적절하다고 판단된다. 다만 프로젝트의 갑작스러운 신뢰 상실과 타이탄의 가격 폭락 속도에 대해선 설명할 필요가 있어 보인다.

FDIC 방식의 보험 부재는 타이탄의 급등을 이끈 유명 투자자인 미국 프로농구팀 댈러스 매버릭의 구단주이자 대표적인 암호화폐 신봉자인 마크 큐번^{Mark Cuban}을 비롯해 모든 유동성 공급자를 완전히 망하게 했다. 암호화폐 세계에서는 이렇게 모든 것이 망했을 때 '렉트^{rekt}가 일어났다'라고 표현한다. 가히 충격적인 자유낙하였고, 디파이 역사상 유례가 없는 사건이었다. 타이탄이 급락한 뒤 몇 시간 동안 이것이 '러그풀'인지, 다시 말해 프로젝트 개발자들이 토큰을 빼내 가지고 도망친 건지, 아니면 그보다는 덜 흉악한 일이 일어났는지에 대해 소문이 꼬리에 꼬리를 물었다. 신뢰는 땅에 떨어졌고 알고리즘 브레이크는 작동하지 않았다.

일단 이 이야기는 뒤에서 다시 하기로 하고, 디파이 커뮤니티 주변과 때때로 중심에서도 들리는 보다 중요한 이야기로 넘어가겠다. 디파이가 '좋은 사람 대 나쁜 사람'의 대결 구도에 관한 이야기라는 사실 말이다. 이야기는 이렇다. 전 세계 금융기관들은 자신들의 규모, 레버리지, 인맥, 시스템, 지식, 정치권력을 활용해 너무나 오랫동안 엘리트들을 위해 난공불락의 재산 창출 구조를 구축해온 음흉한 집단이라는 것이다. 그리고 그들의 서비스를 소비할 수밖에 없는 우리 같은 일반 시민들이 부지불식간에 그들의 성장을 도와왔지만, 이제 우리는 그들이 쌓아온 성벽을 습격해서 빼앗겼던 힘을 되찾아 오려고 하고 있다는 것이다.

이 말이 마치 어떤 혁명적인 정치 선언에서 가져온 것처럼 유치하게 들릴지도 모르겠지만, 사실 디파이 내 다수의 견해다. 주변에선 냉철한 머리와 현실적인 목표를 가진 많은 사람이 조용히 일하면서 자신의 신념을 열정적으로, 소리 높여 드러내려고 한다.

모든 일이 그렇듯이, 사실 디파이만큼이나 트레드파이에서도 동기와 그것을 이루기 위한 수단의 스펙트럼은 넓다. 울타리 양쪽에 좋은 사람과 나쁜 사람이 도처에 널려 있는 꼴이다. 의도한 대로 작동하지 않는 시스템 역시 마찬가지다. 반면에 모두를 위한 탈중앙화 금융의 세계를 구축하기 위한 이 새로운 접근법은 근본적인 변화에 해당한다. 반드시 승자와 패자가 나올 것이며, 그런 변화의 일부는 항상 공평하게 느껴지지 않을 수도 있다.

그렇다면 누가 이기고 누가 지고, 누가 다치고 누가 행복해질까?

은행의 생은 끝날까? 물론 모두 그렇게 되지는 않을 것이다. 하지만 앞으로 몇 년 뒤 그들의 모습은 예전과 같지 않을 것이다. 그들의 브랜드와 관계망, 자본 풀은 넓고 깊은 해자와 같아서 침략자들로부터 보호해줄 것이다. 그동안 그들은 외부의 용병들과 그들의 새로운 고급 무기들을 언제 어떻게 지원받을지 신중하게 결정할 것이다. 그러나 정보와 선택과 접근의 비대칭성이 고객이 아닌 기관에 유리하게 작용했던 시대는 조만간 종말을 고할 것이다.

그렇다면 몇 가지 예측을 해보자. 패자부터 시작해보겠다.

이건 간단하다. 직접적인 개인 거래를 제외하고 거래의 두 당사자 사이에 있는 중개자가 패자다. 다음은 그 중개자들의 사례다.

- 소비자와 서비스·상품의 결제를 이어주는 은행과 카드사
- 업체와 원자재 생산자를 이어주는 판매 대리점
- 매수자와 매도자를 이어주는 부동산 중개업자
- 고객 인터페이스와 주문 내역을 처리한 후 주문 실행자에게 인계하는 거래소, 또는 보험회사 등의 기관 앞에 있는 브로커
- 구직자와 기업을 이어주는 헤드헌터
- 예금과 대출 업무를 총괄하는 은행

- 모든 종류의 상품을 수수료를 받고 판매하는 판매자와 재판매 업자

이 목록은 거래의 중간에 서서 상업적 이득을 취하려는 수많은 불로소득 추구자 중 일부만 나열한 것이다. 고객 대신 주식을 거래해주고 이 과정을 끝마치기 위해 거래소와 예금자 등을 상대해야 하는 은행처럼, 각기 하위 서비스를 제공해주는 중개업자들도 여러 층 존재한다.

이런 중개자들이 모두 위협받고 있다고 말하고 싶지만, 적어도 중단기적으로는 그럴 가능성이 작다. 디파이의 근간이 되는 중요 원칙은 모든 사람에게 로직이 개방되어 있는 결정론적 프로그래밍 언어로 계약 조건을 인코딩하는 것이다. 이 계약은 어떤 주체가 인출을 원하거나 금리 경계가 허물어졌거나 특정 날짜가 도래하는 등 현실 세계에서 어떤 일이 일어났을 때 실행된다. 그러나 모든 것을 계약으로 만들 수는 없는 법이다. 우리는 앞에서도 이런 사실을 여러 차례 확인했다. 인간의 전문지식과 공감력은 거래와 커뮤니케이션에서 항상 매우 유용하며, AI의 맹공격을 받아도 코드화할 수 없다. 따라서 패자는 가장 쉽게 상대할 수 있는 목표가 될 것이다. 시스템에 낀 지방은 점차 도려내질 것이다. 결국 로비 비용과 임원 특전, 과도한 급여, 주주 배당금으로 갈 지방 말이다.

그렇다면 누가 이 지방을 도려낼까? 이 지방이 수익의 일부이니 금융기관이 자발적으로는 그렇게 하지 않겠지만 결국엔 그렇게 할 수밖에 없을 것이다. 기술적으로 뛰어난 고객들이 은행들과 오래 이어온 관계에서 벗어나 더 좋고, 저렴하며, 빠르고, 경제적인 혜택이 많은 서

비스를 제공하는 디파이 프로토콜에 돈을 맡길 것이기 때문이다. 분명 이런 일은 이미 시작됐다. 우리는 앞서 유동성 풀에 수십억 달러가 들어오고, 수십억 달러가 대출되고, 수십억 달러가 거래되는 프로젝트를 살펴봤다. 아직 크진 않더라도 금액이 계속 늘어나고 있다. 은행과 그밖의 금융기관들은 이런 변화가 어떤 결과로 이어질지 확실히 알고 있다. 결국 디파이의 인터페이스가 더 단순해지고 이용하기 쉬워지면서 기술에 조예가 별로 없는 고객은 물론이고 심지어 핀테크 분야의 마케팅에 정통한 똑똑한 중개자들마저 끌어들일 것이다. 그러면 트레드파이를 떠나는 고객이 차고도 넘칠 것이다. 전통 금융기관들은 변화를 주도하지 못한 채 방어 태세에 돌입할 것이다.

그렇다면 이런 구시대의 전통 은행들은 어떻게 출혈을 막을 수 있을까? 디파이를 이기려 하지 않고 디파이에 합류함으로써 가능하다. 그러나 은행들이 그렇게 한다고 해도(한국의 KB국민은행과 스위스의 시그넘Sygnum을 포함한 많은 은행이 이미 여기저기서 정보를 캐내고 다니며 디파이 서비스를 제공하기 시작했다. 디파이가 다음 목적지인 핀테크 업체들은 말할 것도 없다), 그 과정에서 사상자가 생길 것이다. 규제와 리스크 회피 정책에 얽매여 있는 금융기관은 느리고 신중하게 움직인다. 이미 구식이 되어버린 디파이 서비스를 시작하는 은행도 있겠지만, 대개는 변화에 필요한 속도로 움직이지 못할 것이다. 또 규제 당국과 충돌하거나(앞서 본 바와 같이 디파이 서비스는 대체로 여전히 무규제 상태다) 자체 서비스를 출시하고자 하는 은행도 있을 것이다. 다만 자체 서비스 출시는 은행들이 과거에도 도모하다가 잊을 수 없는 실패를 맛봤던 경험이 있듯이, 실패할 것이 거의 확실하다.

금융기관들은 트래드파이와 디파이를 병행하여 운용하면서 상황이 어디로 흘러갈지 지켜보다가, 가능하면 인수 전략을 추구할 가능성이 크다. 이때 유일하게 확실한 점은 돈이 계속해서 트래드파이에서 빠져나와 디파이로 흘러 들어가고, 그 금액이 충분히 커지면 은행들은 수익 감소, 주가 하락, 정리해고 등의 부수적인 피해를 겪을 수 있다는 사실이다.

더 큰 피해는 중개 부문에서 가해지는 공격에서 나올 수 있다. 보험과 기타 산업 전반에 걸쳐 중개자는 주택 매각과 같은 복잡한 거래를 성사시킬 수 있게 안내하는 역할을 해왔다. 하지만 스마트 계약과 오라클이 부상하면서 중개자 인터페이스 부문 전체가 위협을 받게 될 것이다. 구매 내역(또는 주문), 첨부 문서, 작업 흐름, 판매자 제안, 청산과 결제가 단일 계약에 담겨 블록체인상에서 구현될 수 있다. 이는 때에 따라서는 까다로운 분석을 요구하는 복잡한 비즈니스 프로세스로, 인풋과 아웃풋 및 예외 처리exception handling를 미세하게 세분화해서 코드에 매핑해야 한다. 하지만 앞서 설명한 바와 같이 이는 어렵지 않게 풀 수 있는 엔지니어링 문제에 지나지 않는다.

또 다른 패자는 트래드파이도 아니고 디파이 서비스 사용자도 아닌, 혁신적 서비스를 제공하겠다고 나서는 다수의 신생 업체다. 그런데 이때 적자생존의 법칙이 가장 잔혹하게 적용된다. 저마다 '더 나은 혁신!'이라고 외치는 수십 개 프로젝트가 매달 새로 등장한다. 그런데 우리는 결과가 어떻게 될지를 알고 있다. 그냥 실패했거나 잊힌 수백 개의 암호화폐 프로젝트나 금세기 초 폭발적으로 늘어났던 닷컴 기업들을 떠올려보면 된다. 처음에는 다수의 기업이 고객을 끌어모으겠지만,

그런 기업은 점차 줄어들 것이다. 성공하는 소수의 기업에 속하려면 사활을 걸고 덤벼야 한다.

이제 승자 얘기를 해보자. 승자가 누구인지는 훨씬 더 분명하게 알 수 있다. 무엇보다 디파이의 존재 이유는 더 나은 금융 서비스 산업을 구축하는 것이다. 소매 업체건 기관이건 간에 참여자들에게 더 풍부한 금융 옵션이 담긴 메뉴를 제공하고, 그런 옵션에 쉽게 접근할 수 있게 해주며, 낮은 비용으로 더 높은 수익을 올리고, 참여자와 금융기관들 사이의 정보 대칭성을 대폭 끌어올리는 것이다. 디파이에 참여하는 사람은 누구나 예전 체제에 있을 때보다 더 잘살게 될 것이다.

단, 아이언파이낸스와 타이탄의 몰락은 예외다. 디파이 사용자들은 언젠가 승자로 부상한 뒤 과거를 뒤돌아보면서, 계좌를 신청하고 이유도 모른 채 온갖 종류의 수수료를 내고 폐쇄된 기관의 지시를 따라야 했던 끔찍한 시절을 떠올릴 것이다. 하지만 지금도 우리 중에서 패자가 생겨날 수 있다. 앞서 언급한 타이탄 토큰 소유자나 성숙기를 맞기 전 디파이 세계로 들어갔지만 불운을 맞이한 이들이 그 예다.

앞으로 승자나 패자 중 무엇이 될지 아직 확실하지 않은 마지막 집단이 하나 있는데, 바로 국가다. 대부분의 중앙은행은 현재 '중앙은행 발행 디지털 화폐Central Bank Digital Currency, CBDC'를 시험하고 있다. CBDC가 가진 장점은 잘 알려져 있다. 종이 화폐를 발행하는 데 드는 비용과 에너지를 줄일 수 있고, 음지로 스며드는 화폐에 대한 관리 감독이 가능해진다. 또한 화폐 이용이 편리하고 정부의 보증을 받는다. 정부가 CBDC를 도입해 사용하는 건 시간문제일 따름이다. 암호화폐를 제대로 통제하는 정부는 명백히 승리하겠지만, 그렇지 못한 정부는 패자의 대열에 합류하게 될 것이다.

하지만 정부 권한 밖에 있는 암호화폐와 디파이 서비스는 어떻게 될까? 이는 중앙은행 입장에서는 무서운 전망이다. 정부가 경제 시스템 내에서 돈과 물가의 움직임을 총체적으로 살피지 못한다면 제대로 된 예산 편성이나 재정정책 및 통화정책을 수립할 수 없다. 정부가 제대로 감시할 수 없을 때도 마찬가지다.

실제로 정부는 오랫동안 감시해왔다. 하지만 이에 대한 반대의 목소리도 커지고 있다. 정부에 "내가 얼마를 소비하고 어떤 금융 서비스를 이용할지는 다른 누구도 아닌 내가 결정할 일이다"라고 말하는 사람들이 늘어나고 있다. 그들은 "내가 세금을 낼 테니 정부는 도로를 건설해주면 된다. 그걸로 거래는 끝났다"라고 말한다. 시민들이 디파이를 통해 올린 수익에 대해 세금을 내게 될 것이 확실하지만, 여전히 많은 세무 당국은 이 새로운 금융 기술을 이해하려고 애쓰는 중이라 아직 이에 대한 규정을 제대로 성문화하지 못하고 있다.

디파이는 미지의 영역이라 누가 승자가 되고 패자가 될지가 사금융과 공금융의 세계, 돈, 정치, 통치가 서로 교차하는 장소를 결정할 것이다. 우리는 앞으로 일어날 전쟁이 아주 치열하고, 오랫동안 큰 파문을 일으키지 않을까 우려한다.

CHAPTER 22

중앙은행과
스테이블코인

사실 중앙은행이라는 주제를 파고든다는 생각만 해도 마음이 불안해
진다. 중앙은행이라고 하면 말쑥한 정장을 차려입은 이들이 모여 기준
금리, 통화정책, 경기 부양책 등에 대해 떠들어대는 장면이 떠오른다.
우리 저자들은 중앙은행에 하나의 장을 할애하는 것이 독자를 잃는 가
장 쉬운 방법이라고 생각한다. 하지만 그들이 저 맨 위에 앉아서 당신
이 사고팔고, 벌고, 저축하는 모든 일을 감시할 권한을 가진 이상 그들
에 대한 이야기를 빼놓을 순 없다. 중앙은행은 강력한 힘을 가졌으나
항상 자애롭지는 않다. 그들이 하는 일이 디파이가 하는 일과 겹치는
부분이 있다는 점도 중앙은행에 대해 이야기할 수밖에 없게 한다.

스테이블코인은 전적으로 암호화폐 세계에서 구상되고 개발된 아
주 성공한 발명품이다. 테더에서부터 USDC와 다이 스테이블코인 등
에 이르기까지 대부분이 디파이의 많은 부문에 걸쳐 기본 요소 역할을
한다. 가격 변동성을 최소화하도록 설계된 암호화폐인 스테이블코인
은 유동성 풀에서 거래소에 이르기까지 다양한 프로젝트를 지탱해주

는 견고한 난간 역할을 하면서 디파이 서비스 전역에서 광범위하게 활용된다.

세계 통화 시스템을 지배하는 중앙은행들은 돌아가는 상황을 조용히 지켜보다가 이제 반응하기 시작했다. 그들은 스테이블코인을 짓밟으려고 하기보다는 오히려 복제하려고 한다. 전 세계적으로 국가적 차원에서 스테이블코인을 실험하지 않는 나라는 거의 없다. 스테이블코인이 우리에게 다가오고 있다.

스테이블코인이 왜 중앙은행의 주된 관심을 받게 됐는지 이해하기 쉽도록 중앙은행의 역사와 기능, 그들이 세계 정세에 강력한 영향을 미치는 이유를 간략히 설명하겠다.

무엇보다도 중앙은행은 국가와 정부가 돈의 형태로 경제 안팎에서 유동성을 투입하거나 제거할 수 있게 해주는 메커니즘이다. 중앙은행은 유동성을 늘릴 때는 수도꼭지 역할을, 줄일 때는 흡입 호스 역할을 한다. 후자보다 전자의 역할을 수행하는 경우가 더 잦다는 사실이 놀랄 일은 아니다. 금융 전문가이자 교육자인 닉 바티아^{Nick Bhatia}는《레이어드 머니 돈이 진화한다》에서 중앙은행의 역사와 역할을 해부하면서 "정부가 직접 공짜 돈을 만들려는 유혹을 거부하지 못한다는 기본적인 사실 하나만으로도 지난 수 세기 동안 여러 화폐가 더는 존재하지 않게 됐다"라고 주장했다.

이는 일단 한 국가가 발권력을 동원해 경제에 유동성을 투입할 힘을 가지고 있으면, 이를 종종 남용했다는 얘기다. 국가 권력이 화폐에 어떤 영향을 미칠 수 있는지를 보여주는 대표적인 사례가 로마 제국이다. 로마 제국 건설 직후인 서기 1세기경 로마에서는 데나리^{denari}(복수형은 데나리우스^{denarius})라는 동전을 주조했는데 로마 제국 안팎에서 강력한 영향력을 발휘했다. 그런데 로마 제국은 최초 등장할 당시 순도 95%였던 데나리우스의 은 함량을 낮추고 화폐 이름과 가치는 그대로 유지하는 방식으로 국가 권력을 유지하기 위한 공짜 돈을 만들었다. 데나리우스의 은 함량이 갈수록 줄면서 결국 사람들의 신뢰를 잃었고, 극심한 물가 불안정에 이어 사회적 소요가 발생했다. 세기 말이 되자 로마 제국의 파렴치한 가치절하 행위가 더욱 빈번해지면서 데나리우스의 은 함량은 5%까지 떨어졌다.

디파이는 새로운 암호화폐 창조에 직접적으로 관련된 적이 없다. 디파이는 대출과 차입처럼 돈이 돌아가게 하는, 돈의 한 층 위에 있는 일련의 서비스다. 디파이 내에서 '암호화폐'를 만들려는 시도는 모두 부작용을 낳았다. 공공 암호화폐 거래소 내에서 거래할 수 있는 시장을 발견한 거버넌스 토큰이 그런 예다. 또한 거버넌스나 유동성 공급에 특화된 디파이 코인이 비트코인처럼 전 세계적 범용 화폐가 되리라는 기대가 나온 적도 전혀 없었다.

하지만 중앙은행과 그들이 우리 경제 및 삶에 미치는 실질적인 영향을 다시 생각해보자. 중앙은행과 디파이 세계가 서로 충돌할 가능성이 큰 곳이 어디인지 알아보겠다.

역사적으로 화폐는 신뢰할 만한 가치가 있는 교환 수단(특히 금화와 이보다 더 평범한 은화)으로 인정받으며 빠르게 발전했다. 화폐는 돈이라면 응당히 가져야 할 중요한 특징인 희소성, 휴대성, 위변조 방지성, 인식 가능성, 분할성을 가진 것으로 간주되며 은행 산업이 태동하는 씨앗이 됐다. 근대 은행 중 가장 유명한 은행은 14세기 이탈리아 중부 플로렌스에 세워진 메디치은행^{Medici Bank}이다. 메디치은행은 고객을 위해 동전과 지폐를 보관할 때 기본적으로 중요한 것을 제공할 수 있었다. 바로 '환어음^{bill of exchange}'이다. 환어음이란 어음 작성자(발행인)가 제삼자(지급인)에 대하여 어음에 기재된 금액을 일정한 기일에 어음상의 권리자(수취인 또는 지시인)에게 지급할 것을 무조건으로 위탁하는 증권을 말한다. 당시 은행들에는 항상 동전이 있었고 동전은 환어음을 보증하기 위해 금고에 안전하게 보관되어 있었다. 고객이 은행에 동전을 가져오면 은행은 고객에게 환어음을 줬다. 메디치은행의 명성이 워낙 높다 보니 이 환어음은 유럽 전역은 물론이고 그 외 지역에서도 널리 받아들여졌다.

환어음과 등가관계인 실물 귀금속 예금은 근본적으로 달랐고, 둘 사이는 오직 신뢰의 끈으로만 연결되어 있었다. 즉 어음과 지폐는 빚을 갚거나 인정한다는 약속이었지만 금은 실제 부, 즉 가치를 가진 물적 대상이었다. 은행들은 수백 년 동안 가끔 실수하기도 하면서 이런 식으로 운영됐다. 은행의 약속과 부채는 실질적인 가치를 통해 뒷받침됐다.

하지만 이런 방식은 오래가지 않았다. 무수한 정치·경제적 현실은 순도 100%의 금이 보증하는 은행권의 절대적 안전성을 압박했다. 전쟁, 자원 부족, 통화에 대한 공격, 금과 은의 가격 변동은 모두 이처럼 화폐단위의 가치와 금의 일정량의 가치가 등가관계를 유지하는 금본위제를 일부 또는 완전히 포기하는 실험의 촉매작용을 했다. 다른 나라들이 진작에 금본위제를 포기하기 시작했지만, 지배적인 세계 통화 대국인 영국은 1931년 자국 통화 가치에 대한 투기적인 공격을 막기 위해서 금본위제를 '일시적으로' 포기했다. 하지만 이후 경제 상황이 실제로 개선됐다는 것을 알게 되고 나서는 금본위제로 회귀하지 않았다.

미국에서는 당시와는 다른 견해가 있었다. 미국 정부는 1929년 자국을 강타한 대공황 이후 금 유출을 막기 위해 1933년 시민들에게 현금과 은행권을 줄 테니 정부에 금을 넘기라고 강요했다. 당연히 당시 사람들은 금과 그 밖의 귀금속 등을 사재기하고 있었다. 퇴임하던 허버트 후버^{Herbert Hoover} 대통령은 차기 시어도어 루스벨트^{Theodore Roosevelt} 대통령에게 "미국 시민들이 정부를 신뢰할 수 없어 금을 욕심낸다"라고 비꼬듯 언급했다. 그러나 20세기 내내 대부분 국가는 만일의 사태를 대비해 여전히 상당한 양의 금을 보유하면서도 100% 금본위제에서 벗어나기 시작했다. 그러다가 마침내 1971년 리처드 닉슨^{Richard Nixon} 대통령이 '은행권을 지닌 사람에게 금으로 지급해야 하는' 의무를 없앴고, 1976년 10월 달러의 법적 정의에서 금에 대한 모든 언급을 삭제했다. 이는 국제 통화 시스템이 완전히 '자유 변동 환율제도^{free-floating}'를 따르면서 한 국가 통화의 다른 국가 통화에 대한 가치가 시장의 힘에 따라 결정되게 했다는 뜻이다. 이 제도는 현재도 여전히 유지되고 있다.

금본위제의 폐지는 부의 창출 엔진과 대중의 인식 및 관점에서 중대한 변화가 일어날 수 있음을 의미했다. 과거 수천 년 동안 사람들은 물적 객체에 신뢰를 보냈다. 그것이 가진 본질적 특성이 그것을 신뢰할 수 있게 하고, 돈으로 사용할 수 있게 해줬기 때문이다. 이 점에서 금은 가장 오랫동안 가장 많은 신뢰를 받았다. 심지어 사람들은 항상 금고에 담보로 금이 들어 있어야 차용증과 환어음과 은행권을 보고 안심

했다. 20세기 후반이 되자 사람들은 신뢰하는 대상을 금에서 정부로 바꿨다. 정부가 "우리를 믿어라. 우리가 은행권의 가치를 보증할 것이다"라고 말하자 은행권은 신뢰를 얻었다. 다만 과거 초인플레이션을 겪었던 독일 바이마르공화국에서부터 짐바브웨와 베네수엘라 사례를 통해 알 수 있듯이, 이것이 통화 보유자들에게 항상 좋은 결과를 가져온 것은 아니었다.

금본위제의 역사와 종말을 간단히 둘러본 데는 그만한 이유가 있다. 전체 암호화폐 프로젝트를 향해 꾸준히 제기되는 비판 중 하나가 암호화폐의 가치가 어떤 것으로도 보증되지 않는다는 것이기 때문이다. 하지만 금본위제가 후퇴한 후 당신 주머니에 있는 돈의 사정도 마찬가지다. 그 돈은 중앙화된 정부와 제도를 운영하는 인간들의 말로 뒷받침될 뿐이다. 그들은 좋은 말을 속삭이고 좋은 통치를 약속하지만, 실수를 저지르지 않는 인간은 없다.

금본위제의 후퇴와 더불어 은행과 기업들 사이에 역사적인 상호의존적 발전이 전개됐다. 은행의 팽창과 표준화는 이탈리아의 명문 메디치 가문과 함께 시작됐다. 은행은 순수한 시민 예금 보관소에서 벗어나 국가·기업·개인의 다양한 필요에 따라 각종 부채를 제공하는 곳으로 변신했다. 또한 부채의 제공 범위는 지리적으로 점점 더 확대됐다. 그러다가 1500년대부터 주로 선박을 이용하는 제도화된 국제 무역이 활기를 띠자 네덜란드동인도회사 같은 국제 무역회사 등의 기업들에 자본을 제공해줄 거래소와 환전소가 등장했다. 그래서 은행들이 모든 상거래 부문에 걸쳐 대출 등의 금융 지원을 할 필요성이 커졌다.

이런 모든 일과 더불어 은행들은 점점 더 기업들이 하는 사업은 물론이고 국가의 경제적·정치적 건전성과 밀접한 관련을 맺게 됐다. 얼마 지나지 않아 국가가 "잠깐만, 우리가 (은행들을 꼭두각시처럼 부릴) 줄을 잡고 있어야겠다"라고 말했다. 돈의 창출과 경제 시스템으로의 투입을 포함하여 은행들이 하는 일을 정부 통제하에 두려고 했다. 대출과 차입, 저축과 지출의 균형을 유지해주는 금리를 정하는 일은 말할 것도 없다. 전쟁 등에 자금을 지원하는 일 역시 마찬가지다. 이와 관련된 최근 사례는 제2차 세계대전 때 전쟁 자금을 마련하기 위해 미국 정부가 국채를 발행한 일이다.

은행을 통제하기 위해 중앙은행이 등장했는데 17세기에 네덜란드, 영국, 스웨덴 중앙은행이 가장 먼저 등장했다. 국가별 중앙은행의 공식 명칭은 순서대로 암스테르담은행Bank of Amsterdam, 영란은행Bank of England, 스웨덴릭스방크Swedish Riksbank다. 이 중앙은행들은 금 보관과 동전 주조, 그리고 관리 대상 일반 은행을 상대로 한 대출(은행들은 중앙은행에서 빌린 돈을 민간 산업에 대출해줄 수 있다) 업무를 통제했다. 그러다가 금본위제가 숨을 거두자 중앙은행들은 두 가지 핵심 기능과 그 기능들을 수행할 수 있는 도구들만 갖게 됐다. 여기서 말하는 두 가지 핵심 기능이란 인플레이션 통제(물가 안정화)와 고용 촉진이다. 이를 미국에서는 연준의 '이중 책무dual mandate'라고 부르는데, 중앙은행이 맡은 책임은 세계 어느 나라나 비슷하다.

그렇다. 중앙은행은 이 두 가지 중요한 목표를 달성해야 한다. 그러나 이 목표들을 달성하기 위해 사용하는 도구는 인상적이다. 중앙은행은 일반 은행들에 대출해주고, 대출 금리를 조정하고, 화폐를 발행하고 분배하며, 은행들의 지급준비율을 조정하고, 은행들로부터 유가증권을 매입하는 등의 일을 한다. 이 모든 일의 목적은 시중에 유통되는 통화 공급량을 확대 또는 축소하여 이중 책무를 수행하는 것인데, 이 이중 책무는 가장 민감하게 균형을 잡아야 하는 임무다. 연준이 기준 금리를 25bp 올릴지 말지 고민할 때 그토록 야단법석을 떠는 이유도 이 때문이다.

중앙은행의 모든 역할과 지배구조, 투표와 경제 모델, 적절한 가용 데이터에 대한 가이드라인, 그리고 권한과 책임의 경계를 자세히 설명 해주는 정책, 틀, 해석 및 법률이 산더미처럼 많다. 그도 그럴 것이 돈을 만들고 파괴하는 주체가 중앙은행이기 때문이다. 좀 더 부드럽게 말하자면, 중앙은행은 독자적으로 결정하는 규칙에 따라 우리에게 돈을 주기도 하지만 우리 돈을 가져가기도 하기 때문이다.

분명 나라마다 중앙은행의 역할에 대한 시각이 다르다. 중앙은행이 정부의 직속 기관인 나라도 있고, 완전히 독립되어 '명목상' 정부의 감독에서 벗어난 나라도 있다. 다만 후자는 100% 실현되기 어렵다. 중앙 은행 총재는 선출직이 아니고 여당이 임명하기 때문이다. 그들은 어느 정도나마 정부의 입김을 받는다. 정부는 전쟁이나 팬데믹 대응이나 고속도로 건설처럼 재정에서 동원할 수 있는 수준을 뛰어넘는 대규모 자금을 조달해야 할 때, 중앙은행에 도움을 요청하거나 또 다른 방식으로 지원하도록 중앙은행에 압박을 가하기도 한다.

관대한 시각에서 봤을 때 중앙은행은 결국 민간 기업과 민간인을 상대하는 일반 은행의 현명한 부모라고 볼 수 있다. 단, 중앙은행이 항상 부모 역할을 해온 건 아니다. 역사적으로 중앙은행을 경제적 도구가 아닌 정치적 목적의 돼지저금통으로 사용한 정부가 많았기 때문이다.

하지만 중앙은행은 대부분 나라에서 경제 질서를 유지하는 역할을 주로 담당해온, 우리가 가진 최고의 시스템이다.

그런데 암호화폐 커뮤니티에서는 중앙은행을 이처럼 관대한 시각에서 바라보지 않는 사람이 많다. 닉 바티아가 알아낸 바와 같이 비트코인의 DNA에는 인플레이션의 영향을 받지 않으려는 성질이 강하다. 인플레이션을 통해 돈의 가치를 떨어뜨릴 수 있는 중앙은행의 능력에서 벗어나기 위해서다. 그렇다고 해서 중앙은행의 이런 능력에 대해 왈가왈부하기는 어렵다. 중앙은행 없는 세상을 상상한다는 것은 정부가 없는 세상을 상상하는 것과 같기 때문이다. 적어도 가까운 시일 내에 지구가 인플레이션 영향을 받지 않는, 단일 암호화폐를 중심에 둔 하나의 거대한 다오 같은 조직이 될 수는 없으니 말이다.

중앙은행이 중앙은행으로서 제대로 된 역할을 수행하기 위해선 경제 내 자금의 움직임을 볼 수 있어야 한다. 그렇다면 중앙은행은 왜 애초부터 스테이블코인에 관심을 가지려고 했을까? 2016년 영란은행의 한 운용역이 런던 정경대학교에서 '중앙은행과 디지털 통화'라는 제목으로 연설했을 때 그런 관심이 분명히 드러났다. 그러나 스테이블코인에 대한 관심이 본격적으로 높아진 건 아마도 페이스북이 2019년 6월 18일 리브라^{Libra}(최근 디엠^{Diem}으로 개명되었다)라는 스테이블코인 프로젝트를 발표한 직후일 것이다.

금융계의 좁은 구석에서 스테이블코인 거래를 시작하고 디지털 유동성 풀에서 대출을 실험하는 것과 30억 명에 가까운 사용자를 거느린 세계 최대 사회관계망 서비스인 페이스북이 머니 게임에 뛰어드는 건 완전히 차원이 다른 일이다. 그러니 전 세계 중앙은행 고위 인사들이 긴급히 페이스북의 스테이블코인 프로젝트에 대해 논의하기 위해 이사회를 소집해서 대응 시기와 그 방법에 대해 논의할 수밖에 없었을 것이다.

중앙은행들은 자신들이 계산하거나 통제할 수 없는 돈이 경제로 유입되어 이중 책무를 수행하는 데 필요한 규칙을 사려 깊게 만들 수 없는 세상이 도래하고 있음을 보고 두려워했다. 이때 그들은 법정통화가 아닌 리브라 같은 돈의 사용을 금지하도록 적극적으로 로비를 펼칠 수 있는데, 중국과 같은 일부 독재국가에서는 그럴 가능성이 있으나 자유민주주의 국가들은 그러기가 어려울지도 모른다. 물론 2021년 5월 엘살바도르처럼 비트코인을 법정통화로 채택함으로써 디지털 화폐에 중앙은행의 통제에서 완전히 벗어난 합법적 사용권을 부여한 사례도 있긴 하다.

중앙은행들은 경쟁을 통해 이런 도전에 대처할 필요가 있을 것이다. 또한 가장 전향적인 사고를 하는 중앙은행들은 이 사실을 이해하고 있음이 분명하다. 예컨대, 이 글을 쓰고 있는 현재 CBDC 개발의 다양한 단계에 80곳 이상의 중앙은행이 참여하고 있다. 미국은 디지털 화폐에 대한 지배력을 확보하기 위해 연준이 나서서 디지털 화폐 페드코인 Fedcoin 을 개발하고 있다.

이것은 방어적인 조치임에도 페드코인은 암호화폐 세계에서 기꺼이 받아들여질 것이다. 페드코인이 무허가나 탈중앙화라는 특징을 갖는 일이 결코 없더라도 말이다. 스테이블코인을 방어 수단으로 사용하는 또 다른 이유는 개발을 계획하고 있는 국가들과 보조를 맞추거나 그들을 앞서기 위해서일 것이다.

이 경주에서 중국이 앞서가고 있다는 사실은 놀랍지 않다. 중국은 이미 시장에서 스테이블코인인 디지털 위안화DECEP를 시험하고 있다. 중국이 시민의 프라이버시를 보호해주기보다는 감시하는 것이 시험의 일부 목적일 수 있다고 추측할 수 있지만, 앞서 언급했듯이 고속 프로그래밍이 가능한 디지털 화폐를 최초로 시장에 내놓는 국가는 막대한 경제적 효과를 누릴 수 있다.

2021년 6월 22일 글로벌 중앙은행들의 중앙은행으로 알려진 국제결제은행Bank for International Settlements, BIS은 전 세계적인 CBDC 개발을 긴급 승인했다. 다만 BIS는 CBDC를 사용하기 위해선 사용자에게 디지털 ID를 부여할 것을 권고했다. BIS의 혁신 허브 총괄 베노아 쿠에르Benoit Coeure는 CBDC 때문에 법정통화에 대한 통제력이 상실될 가능성을 우려하며 "당신이나 정부나 모두 일어나길 바라지 않는 일"이라고 말했다. 적절한 지적이다. 우리는 그가 페이스북의 스테이블코인인 디엠에 대해 말한 것이 아닐까 의심한다(2022년 4월부터 페이스북은 스테이블코인 디엠 개발은 포기하고 저크벅스Zuckbucks 같은 새로운 가상 화폐를 개발하여 여러 플랫폼에 도입하고 있다-편집자).

일반 은행들은 중앙은행이 스테이블코인을 가지고 자체 디파이 서비스를 제공하는 일을 반기지 않을 것이다. 그러면 중앙은행이 일반 은행들을 거칠 필요 없이 일반 시민과 직접 디지털 화폐를 거래하고, 민간 기업들에 직접 디지털 대출을 해줄 수 있기 때문이다. 은행들은 현재 중앙은행의 대리점 역할을 하면서 브랜딩, 고객 지원, 상품 혁신을 위해 노력하며 다른 은행들과 경쟁하고 있다. 그런데 은행들이 해오던 청산과 결제가 필요 없어지고, 즉각적인 안전한 결제와 대출 및 차입 용도의 직접적인 스마트 계약이 가능해진다면 중앙은행과 경쟁해야만 한다. 아마도 은행 입장에서는 가장 무서운 시나리오일 것이다.

CHAPTER 23

디파이의
미래

이 책을 쓰면서 놀라운 사실을 많이 알게 되었다. 암호, 금융, 기술 분야에서 폭넓은 경험을 쌓아온 우리 저자들은 금융 서비스업 종사자들을 포함해서 디파이에 대해 들어본 사람이 거의 없다는 사실에 매우 놀랐다. 모두가 비트코인에 대해선 들어봤고 이더리움에 대해 들어본 사람도 많았다. 또 블록체인에 대해 들어본 사람도 많았다. 하지만 이더리움이 스마트 계약 기능으로 차별화되어 있다는 것을 아는 사람은 드물었다. 디파이에 대해 들어본 적이 있다는 사람들은 "아, 어디선가 그런 기사를 본 것 같아요"라는 식의 반응을 보였다.

디파이의 기치를 내걸고 듬성듬성 모인 일련의 앱들은 대부분 2017년 이후 매우 짧은 시간 안에 등장했다. 길거리 사람들에게서 자본을 모으기 위한 실질적인 마케팅 노력은 없었다. 이렇게 모인 대부분의 크리에이터와 개발자들은 홍보와 마케팅이라는 고단한 일은 제쳐두고 자신들이 가장 좋아하는 일인 코딩에 전적으로 집중했다. 암호화폐 전문기자인 로라 신^{Laura Shin} 등 몇몇 기자는 〈포브스〉와 같은 매체(그리고 자신의 뉴스레터)에 실을 중요한 기사들을 쓰기 위해 취재에 나섰다. 그 밖의 몇몇 언론인, 특히 팟캐스터들 역시 뭔가 중요한 변화가 일어나고 있다는 낌새를 알아차리고 냄새를 맡기 시작했다. 대부분의 뉴스 보도와 그로 인해 일반 대중이 접하게 된 소식은 주로 비트코인, 일론 머스크, 채굴 시 에너지 사용량, 6,900만 달러짜리 비플 NFT에 관한 것이었다. 컴파운드나 연, 체인링크 등에 대해선 진짜 소수의 엘리트 외에는 들어본 사람이 거의 없다고 말하는 편이 옳다. 아마도 이런 얘기는 새로운 변화가 일어나는 모습을 조용하고 걱정스럽게 바라보는 몇몇 금융기관의 뒷방에서 속삭이듯 오갈지도 모른다.

우리는 지금 혁신 분야의 최첨단에 서 있다는 것이 우리의 확고한 입장이다. 1970년대 이후 성공을 위해 마이크로프로세서, 소프트웨어, 인터넷의 조합에 의지해온 '대형' 신기술 생태계만큼이나 혁신적이다. 사람들이 디파이를 모른다는 것이 수수께끼처럼 느껴지는데, 아마도 우리가 주기의 너무 앞쪽에 있어서 그럴지도 모르겠다. 하지만 그렇다고 하더라도 실로 놀랍다. 일부 디파이 프로젝트를 대충이라도 살펴보면, 예컨대 예금 금리를 살펴보면 트래드파이에서 주는 어떤 예금 금리보다 디파이 예금 금리가 훨씬 더 높다는 것쯤은 곧바로 알게 될 텐데 말이다.

물론 디파이 서비스와 그들의 놀랄 만큼 매력적인 상품 등에 대해 알고는 있지만, 이런저런 이유로 투자하지 않는 사람들도 있을 것이다. 위험이 잠복해 있을지도 모르니까 말이다. 그러나 2009년에 일어난 글로벌 주식, 채권, 부동산 및 기타 시장의 붕괴 기억이 일깨우듯 트래드파이에도 엄청난 위험이 존재한다. 반면에 일부 디파이 프로젝트는 상당히 안정적으로 자리를 잡았다. 예를 들어 컴파운드나 연의 성숙한 상품 중 어느 것에서도 손해를 본 사람은 없으며, 많은 사람이 1~2년 동안 두 자릿수의 높은 수익률을 올렸다. 또 사람들은 트레이드파이 파생상품거래소에서 공인 투자자가 되는 것보다 금이나 석유 디파이 파생상품에 포지션을 취하는 것이 더 간단한 일임을 알게 됐다.

그런데도 왜 사람들은 디파이 세계로 몰려들지 않는 것일까? 그리고 왜 금융기관들은 이런 서비스를 앞다퉈 인수하거나 개발하지 않는 것일까?

일반 시민들에게는 디파이가 지나치다 싶을 정도로 복잡하게 느껴져서 그럴 수도 있다. 그 점에선 어느 정도 공감한다. 우리는 수십 개의 디파이 인터페이스를 접해봤다. 다수는 상당히 다루기 쉽지만, 이 책에 나온 여러 예를 통해 알 수 있듯이 그들은 근본적인 복잡함을 감추기 위해 애쓰고 있다. 유동성 풀, 채굴 인센티브, 합성 파생상품, AMM, 거버넌스 토큰은 본래 이해하기 힘들다. 모두가 외계 행성에서 온 완전히 새로운 언어처럼 느껴진다.

이 문제를 해결하는 방법은 두 가지다. 하나는 더 잘 설명하는 것이다. 이렇게 말하면 디파이 세계에서 누가 그럴 시간을 낼 수 있겠느냐고 묻는 사람이 나올 것이다. 두 번째는 사람이든 아니든 숙련된 중개자를 두는 것이다. 중개자는 "내게 돈을 달라. 내가 투자해주겠다. 수익률을 믿지 못하겠다면 우리 기록을 살펴봐라"라거나, "대출이 필요한가? 당신이 누구든 상관없다. 대출해주겠다. 1시간 안에 대출금이 당신 계좌로 입금될 것이다"라고 선선히 말해줄 것이다. 다시 말해, 그들은 자산관리사나 현실 세계의 로보어드바이저와 같은 역할을 하는 사람이다. 중개자에겐 고도의 기술이 있어야 한다. 사회성은 물론이고 은행과 보험회사의 상품을 판매하는 사람보다 훨씬 더 많은 전문지식 등 고난도 기술을 갖춰야 한다.

디파이는 미로처럼 심하게 얽혀 있기에 도움 없이는 퍼지지 않을 것이다. 디파이 생태계의 최고 개발자 중 한 명이 공유해준 흥미로운 관점을 하나 소개하겠다. 그는 디파이는 비효율적인 시장이라면서, 균열을 발견하는 사람에겐 ATM 노릇을 하지만 군중이 도착하자마자 비효율성은 사라지고 엄청난 수익을 내기도 어려워질 거라고 생각한다. 그렇다. 그의 생각이 옳다. 하지만 우리는 저렴한 입장권만 있으면 들어갈 수 있는 공평한 경쟁의 장에 초대되는 세상을 상상한다. 어쩌면 현명하고 기분 좋은 상상일지도 모른다. 모두에게 희망을 주지만 기술의 행진 속에선 매우 보기 드문, 어쩌면 조금은 순진한 상상일지도 모른다.

그리고 오랫동안 성스러운 문지기이자 우리의 가치 수호자를 표방해온 금융기관도 있다. 그중 일부는 자신들을 향해 다가오고 있는 쓰나미를 봤다. 확신하건대 그들은 쓰나미에 맞서 싸우며 자신의 텃밭을 지키려고 할 것이다. 규제를 가하고 위험성을 부각하며 텃밭을 방어하려고 할 것이다. 경고하고 반대하며 불안을 조장할 것이다. 그들은 또 정부에 로비할 것이고, 정부는 분명 그들을 엄폐해주고 법률과 금지 조치와 정책으로 지켜줄 것이다. 그래도 작은 마을 어딘가에 있는 소규모 은행은 에이브, 컴파운드, 카바에서 대출과 예금 서비스를 제공하기 시작할 것이다. 일부는 고객을 대신해 연이나 커브에서 높은 수익을 올려 돌려줌으로써 고객의 만족감을 높여줄 수 있다. 일부 글로벌 거래소는 AMM으로 이주하여 덱스 서비스를 제공할 것이다. 아마도 이때 유니스왑, 스시스왑, 팬케이크스왑, 카우스왑 중 하나와 파트너십을 맺을지 모른다. 일부 대형 보험회사는 넥서스뮤추얼이나 커버를 조용히 모방하거나, 주말 동안 요트를 타러 저 멀리 떠난 휴 카프를 초대해서 협업할 방법을 논의할 것이다. 어딘가에 있는 어떤 중앙은행은 이미 소문대로 이더리움이나 비트코인에 안착하면서 그 사실을 대놓고 공개할 지도 모른다.

그러면 대세는 순식간에 디파이 쪽으로 기울어질 것이다.

─────────────
─────────────

우리 저자들은 평생에 걸쳐 많은 혁신적 기술이 주변에 자리를 잡으면서 단기간에 수십억 명의 삶을 변화시키는 광경을 목격해왔다. 이런 기술들이 호응을 얻으면 그들을 둘러싸고 항상 활발한 논쟁이 벌어졌다. 최고의 PC, 최고의 휴대전화, 장래에 닥칠 가능성이 있는 사회적·환경적 피해 등을 둘러싼 논쟁 등이 그 예다. 이런 논쟁들은 종종 공론화되고 신문 1면을 장식했다. 정보와 오보가 사람들의 지적·정서적 공감을 얻기 위해 싸워왔다. 때로는 더 나은 아이디어가 더 열등한 아이디어에 밀리기도 하고, 때로는 끔찍한 경고가 현실화되기도 했다. 그리고 기대를 모았던 아이디어가 시간이 지나면서 근거 없는 것으로 드러나기도 했다.

하지만 우린 지금껏 우상 추종, 개인적 적대감, 자아도취, 협박, 분노, 고소, 소송, 거짓 유토피아 약속, 공개 모욕, 사기 예술, 명백한 흉악범죄 같은 것들이 일시에 폭발하는 걸 본 적이 없다. 그런데 비트코인이 갑자기 시장에 등장한 이후로 우리 안에 잠재하던 최악의 본능들이 깨어나고 있다.

소셜 미디어는 돌풍을 타고 번지는 불씨처럼 여전히 맹위를 떨친다. 모든 프로젝트에는 맹렬한 보호자와 함께 야바위꾼과 호객꾼이 따라붙는다. 물론 악플러와 비방하는 자들도 따라붙는다. 그리고 어둠 속엔 밤늦게까지 조용히 일하는 젊은 프로그래머들이 있다. 자신이 개발하는 프로젝트가 약속된 땅이 되어주고, 월급 대신 받을 수 있을지도 모를 토큰에 가치가 붙기를 바라면서 말이다.

왜 우리는 새로운 기술에 감정으로 집착하는 걸까? 그것이 본질적으로 돈과 관련되어 있기 때문이다. 디파이 개발자, 은행, 사용자, 투자자, 정부 등 관계자 전원이 경계 태세를 강화하고 있다. 이 프로젝트, 다시 말해 암호금융 프로젝트의 공포와 탐욕 지수는 최상위권이다.

새로운 기업들이 우리에게 돈을 요구하고 있다. 그들에게 돈을 넘겨줘야 할까? 나는 그보다는 새로운 휴대전화를 구입하고, 새로운 스트리밍 서비스에 가입하고, 최신 운영체제를 사용해보고, 앱을 다운로드할 예정이다. 그래도 내가 힘들게 번 돈을 넘겨줘야 할지 고민이 되지만, 그다지 현실적인 고민은 아니다.

"그러니까 내 돈을 내놓으라는 거야?" 우리가 묻는다.

그러자 그들은 "그래, 돈 줘"라고 답한다.

"왜?" 우리가 묻는다.

"우리와 거래하면 더 유리하기 때문이지. 다른 사람들한테 받는 것보다 훨씬 더 나을 거야." 그들이 답한다.

우리는 다시 "어떻게 그럴 수 있지?"라고 묻는다.

그들은 "음, 꽤 복잡하긴 한데. 굳이 설명하자면…"이라며 말문을 연다.

미래는 우리 옆에 시시각각 도착하고 있다. 머지않아 디파이의 시대가 열릴 것이다.

원고를 더는 수정하기 힘든 막바지 단계에 진입했을 때 출판사에서 연락이 왔다. 갑자기 어떤 변화가 생길지 모르니 책 내용을 가능한 한 최신 상태로 유지하기 위해서라도 막판에 일부 내용이라도 추가할 수 있도록 몇 장을 따로 비워두자는 제안이었다.

아주 좋은 생각 같았지만 사실 그렇게 하는 것이 반드시 바람직한 것만도 아니다. 디파이 업계에서는 매일 속보와 중요한 뉴스가 나오기 때문이다. 예전 프로젝트를 밀어내는 새로운 프로젝트, 빛나는 스타의 등장과 갑작스러운 파멸, 해킹, 사기, 규제 전쟁, 트래드파이와 디파이 간의 협력, 로비와 반대 로비, 제휴, 복수, 심지어 기술과 서비스 성숙도를 보여주는 신호 등에 대한 소식이 쓰나미처럼 정신없이 쏟아져 나온다.

이 많은 이야기를 전부 다룰 순 없으니 이 중 가장 중요한 몇 가지만 골라 소개하겠다. 움직이는 표적을 맞히겠다는 것이나 마찬가지라 지나친 욕심은 버리기로 했다.

2021년 6월 29일 세계 최대의 중앙화 암호화폐 거래소 중 하나인 코인베이스는 암호화폐 대출 서비스인 렌드^{LEND} 프로그램을 통해 USDC 보유자가 코인베이스를 통해 대출 신청자에게 USDC를 빌려줄 때 이자로 수익을 낼 수 있게 해주겠다고 발표했다. 9월 첫 주말 미국 SEC는 코인베이스에 '구체적인 이유를 밝히지 않은 채' 소송 위협이 담긴 서류를 보냈고, 코인베이스는 이로부터 며칠 후 렌드 출시 계획을 철회했다.

코인베이스의 렌드 발표 이후 9월 12일 출시 철회에 이르기까지 얽힌 복잡한 이야기는 한 장을 할애해서 이야기할 만하지만, 여기서는 중요한 메시지 하나만 짚고 넘어가겠다. 바로 디파이와 규제기관 사이의 냉전이 심화됐다는 사실이다.

겐슬러 SEC 위원장은 디파이, 스테이블코인, 대규모 암호 산업을 자기 뜻대로 주무르고 싶어 하고, 모든 상황을 감시 중이며, SEC가 지금부터 행동에 나설 것이라는 의지를 분명히 밝힌 셈이다. 그러나 그는 동시에 암호화폐를 금지할 의사가 없음을 시사했다. 이 문제는 SEC보다는 의회의 손에 달렸다. SEC는 소비자와 투자자 보호에 더 관심을 가진다. 국세청^{IRS}과 재무부(그리고 전 세계의 이와 동등한 기관들)도 압박 강도를 높이고 있다.

코인베이스 사건 외에 원고 집필을 마친 이후 나온 몇 가지 중요한 사건을 간단히 정리해보겠다. 중요도에 따라 열거한 건 아니다. 모두 중요한 사건들이기 때문이다.

- 2021년 10월 백악관은 처음으로 '암호화폐 업무를 총괄할 책임자'를 찾고 있다고 발표했다. 이 책임자를 간단히 '크립토 차르 Crypto Czar'라고도 한다.
- 2021년 6월 댄 베르코비츠 Dan Berkovitz 미국 상품선물거래위원회 Commodities Futures Trading Commission, CFTC 위원장이 디파이를 '나쁜 발상 bad idea'이라고 말했다.
- 120개 은행이 CBDC 실험과 프로젝트를 준비 중인데, 이는 우리가 이 책을 쓰기 시작했을 때보다 50% 증가한 수치다.
- 중국은 암호화폐 채굴을 금지했을 뿐만 아니라, 모든 암호화폐 거래와 보유조차 금지했다. 그런데 암호화폐 시장은 이 소식에 꿈쩍도 하지 않았다.
- 남미 경제 대국 브라질에서부터 작은 섬나라 통가에 이르기까지 점점 더 많은 나라의 의원들이 엘살바도르식 암호화폐 친화적인 법안을 의회에 제출하고 있다.
- 2021년 9월 프랑스 3대 은행인 소시에테제네랄이 메이커다오에 이더리움 블록체인에서 발행한 채권을 담보로 대출해줄 것을 제안했다(앞의 내용도 모두 중요하지만, 이 소식은 트래드파이와 디파이의 완벽한 만남이라는 점에서 정말 중요하다고 생각한다).
- 2021년 10월 다름 아닌 FDIC가 암호화폐 예금자에 대한 보험 옵션을 강구 중이라고 발표했다(이후 결국 암호화폐는 보험 적용 대상이 아니라며 선을 그었다 – 편집자).
- 2021년 10월 SEC는 스테이블코인 USDC 발행사 서클Circle에 대해 조사했다. 7월 조사 소환장을 보낸 후 3개월 만에 조사를 시작

한 것이다. 조사 내용과 관련한 자세한 내용은 밝혀지지 않았으나 시장에서는 SEC의 조사가 서클의 고수익 대출 상품과 관련된 것으로 추정했다.

- '헤지펀드의 제왕'으로 불리는 미국의 억만장자 투자자 조지 소로스^{George Soros}가 암호화폐에 투자하고 있으며, 디파이에 대해 낙관적인 견해를 밝혔다.
- 2024년 1월 11일, 미국 증권거래위원회가 비트코인 현물상장지수펀드의 상장 및 거래를 승인했다(편집자).

이처럼 강력한 디파이의 적과 친구들이 전 세계에 폭넓게 퍼져 있는 가운데 유일하게 확실한 것은 양측 사이에 부단한 경쟁이 펼쳐지고 있다는 사실이다. 우리는 이미 디파이가 중단될 수 없을 것이라고 예상했다. 디파이가 전 세계적으로 수용되는 과정에서 속도가 느려지고, 절뚝거리고, 모욕당하고, 상처를 입을 순 있다. 하지만 오직 바보만이 미래에 일어날 사건들에 대한 시간표를 그려보려고 애쓸 것이다.

NFT에 대한 장(15장)을 집필한 시점으로부터 불과 몇 개월 뒤에 NFT로 촉발된 새로운 아이디어를 가진 수백 개 기업이 벤처캐피털에서 투자를 받고, 스마트 계약이 보증하는 소유권을 가지고 할 수 있는 일의 한계를 알아보는 등 관련 업계는 단순히 폭발적 성장 차원을 벗어나서 확실한 연쇄 반응을 일으키고 있다. 품질이 의심스러운 디지털 예술품에 붙인 터무니없는 가격 거품이 꺼지기 시작하면서 NFT 업계는 이제 디지털상으로나 물리적으로 무언가를 '소유'한다는 것이 무엇을 의미하고, 컴퓨터 코드가 가진 무한한 유연성의 관점에서 정의했을 때 그런 소유권이 얼마나 쉽게 변하고 영향받을 수 있는지를 다시 상상하고 있다. 그런 면에서 우리처럼 단 한 장만을 할애해서는 이 혁신적인 주제를 제대로 다룰 수 없다.

우리는 17장에서 6억 8,100만 달러 상당의 폴리 해킹 사건을 이야기했다. 이 사건은 해커가 버그 발견에 대한 보상금으로 일부를 갖고 나머지는 반환하기로 합의하면서 마무리됐다. 어떻게 보면 당연한 일이지만, 해킹은 아직 놀랄 정도로 대규모로는 아니더라도 경각심을 가져야 할 만큼 자주 발생하고 있다. 대표적인 해킹 사건으로는 2021년 8월부터 10월까지 한 건도 아닌 두 건의 해킹 사건에 시달렸던 컴파운드 사례가 있다. 컴파운드에 대해선 8장에서 다뤘다.

마지막으로, 채굴자들이 친환경으로 전환하고 저에너지 지분증명 합의 시스템이 정착되면서 에너지 사용 문제가 논쟁의 중심에서 벗어났다. 이와 동시에 디파이와 그 밖의 암호화폐 서비스들이 시장에서 점진적이지만 꾸준히 받아들여지면서 실질적이고, 유용하며, 혁신적이고, 더 나은 뭔가가 시작되고 있으니 이들에 에너지를 써도 충분한 가치가 있다는 인식도 커지고 있다.

감사의 글

_____

_____

책의 구상부터 발간에 이르기까지 험난한 길을 걷는 동안 우리 두 저자를 도와주고, 격려해주고, 원고를 고쳐주고 다듬어주신 많은 분께 감사드립니다. 또한 저서, 웹사이트, 블로그, 팟캐스트, 유튜브 동영상, 트위터 피드를 통해 우리가 이 책을 쓰는 데 필요한 전문지식과 통찰을 얻도록 도움을 주신 분들께도 깊이 감사드립니다.

비트코인, 이더리움 그리고 최후의 승자

초판 발행 · 2024년 2월 23일

지은이 · 스티븐 보이키 시들리, 사이먼 딩글
옮긴이 · 이진원
발행인 · 이종원
발행처 · (주)도서출판 길벗
브랜드 · 더퀘스트
주소 · 서울시 마포구 월드컵로 10길 56(서교동)
대표전화 · 02)332 – 0931 | **팩스** · 02)322 – 0586
출판사 등록일 · 1990년 12월 24일
홈페이지 · www.gilbut.co.kr | **이메일** · gilbut@gilbut.co.kr

기획 및 책임편집 · 오수영(cookie@gilbut.co.kr), 유예진, 송은경 | **제작** · 이준호, 손일순, 이진혁
마케팅 · 정경원, 김진영, 김선영, 최명주, 이지현, 류효정 | **유통혁신팀** · 한준희
영업관리 · 김명자 | **독자지원** · 윤정아

디자인 · 김희림 | **교정교열** · 공순례
CTP 출력 및 인쇄 · 정민 | **제본** · 정민

ISBN 979 -11- 407-0842-0 (03320)
(길벗 도서번호 090210)

정가 22,000원

독자의 1초까지 아껴주는 길벗출판사

(주)도서출판 길벗 | IT교육서, IT단행본, 경제경영서, 어학&실용서, 인문교양서, 자녀교육서 www.gilbut.co.kr
길벗스쿨 | 국어학습, 수학학습, 어린이교양, 주니어 어학학습, 학습단행본 www.gilbutschool.co.kr

---